U0876366

◆ 高等院校会展专业教材

◆ 南开大学出版社

◆王红梅　编著◆

会展管理信息系统

图书在版编目(CIP)数据

会展管理信息系统 / 王红梅编著. —天津：南开大学出版社，2011.4(2020.9 重印)
高等院校会展专业教材
ISBN 978-7-310-03666-0

Ⅰ.①会… Ⅱ.①王… Ⅲ.①展览会—管理信息系统—高等学校—教材 Ⅳ.①G245

中国版本图书馆 CIP 数据核字(2011)第 031769 号

会展管理信息系统
HUIZHAN GUANLI XINXI XITONG

南开大学出版社出版发行
出版人:陈 敬
地址:天津市南开区卫津路 94 号 邮政编码:300071
营销部电话:(022)23508339 营销部传真:(022)23508542
http://www.nkup.com.cn

北京建宏印刷有限公司印刷 全国各地新华书店经销
2011 年 4 月第 1 版 2020 年 9 月第 2 次印刷
230×170 毫米 16 开本 17.75 印张 325 千字
定价:33.00 元

如遇图书印装质量问题,请与本社营销部联系调换,电话:(022)23507125

前 言

会展业作为推动经济发展的引擎，近年来在我国发展迅猛。据有关部门数据显示，我国专业展览公司已达4000多家，每年举办展览会的数量超过4000场，节庆活动达到8000个左右，展馆总数量和面积均列世界第三。从这些数字来看，我国已然成为世界会展大国。

但不可否认，相对其他会展强国，我国的会展业还存在诸多问题。由于发展时日尚短，全行业呈现小而散的特点，高质量、集约化的会展项目还不多，品牌展数目少，在国际会展市场中所占份额低。会展企业虽然数量多，但规模普遍较小，专业化程度还不够高，管理相对落后，面对外资企业在中国市场的发展现状，尤显竞争力不足。面对激励的市场竞争，如何构建先进的管理模式，提升企业核心竞争力，把企业做大做强，是中国会展界正在思考并探索的一个问题。

会展活动从本质上说是一种服务，它由成千上万个环节组成，而每个环节又涉及大量的信息交换。面对海量信息，如何做到高效、有序地处理和利用，是会展组织机构必须面对并需要解决的一个问题。会展管理信息系统，正是建立在这种需求之上，能对上述信息以现代化的手段进行采集、加工、存储、处理，并引入到管理系统中，使其在整个组织的业务流程中规范、畅通地流转，为会展企业提供强有力的信息化保障，会展企业凭借这些信息对会展活动进行有效的控制与管理。可以说，会展管理信息系统是会展业务、会展客户关系管理的支持系统，也是会展企业战略系统的重要组成部分。

本书以高等院校会展专业本科或同等水平的读者为主要对象。编写过程中，在借鉴管理信息系统的成熟理论与方法的基础上，重点结合会展活动的特点，对会展管理信息系统进行功能定位，并根据会展实际业务的操作方式，展开会展业务分析与流程设计，形成会展信息系统的数据流程和数据字典，进而搭建起系统的逻辑方案。本书的撰写力求做到体系明确，内容完整，理论与会展活动紧密联系。

本书第 1 章从系统论、信息论及控制论的基本原理出发，对管理信息系统的基础理论加以阐述；第 2 章从 MIS 的定义、开发方法论及建模等几个方面介绍了管理信息系统的基础知识；第 3 章介绍了管理信息系统的相关组织管理理论，并对会展信息活动与信息交流的模式进行了探讨，提出信息技术是现代会展管理的实现手段；第 4 章阐述了会展管理总体规划的步骤与方法，讨论了会展企业业务流程的重组，并对会展管理信息系统作了可行性研究；第 5 章讲述了会展管理信息系统的系统分析过程，并根据会展业务流程进行会展数据流程分析和数据字典的定义，建立起会展管理信息系统的逻辑方案；第 6 章讨论了会展管理信息系统的系统设计，包括总体设计与详细功能设计，涉及会展运营管理系统、会展客户关系管理系统、会展决策支持系统等子系统；第 7 章介绍了会展管理信息系统的实施和管理；第 8 章对会展管理决策支持系统的理论与方法进行了介绍，探讨了决策支持系统与会展管理信息系统其他模块之间的关系，并列举了决策分析的过程；第 9 章以 Synair 系统为例，对会展管理信息系统进行了实例分析，以便读者从实际案例中对会展管理信息系统有更深层次的了解与领悟。

本书的编写工作得到了黄崎老师的大力支持，黄崎老师以其丰富的旅游企业从业经验以及长期对决策支持系统的研究，撰写的会展管理决策支持系统为本书增色不少。另外，上海联展软件技术有限公司总经理王涛先生提供了会展管理信息系统的实例分析，对系统的功能及实施过程中遇到的问题作了详细的剖析，并展示了对未来展会的憧憬，让读者能近距离地接触到实际会展活动中信息系统的应用。在此对两位的鼎力支持表示感谢。

本书体系框架由王红梅设计，第 1～4 章由王红梅编写，第 5～6 章及第 7 章第 1 节由张卫明编写，第 7 章第 2～4 节及第 8 章由黄崎编写，第 9 章由王涛编写，全书由张卫明校对，王红梅统纂定稿。

目录

第1章

会展管理信息系统理论基础

学习目的

通过本章学习，初步了解系统论、信息论和控制论的基本概念及原理，领会“三论”在现代管理中的作用和地位，并知晓“三论”在会展管理信息系统中的作用。

主要内容

信息的概念及作用；信息方法的基本步骤；控制系统与控制论系统的概念；控制论的基本方法；系统分析的步骤；信息在现代管理中的作用。

1.1 系统论、信息论、控制论的基本原理

现代社会复杂的社会结构、庞大的资源体系以及层出不穷的各类信息，在给生产生活带来丰富内涵的同时，也带来了前所未有的困惑。如何最佳地组织与利用各类资源，以维持人类生存活动空间的最优环境，是现代管理的根本目的所在。要实现这样的目的，必须以系统论的观点，把管理活动作为多因素和参数时变的动态系统；以信息论的观点，把信息作为分析系统内部和外部联系的基础；以控制论的观点，把控制作为实现系统优化的手段。这三个方面的统一，就是信息管理、过程控制和整体优化的现代一体化管理模式。

1.1.1 系统论的基本概念与原理

系统论的创立者贝塔朗菲把系统确定为“处于一定的相互关系中并与环境发生联系的各组成部分（要素）的总体（集合）”。我国著名学者钱学森对系统所下的定义是:“系统是由相互作用和相互依赖的若干组成部分结合成的具有特

定功能的有机整体”。由此可见，一个具体的系统，必须具备三个条件：一是系统必须由两个以上的要素（元素、组成部分或环节）组成；二是要素与要素、要素与整体、整体与环境之间相互作用、相互联系；三是系统整体具有确定的功能。这三个条件是组成系统的必要条件，缺一不可。

1. 系统论的基本概念

(1) 系统与要素

要素是构成系统的必要因素，是系统最基本的单位，也是系统存在的基础和实际载体。

系统和要素是对立统一的关系，它们相互依存，互为条件。系统通过整体作用支配和控制要素，而要素通过相互作用决定系统的特性和功能。系统和要素在一定条件下相互转化，它们之间的对立统一关系是通过它们之间的相互作用实现的。系统和要素是一对更能深刻反映事物内部和事物之间的关系，具有更为广泛和普遍意义的概念。

(2) 结构与功能

所谓结构，是指系统内部各组成要素之间相互联系、相互作用的方式或秩序，也就是各要素之间在时间或空间上排列和组合的具体形式。贝塔朗菲把结构称为系统的“部分的秩序”。

结构是系统的普遍属性，没有无结构的系统，也没有离开系统的结构。系统的结构就是组成要素之间相对固定和比较稳定的有机联系。这种联系（结构）是系统保持整体性和具有一定功能的内在根据，是从系统内部对系统整体性的描述。

功能是指系统与外部环境相互联系和作用过程的秩序和能力。系统功能体现了一个系统与外部环境之间的物质、能量和信息输入与输出的变换关系。

系统诸要素相互联系和作用的内在组织形式或内部秩序称为系统结构，与此相对应，系统与环境相互联系和作用的外在活动形式或外部秩序则称为系统的功能。结构和功能是一切系统不可分割的两个方面，它们揭示了系统内部结构和外部状态的相互关系。结构是认识系统功能的基础，而分析系统功能必须联系系统的结构。

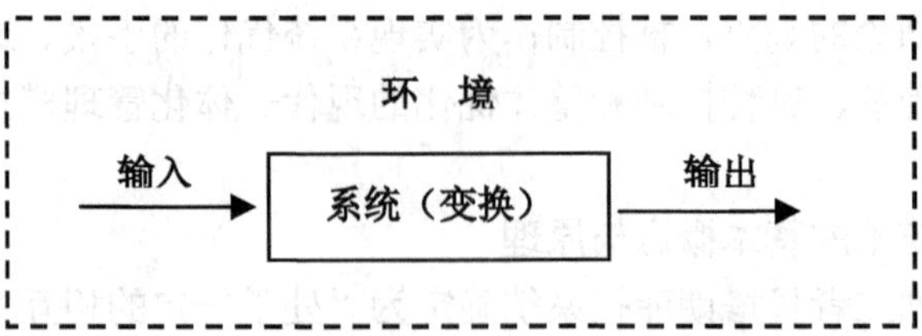

图 1-1 环境和系统的相互作用

在图 1-1 中，环境对系统的作用表现为系统的输入，系统在特定环境下对输入进行工作，就产生了反作用于环境的输出。系统把输入转换为输出的能力，就是系统的功能。输入和输出共同表现了系统与环境的相互作用。

结构与功能的关系，在实际客体系统中存在着多种情况。由不同要素组成的不同结构的系统，具有不同的功能；由相同要素组成的不同结构的系统，也具有不同的功能，也就是说，系统中相同要素的不同排列组合，同样也会改变系统的功能；组成系统的要素和结构不同，可以具有相同的功能，即同一功能可用不同要素结构来实现；同一结构的系统，可以具有多种功能，因其在不同环境中对外界发生的作用不同，其功能的发挥也是多种多样的。

总之，由于客观世界的复杂性和无限性，系统的结构和功能的关系是多样的、变化无穷的，在一定条件下是可以转化的。所以在实际工作中，必须注重研究系统结构和功能的动态变化规律。

(3) 环境与行为

所谓环境，是指系统存在的外部条件，也就是系统以外对该系统有影响、有作用的诸因素的集合。

系统与环境的区分是相对的，需要根据具体系统相联系的紧密程度以及对系统功能影响的大小来划分。通常把那些联系不太紧密、影响较小的因素作为环境因素而排斥在系统之外，而那些联系紧密、影响较大的因素作为系统的要素。

所谓行为，是指系统对环境的影响和作用的反应，即在系统与环境的相互作用中，环境对系统施加影响和作用以后，系统对环境的反作用。在图 1-1 中，系统的输出就是对系统行为的描述。

系统行为是由系统环境和系统内部状态两个因素引起的。环境只是产生系统行为的诱因或外部条件；系统内部状态则是系统行为的决定因素。系统行为归根到底决定于系统的内部状态，而系统的内部状态又取决于系统结构的优化程度。

(4) 整体稳定性与局部变异性

所谓整体稳定性，是指系统在外部环境的干扰作用下，系统整体总是趋向保持某一稳定状态的特性，是系统自我保持和对环境适应性的体现。

系统局部变异性是指系统在外部干扰和内部故障的作用下，局部地改变自身的特性，包括系统组成部分或要素的局部更替、结构的局部改变以及功能的局部丧失等。

系统整体稳定性和局部变异性同时存在，同时发生作用。系统的整体稳定性是相对的，局部变异性是绝对的，局部变异寓于整体稳定性之中。认识和掌握系统的整体稳定性和局部变异性及其相互关系有助于人们在实际工作中注重系统的状态变化，为实现一定的系统目标创造使系统保持整体稳定性的条件，使系统发展完善，并能充分发挥正常的功能。当系统整体稳定不符合人们的实践需要时，要通过系统局部变异的积累，促使系统由量变向质变飞跃，以建立符合人们期望的新的系统。

2. 系统论的基本原理

系统论的基本原理是有关系统的基本属性、共同特征及一般规律的理论概括，是一般系统的基本观点和原则。主要反映在系统与要素、要素与要素、结构与功能以及系统与环境、系统与时间等关系上。

(1) 系统整体性原理

系统整体性是系统最本质的属性，贝塔朗菲指出："一般系统论是对'整体性'和'完整性'的科学探索。"

系统的整体性是指系统诸要素集合起来的整体性能，是系统诸要素相互联系的统一性。其实质就是提示一定环境下系统整体与要素之间的关系，是对整体与部分关系的深化。系统的整体性，根源于系统的有机性和系统的组合效应。凡系统的组成要素都不是杂乱无章的偶然堆积，而是按照一定的秩序和结构形成的有机整体。要素作为系统整体中的部分，只有在整体中才能体现它具有部分的意义；系统整体的功能不等于各组成部分的功能之和，即在数学中 1 加 1 等于 2，而在系统中 1 加 1 却不等于 2，这就是贝塔朗菲著名的"非加和定律"；系统整体具有不同于各组成部分的新功能，也就是系统整体的质不同于部分的质，系统整体之所以能产生新质，是因为系统整体的各个组成部分之间，相互联系和相互作用形成一定的结构，系统借助结构，才能产生整体效应，整体的性质和功能才能显现。

系统整体性原理对管理工作具有重要意义。根据组织管理目标，把管理要素组成一个有机的系统，管理的目的就在于把管理中诸要素的功能统一起来，从总体上予以放大。在管理中需要不断提高要素的功能作为改善组织整体功能的基础，强调局部服从整体，以保持该系统最佳的整体功能。改善和提高系统的整体功能，不仅要注重发挥每个要素的功能，更重要的是要调整要素的组织形式，建立合理的组织构架，从而使系统整体功能优化。

(2) 动态相关性原理

系统的动态性是指任何系统都处在不断的发展变化之中，系统状态是时间的函数。系统的动态性取决于系统的相关性。系统的相关性是指系统的要素之间、要素与系统整体之间、系统与环境之间的有机关联性。正是由于它们之间的相互作用和相互联系，构成了系统发展变化的根据和条件。

系统的动态相关性原理同样对管理工作具有重要的指导意义。管理的任务就是按一定的目标要求，把各种分散的、互不相关的要素，组织成有机相关的整体——管理系统，通过各项管理职能的履行和实际的管理活动，有效地控制消极相关，促进积极相关，以增强人与人、人与物、物与物之间的协同效应，从而求得管理系统最佳的整体功能。

(3) 层次等级性原理

要素的组织形式就是系统的结构，而结构又可以分成不同的层次、等级。

层次等级结构是物质普遍的存在方式，贝塔朗菲指出："等级秩序的一般理论显然将是一般系统论的主要支柱。"社会系统也具有复杂的层次等级结构，从社会结构系统分，可分为三个大层次：生产力系统、生产关系系统、上层建筑系统。

处于不同层次等级的系统，具有不同的结构，亦有不同的功能。系统的层次等级反映的是处于不同层次的系统组织程度的差别。一般来说，系统的层次越高，组织性越强。正因为高层次的系统组织性强，有序度高，所以才能支配低层次的系统并决定其性质。

不同层次等级的系统之间相互联系、相互制约，处于辩证的统一之中。在系统的复杂层次等级结构中，高层次的系统虽然支配低层次系统而居主导地位，但低层次的系统也不是完全被动的，它保持着自己的相对独立性，对系统的高层次乃至整个系统起着重要的作用。

系统层次等级性原理，可以指导人们合理设置管理层次。管理组织系统划分层次等级的主要原因，是由于管理对象的复杂性与管理者个人能力的有限性之间的矛盾。按照层次等级进行分级管理，可以使处在不同层次的管理者所直接联系的人数（包括上级与下级）大体相当，从而使他们的管理能力和管理对象相适应。

系统层次等级性原理也可指导人们科学地分解目标。按照管理组织系统的层次等级，将总目标分解为不同层次、不同部门的分目标，形成前后衔接、上下贯通的目标体系。这样的目标体系，在组织上能使目标由上而下层层落实，由下而上层层负责。在内容上既能明确本级系统的基本任务，又能反映分目标和总目标的关系，便于处理局部和整体的矛盾。

系统层次等级性原理还可以指导人们按管理层次实施层级管理。每一管理者都有自己相应的管理层次，处于不同层次的管理者各有不同的目标责任和要求。

(4) 系统有序性原理

系统的有序性是指构成系统的诸要素通过相互作用，在时间和空间上按一定秩序组合和排列，由此而形成一定的结构，决定系统的特定功能。因此，系统有序性原理的实质是提示系统结构和功能的关系。

任何系统都有特定的结构，结构合理，系统的有序度高，功能就好；反之，系统的有序度就低，功能就差。系统由低级结构转变为较高级的结构，即趋向有序；反之则趋向无序。任何系统都必须保持开放性，才能使系统产生并且维持有序结构。

任何管理系统，都应该是一种具有活力的耗散结构。所谓耗散结构，就是只有不断地从外界吸收物质、能量和信息，才能维持有序结构的系统。这类系统的存在和发展，必须具备两个条件：一是对外开放，二是内部有活力。要提高管理的有序度，就必须科学地安排管理诸要素的秩序，使之协调匹配，以减少“内耗”而求得统一的整体功能。因此，首先应做到目标体系有序，即一个管理系统的总目标和子系统的分目标，必须构成合理的目标体系，使之具有系统的特性。其次是目标实施过程有序，即目标的实施过程必须以有序的目标体系为基础，每个子系统必须在总目标的统领下实现自己的分目标。再次是组织系统有序，这是实现管理目标、建立正常工作秩序的组织保证。

1.1.2 信息论的基本概念与方法

信息论产生于 20 世纪 40 年代末，它的主要创立者是美国的数学家申农和维纳。信息论作为控制论的基础，它研究的是通信和控制系统中普遍存在着的信息传递的共同规律，同时也是研究如何提高信息传输系统的有效性和可靠性的通信理论。随着现代科学发展的综合化、整体化趋势，信息的概念及其方法远远超出通信领域，从而使局限于通信领域的信息理论发展成一种广义信息论——信息科学。

1. 信息论的基本概念

(1) 信息

随着人类社会的不断发展、人们认知水平的不断提高，对信息的认识也在不断演化和拓展，不同的学者在不同的研究领域，对信息有着不同的理解和定义。

申农从通信的角度提出：“能否定义一个量，这个量在某种意义上能度量这个过程所‘产生’的信息是多少。”实际上申农把信息定义为“两次不定性之差”，即“不定性的减少的量”。根据申农的信息定义，对信息概念可从两方面理解：一是从通信角度看，信息是数据、信号等构成的消息所载有的内容。二是从实用角度看，信息是指能为人们所认识和利用的，但事先又不知道的消息、情况等。控制论创始者维纳在不同时期、从不同角度对信息作了概念上的规定：其一，信息不是物质也不是能量；其二，信息是控制系统进行调节活动时，与外界相互作用、相互交换的内容；其三，信息是系统组织性的量度。

随着信息概念的广泛使用，许多学者对信息概念作了深入的探讨，如神经生理学家艾什比提出信息是对事物变化、差异程度的描述；克劳斯则认为信息就是按一定方式排列起来的信号序列，是由物理载体与语义构成的统一体；有"计算机之父"之称的冯·诺依曼认为信息表现了物质和能量在时间、空间上的不均匀的分布。

综上所述，不同的学者从不同的侧面提出信息的定义，在一定程度上提示了信息的本质和特征，对后来者研究信息的本质与内涵具有十分重要的指导意义。

(2) 通信系统

所谓通信是指发信者与收信者之间的信息传递。由信源（发信者）发出信息，通过信息通道传送信息，再由信宿（收信者）获取信息，这就构成了通信过程（如图 1-2）。

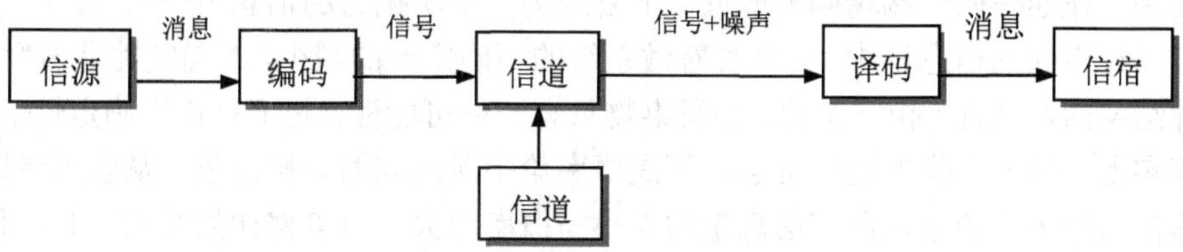

图 1-2　通信系统模型

信源是信息的来源，可以来自人或机器，也可以是自然界中任何其他物体。信源发出的信息在形式上各不相同，它们可以是文字、图像，也可以是语言、电磁波，这些统称为符号或信号。用来表示这些符号或信号的就是消息，也就是说消息是信息的载体。

编码是指将信息变换成某种信号的措施。编码的目的在于将信号变换成便于在相应信道上传输的形式。

信道是指信息传递的通道，亦是传递信息的媒介。信道的关键问题是信道的容量，即单位时间内信道能传输的最大信息量。信道是多种多样的：有线信道，如同轴电缆、光导纤维；无线信道，如自由空间、电离层等。在复杂的电信系统中，信道不是单一的，而是多路的，其数量很大，它联系众多功能的信源、信宿而组成通信网络。

噪声是指在信号传递过程中，通信系统内部产生的以及系统外部混入的种种干扰。噪声对信号的传送起着负面作用，会造成信息的某些失真。为了防止信息失真，需要采用滤波技术对噪声加以排除。

译码就是把信号翻译成文字、图像以及语言所表达的思想内容，使信号变成原来的信息。由此可见，译码过程与编码相反，译码是编码的反变换。

信宿是信息的接收者，信宿可以是人，也可以是机器。

申农提出的上述通信系统模型，不仅适用于通信系统，也可推广到其他非通信系统。在非通信系统中，一般被称为信息系统。如管理系统就可以被看做一个信息系统，其中基层单位可以被看做信源（或信宿），管理层可以被看做信宿（或信源），各种机构、组织及传播信息的渠道均可被视为信道，各种报表、数据、文件即为信息。

(3) 信息量

信息量是用来度量信息大小的量，它是信息论的中心概念。

任何物体发出的信息既有一定的形式，又有一定的内容。如何将信息定量刻画出来，是信息度量中遇到的一个巨大的难题。申农从通信技术的角度对信息的度量问题进行了研究，他指出通信只不过是信息的传输，因此可能把它看做是“在通信的一端精确地或近似地复现另一端所挑选的消息……”。

在申农的信息论中，信息被看做系统的不确定性的减少。不确定性是与“多种结果的可能性”相联系的，如果事物只有一种可能性，是不存在不确定性的。事实上，信源产生的通信信息，正是概率论中所研究的随机现象。从收信者即信宿角度考虑的话，所获信息量的大小与概率的大小有着密切的关系。某事件发生的概率越大，当有消息证实其的确发生了，则从中获得的信息量越小；若事件发生的概率小，当有消息证实其确实发生了，则从中获得的信息量越大，这与我们的日常生活常识相符。这里的信息量是从信宿的角度来考虑的，即信宿信息量。如果信息传输过程中没有任何干扰存在，则信源发出的信号与信宿收到的信号一一对应。如果存在干扰，则会造成一定量的信息损失。这里，信源发出的信息量叫做信源熵或信息熵。熵，表示系统的紊乱程度。系统越“乱”，其熵就越大；系统越有序，熵就越小。正如维纳所说：“一个系统的熵就是它的无组织程度的度量。”也就是说，一个系统所获信息量越大，系统就越有序，熵就越小；反之，系统就越无序，熵就越大。由此可见，信息与熵是互补的。

2. 信息方法

“信息方法”这一术语，是控制论的创始者维纳在《控制论》一书中提出的，他指出：“任何组织能够保持自身的内在稳定性，是由于它具有取得、使用、保持和传递信息的方法。”苏联的索波夫在《控制论的若干基本特征》一文中，明确提出信息的观点具有一般方法论的意义，并肯定了可将控制论、信息论的一些理论作为一种普遍的原理和方法。

(1) 信息方法的特点

所谓信息方法，就是运用信息的观点，把系统看做是借助于信息的获取、传送、加工、处理而实现其有目的性的运动的一种研究方法。信息方法不同于传统的研究方法，它是一种直接从整体出发，用联系的、转化的观点综合研究系统过程的方法。

信息方法以信息为基础，把系统有目的的运动抽象为一个信息变换过程。它根据系统与外界环境之间的信息输入与输出关系，以及系统对信息整理和使用的过程，来研究系统的特性，探讨系统的内在规律。

信息方法用联系、转化的观点，综合研究系统运动的信息过程，而不需要对事物的整体结构进行解剖分析，因此，信息方法乃是现代科技领域中研究事物的复杂性、系统性和整体性的一种重要方法。

信息方法作为一种比较完善的科学方法，在于它能对抽象出来的信息过程作出定性和定量的分析。对信息的定性分析，一方面要判明信息过程的信息种类，以确定其所属的领域；另一方面还要对信息过程中的存贮方式、传递方式、编码方式、接收方式、转换方式、处理方式、使用方式等进行定性研究。对信息的定量分析，就是运用概率统计、模糊数学、集合论等数学方法，对信息的主观、客观方面，传输、使用方面以及量度和语义方面等，作出定量的研究，并运用定量分析的成果加深对信息过程的本质的认识。

(2) 信息方法的基本步骤（图 1-3）

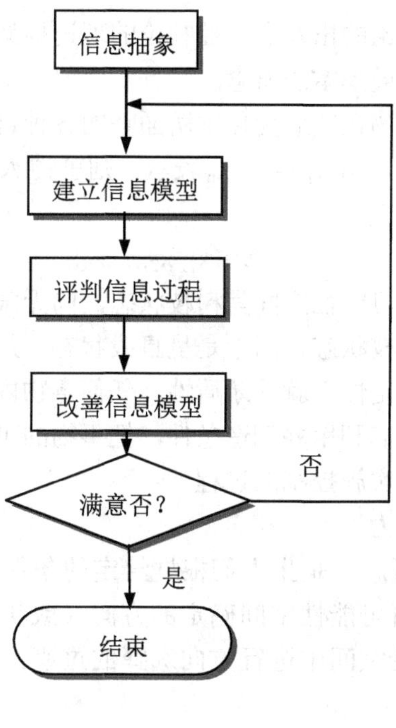

图 1-3　信息方法的基本步骤

信息方法以信息概念作为分析和处理问题的基础，在运用信息方法处理问题时，首先要对实际系统的运动过程进行信息抽象。接着建立研究对象的各种信息模型，这是信息方法的关键一步，也是最困难的一步。然后通过对信息模型的研究以及运用信息模型对信息过程进行模拟，从而评判被模拟过程的功能，阐明原型的机理，对原型未来的运动变化和行为方式作出预测，从中探讨其内存的规律。最后在实践中对信息模型的研究结论进行反复检验，并根据实践检验的结果，修正和改善信息模型，使之更符合实际的信息过程。

1.1.3 控制论的基本概念与原理

控制论与信息论和系统论，几乎同时形成于 20 世纪 40 年代，它的主要创立者是美国数学家维纳。控制论的创立，既是科学技术高度分化、高度综合的结果，又是社会实践发展到一定阶段的产物。它的产生和发展，有着深刻的社会背景和技术、实践、理论的基础。控制论同信息论、系统论一样，是一门跨越学科门类、具有浓厚方法论性质的横断科学。

1. 控制论的基本概念

(1) 可能性空间

可能性空间是控制论的出发点，控制论的理论构架就建立在可能性空间之上，因而它是控制论中最基本的概念。

可能性空间是指事物在发展变化中所面临的各种可能性的集合。如果事物 A 的可能性状态是 n 个，用 $x_1,x_2,\ldots,x_n$ 表示，则事物 A 的可能性空间就是这些状态的集合：

$$A=\{x_1, x_2,\ldots,x_n\}$$

事物发展过程中的可能性空间呈树枝状态，向无限远处伸展开去。事物的可能性空间之所以呈树枝状态，而不是呈直线状态，是因为事物的发展变化具有“不确定性”。“不确定性”就是矛盾性。任何事物内容都包含着矛盾，这是造成可能性的根据。人们利用并创造条件，把事物的可能状态转化成现实状态的过程，就是对该事物实施控制的过程。

(2) 控制与控制能力

控制作为科学的概念，是指人们根据给定的条件和预定的目的，改变和创造条件，使事物沿着可能性空间确定的方向（或状态）发展。控制归根到底是一个在事物可能性空间中进行方向选择的过程，是实现事物有目的的变化的活动。

要通过选择实现控制目标，就要有相应的条件。控制必须是目的和条件（手段）的统一，这就涉及“控制能力”这个概念。所谓控制能力，通俗地说就是创造条件使事物向目标状态转化的能力。在实际的控制活动中，对于绝大多数控制过程来说，只要把可能性空间缩小到一定范围就达到控制目的了。也就是说，每实施一次控制，事物发展变化的可能性空间就缩小一些，直至达到预期的目标状态。

(3) 控制系统与控制论系统

控制作为一种作用，至少要有作用者（即施控主体）、被作用者（即受控客体）以及作用的传递者这样三个要素。由这三个组成部分组成一个整体，相对于某种环境而言，才能具有控制的功能和行为。因此，由施控者、受控者和控制作用的传递者三个部分所组成的，相对于某种环境而具有控制功能与行为的系统，被称为控制系统（见图 1-4）。

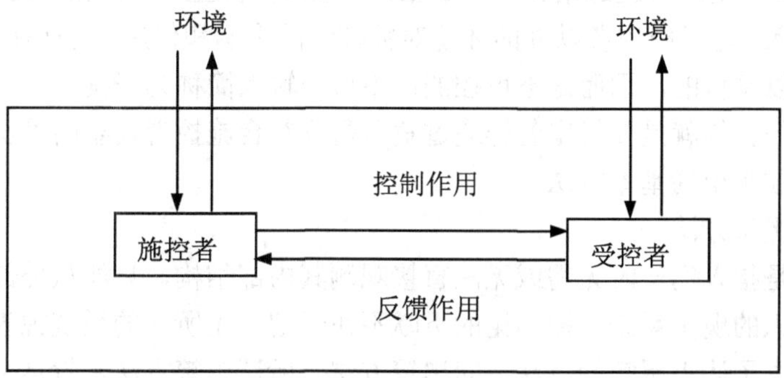

图 1-4　控制系统

从图 1-4 中可以看出，在一个控制系统内，不仅施控者作用于受控者，而且受控者也可以反作用于施控者。前一种作用是控制作用，后一种作用则是反馈作用。此外，作为一个特定的控制系统，总是处于一定的环境之中，控制系统与环境之间也是相互作用的。控制论着眼于从控制系统与特定环境的关系来考虑系统的控制功能，也就是控制系统的控制功能是在系统与环境之间的相互作用中实现的，因此，控制系统必然是一个动态系统。

控制论作为研究系统通信和控制规律的科学，它的研究对象并不是一切控制系统，而是带有反馈回路的闭环控制系统。列尔涅尔把控制系统和控制论系统作了严格的区分。他认为控制论系统不仅是控制系统，而且是以控制论的基本观点与方法去研究的控制系统。控制论的首要观点是反馈，把控制论系统限于带反馈回路的闭环控制系统，这是控制论系统的基本特点之一。控制论的另一个重要观点是信息，维纳从控制论的角度提出了信息论，并把它作为控制论的基础。他认为控制系统也是一种信息系统，因此必须用信息的观点来研究控制系统，这是控制论系统的另一特点。综上所述，通过信息的传输、变换和反馈来实现自动调节的控制系统，我们称之为控制论系统。

(4) 输入与输出

任何系统都是处在特定的环境下，任何系统又都是由若干要素按一定结构组成的有机整体。系统作为一个整体，必然对外界环境而言具有相对封闭的边界。但是，任何现实的系统都不是绝对封闭的，而是开放的。其开放性集中体现于系统与环境之间的相互影响和相互作用。一般地说，我们可以把环境对系统的影响和作用称为系统的输入。由系统的输入引起的系统的输出，又被称为系统的行为。

系统的输入分为两大类，即可控输入和不可控输入。可控输入是指为一定的控制目的，施控者施加给被控者的信息、物质和能量；可控输入简称为输入。不可控输入，是指施控者以外的环境对被控者的影响和作用。它往往是随机的，有时是难以预料的，因而是不可控的；不可控输入简称为干扰。

控制的目的就是要找出怎样通过输入得到符合施控者期望的输出。

2. 控制论的基本方法

(1) 黑箱方法

黑箱是指人们一时无需或无法直接观测其内部结构，只能从外部的输入和输出去认识的现实系统。控制论的贡献不在于把一无所知的系统视为黑箱，而在于它提供了认识黑箱的方法，即黑箱方法。所谓黑箱方法，就是采用不打开系统“活体”，仅从系统的整体联系出发，通过对系统的输入和输出关系的研究，去认识和把握系统的功能特性，探索其结构和机理的研究方法。

黑箱方法的基本步骤：

a.建立主体和客体的耦合系统

首先用相对孤立的原则确认黑箱。由于黑箱系统和外部环境处在相互联系之中，因而必须根据研究目的和认识任务，划定作为黑箱的研究对象和周围环境的边界，把作为黑箱看待的研究对象从环境中“分离”出来，使它成为一个相对孤立的系统。

其次使主体和客体耦合起来。耦合就是相互作用。主体和客体的相互作用，一方面是指主体对客体施加的各种影响和作用，可视为客体的可控制变量，即客体的输入；另一方面是客体对主体的反作用，反映在客体的输出中，被称为可观察变量，即客体的输出。这样主客体就构成了有反馈的耦合系统。

b.通过输入和输出主动考察黑箱

现实的系统可能有多种输入，即主体用以影响客体的方法有多种，要主动考察，就必须规定输入和输出的具体内容，这一步骤正反映了人的认识过程的能动性和目的性。可见，主动考察实际上就是考察主体对客体施加某种典型输入，然后观测其输出反应，取得输入和输出两组数据，作为认识客体黑箱的根据。

c.建立模型辨识黑箱

在获得了关于黑箱客体的大量输入与输出的数据后，往往还不能直接说明黑箱，而必须对获得的数据进行综合整理，以排除试验过程中出现的特殊状态。根据整理后的数据，建立阐明黑箱的模型。凭借模型，可以探讨黑箱系统的功能和特性，进而对其内部结构和机理作出某些推测，达到对系统辨识的目的。

黑箱方法是研究结构复杂的系统的有效工具，也是研究目前尚不能打开系统的唯一手段。事物本质的层次性，决定了事物的黑箱总是一层套一层，永远不会完结。因此，控制论的黑箱方法，在人类认识的任何阶段，都不失为一种重要的实践手段。

(2) 功能模拟方法

模拟方法简单地说就是用模型模仿原型的方法。维纳在创立控制论时，把机器和动物系统所共有的特征——信息变换和反馈机制抽象出来，并把它们运用到技术系统中去，借以实现人们所希望的目标，从而形成了独具风格的功能模拟方法。

所谓功能模拟方法，就是以功能和行为相似为基础，用模型模仿原型的功能和行为的一种方法。功能模拟方法主要有以下几个特点：

a.功能模拟只以功能和行为相似为基础，所模拟的是一切具有通信和控制功能系统的合乎目的性的行为。这里的“通信和控制功能系统”，就是指控制论系统。

b.在传统模拟中，模型只是认识原型的手段；在功能模拟中，模型是具有生物目的行为的机器。

c.功能模拟借助黑箱方法，从功能上描述和模仿系统对环境影响的反映方式，一般无需分析系统的内部机制和个别要素，不追求模型的结构与原型相同。

控制论突破了机器和生物的界限，为机器与生物之间进行功能模拟提供了理论根据，为使用精确的物理技术、科学的方法、工具研究和模拟生物现象的仿生学奠定了科学基础。功能模拟开辟了向生物界寻求设计思想的新途径，也为人工智能的研究提供了有效方法，它的发展必然带来认识和实践手段的新飞跃。

(3) 反馈方法

控制论是研究具有通信和控制功能的系统，通信的目的是为了控制，要实现控制就必须有反馈。因此，反馈既是控制论的一个基本原理，又是控制论的一种重要方法。

维纳曾明确指出：“反馈是控制论的一种方法，即将系统以往操作结果再送入系统中去。根据过去的操作情况去调整未来的行为。”这种以系统活动的结果来调整系统活动的方法被称为反馈方法。反馈方法又被称为反馈控制方法。

任何控制系统，都是由施控系统和受控系统两个子系统构成的。其反馈控制过程是：施控系统将输入信息变换成控制信息，控制信息作用于受控系统后产生的结果再被返送到原输入端，并对信息的再输出产生影响，起到控制作用，达到预定目的。

反馈控制的作用是减少或消除系统偏差，使受控系统的运行状态维持在一个给定（或容许）的偏差范围内，提高受控系统运行过程中的稳定性，实现受控系统的行为、功能和结构的最优化，达到对系统进行控制和管理的目的。如果反馈信息（现实状态）与控制信息（给定状态）的差异倾向于加剧系统正在进行的偏离目标的运动，使系统趋向于不稳定状态，称为正反馈。如果两者之差倾向于反抗系统正在偏离目标的运动，那么它就使系统趋向于稳定状态，称为负反馈。

1.2 “三论”与会展管理信息系统

现代化管理的一个重要特点是，管理过程控制论化。控制和信息是不可分的，任何信息的传递和处理都是为了控制；任何控制都要凭借信息。管理就是控制，管理活动实际是过程控制和信息管理的两位一体。因此，信息既是现代社会的主要资源，又是现代管理的基础。

1.2.1 “三论”与现代管理

1. 系统论与现代管理

系统论的基本概念和原理是从理论上研究系统，以解决对系统的一般性质和规律的认识问题。系统方法则主要是从应用上研究系统，以解决对具体系统的设计、优化、实施和管理问题。

(1) 系统方法

所谓系统方法，就是以系统理论为指导，把研究对象放在系统的形式中进行考察的一种科学方法。具体来说，就是按照客观事物本身的系统性，始终从整体（系统）与部分（要素）、部分与部分、整体与环境的相互联系、相互作用、相互制约的关系中，综合地、精确地考察研究对象，以达到最佳地处理所研究的问题的效果。可见，系统方法也可以说是系统地考察和处理研究对象的整体联系的一种方法。

系统方法实现了分析与综合的辩证统一。它从整体出发，先进行系统综合，形成可能的系统方案，再进行系统分析，分析系统各要素及其相互关系，建立模型，然后进行系统选择，实现最优化，重新综合成整体。

系统方法既是确定目标的方法，又是实现目标的方法。系统方法提供系统分析，在确定目标方面发挥了重要功能。它通过对特定问题的周密调查，在掌握大量数据的基础上，经过精确计算，提供各种目标方案，供决策者进行最佳抉择。就是说系统方法使确定目标得以程序化和精确化。同时，系统方法又可能通过规划、研制、生产、安装、运行等阶段来实现既定的目标。

系统方法将定性分析与定量分析有机地结合起来。系统方法不仅可以定性地提示系统的性质和机制，而且可以借助现代数学和计算机技术定量地描述系统的运动状态和规律，为从定性和定量的结合上认识系统提供了有效的方法。

(2) 系统分析

系统分析是系统方法在科学决策中的具体应用。决策研究是现代管理的一个分支，它探讨决策活动的理论和方法。作为科学的决策方法之一的系统分析，是系统论和管理学互相渗透、互相融合而形成的一种科学决策方法。

所谓系统分析，就是在解决或处理系统的基本问题时，按照系统思想理论，应用科学的分析工具和方法，在确定或不确定的情况下，就全部问题找出其合理目标和各种可行方案，从而帮助决策者就复杂问题进行最佳抉择。

系统分析的目的，在于通过分析比较各种备选方案的功能、费用、效益和可靠性等各项指标，得出决策者赖以进行决策的资料和信息，以作出正确的决策。因此，系统分析实质上就是在明确目的的前提下，来分析和确定系统所应具备的功能和相应的环境条件。

系统分析主要是以计算机为工具，来完成系统分析所需大量信息的收集、处理、分析、汇总、传递和存贮等任务。系统分析的重要方法是最优方法，如规划论、图论、排队论等，使用优化方法来求解系统模型。系统分析不仅要分析技术经济方面的有关问题，而且还要分析政策、组织体制、信息、物流等各个方面的问题。

系统分析没有特定的技术方法，它随分析对象和问题的不同而不同。但系统分析的一般过程，通常可以遵循以下几个步骤：

a.提出问题，明确目标。系统分析首先要明确所解决的问题，以及问题的性质、重点和关键所在，恰当地划定问题的范围和边界，了解该问题的历史、现状和发展趋势，在此基础上确定系统的目标。

b.收集资料，分析问题。提出问题、明确目标之后，还必须广泛收集与所解决问题有关的一切资料，包括历史资料和现实资料，文字资料和数据资料。

其中，尤其要重视反映各种因素相互作用的资料。要分析所要解决的问题由哪些内部和外部的因素组成，哪些占主要地位，各有什么特点和规律，它们之间的联系是怎样的等。

c.建立模型，确定优先方案。为了便于分析，一般都要建立模型，尤其是数学模型，以描述与系统目标相关的因素之间的数量关系。通过分析计算和系统仿真，从技术和经济两个方面，对各种方案进行比较和评价，权衡各方案的利弊得失，从中选出最优的方案。

(3) 系统工程

系统工程是系统方法在组织管理中的具体应用。从狭义上讲，系统分析属于系统工程的准备阶段，而系统工程则包括组织管理的全过程。

系统工程不仅是一门综合性很强的技术科学，也是一门组织管理技术。它以系统特别是复杂系统为研究对象，以系统理论和方法去开发、创造人们所需要的各种系统，或者对已有的系统进行改造和管理，使之能够更好地按照人们的意愿进行工作。

我国著名科学家钱学森在《组织管理的技术——系统工程》一文中认为："'系统工程'是组织管理'系统'的规划、研究、设计、制造、试验和使用的科学方法，是一种对所有系统都具有普遍意义的科学方法。"这一表述明确了三层意义：系统工程属于工程技术，主要是组织管理技术；系统工程是组织管理系统全过程的科学方法；这种技术和方法具有普遍的实用性。

系统工程作为一门新兴的组织管理技术，对于分析和处理不同系统的各类系统工程，可以提供一套具有共性的思路、方法或程序，我们称之为系统工程方法。霍尔三维结构是一种公认的比较通用的系统工程方法。霍尔三维结构又叫系统工程三维结构分析，它是由时间维、逻辑维和知识维组成的立体空间结构。其中，时间维表示系统工程活动从规划阶段到更新阶段的工作顺序，包括规划阶段、拟订方案阶段、研制阶段、生产阶段、安装阶段、运行阶段和更新阶段。逻辑维表示系统工程的每一个时间阶段应完成的步骤，包括摆明问题、系统指标设计、系统综合、系统分析、系统选择、决策和实施计划。知识维表示系统工程在进行上述阶段或步骤时所需要的某些共性的知识和各科专业知识。

2. 信息论与现代管理

随着科学技术的进步、社会经济的发展，信息作为重要资源，必须加以有效管理。信息管理是指对信息所进行的一系列管理活动。信息管理不仅是现代管理活动的重要内容，也是决定管理效能的关键因素之一。

现代化的管理组织，是一个复杂的大系统。在整个系统的管理活动中存在着两种"流动"资源：一种是人力、物力、财力等的物质流动资源，另一种是随之产生的大量的数据、资料等信息流动资源。前一种流动是管理活动的主体流程，后一种流动则是前一种流动的表现或描述。这两种流动的交互作用，就构成实际的管理活动。

在现代管理中，由于生产社会化程度越来越高，管理的规模越来越大，管理过程越来越复杂，要使人流、物流、财流合乎目的地运动，就要保证信息流的畅通。信息流的任何阻塞都会造成物质流的紊乱和中断，管理活动就要停顿或遭到破坏，管理目标就难以实现。因此信息既是管理组织的中枢神经，又是现代管理的重要资源，是管理活动赖以进行的依据。

(1) 信息在管理中的作用

信息在管理中的作用首先体现为信息是计划的基础。计划是管理的首要职能，是各项具体活动的依据。计划的制定必须以真实、准确的信息做基础。因此，只有充分掌握可靠的信息，才能驾驭形势，运筹自如，不失时机地作出成功的决策，从而为本系统规划出正确、合理而又有远见的目标，并制定出实现目标的切实可行的实施方案。

其次，信息是组织和控制管理过程的依据和手段。计划确定之后，就要通过组织实施，使之变为管理系统有序的合乎目的的行动。在实施过程中，组织、指挥、协调和控制等管理职能的履行，一刻也离不开信息。整个管理工作在一定意义上说，是一种以信息处理为中心的工作，管理过程就是信息的获取、处理、传输和使用的过程。在这个过程中，管理机构实际上是一种"信息调节器"，通过信息这个特殊的工具和手段，履行管理职能，控制整个管理系统做合乎目的的运动，从而实现预期的管理目标。

再次，信息是各管理层次和各工作环节互相沟通的神经和纽带。每个管理系统者都有自己的层次结构，任何一项工作的开展都有自己的环境和过程。为了使各层次、各环节的活动协调于整体之中，就必须通过信息的上传下达、互相沟通来实现，否则管理就失去活力。一个管理系统，如果没有一个四通八达、灵敏、准确的信息系统，获取信息和沟通效能就会受到限制，管理也就无法进行。

(2) 信息在决策中的作用

决策是现代管理十分重要的职能，也是整个管理工作的基本前提。所谓决策，是为解决特定的问题和实现确定的目标，对人的行动方案进行设计和选择的活动。

人类在实际的管理活动中，始终遵循"决策—实施—再决策—再实施"这样一个不断循环的过程。因此，这一过程实质就是信息反馈控制过程。

正确的决策取决于多种因素，如决策体制、决策方法以及管理者经验、能力和领导艺术等，但决定性的因素是对客观实际的未来行动及其后果的正确判断，而正确的判断又取决于掌握全面的、及时的、准确的信息，信息不充分，决策就失去了根本的依据，尤其是在科技飞速发展的今天，要实现正确的决策，必须拥有大量的信息。

首先，信息是发现问题、确定目标的依据。管理者通过各种渠道和不同形式的调查研究，获取信息并从中发现问题，根据未来和现实的矛盾，选择正确的目标进行正确的决策。

其次，信息是制订和选择方案的依据。目标确定之后，为了最大限度地实现目标，必须系统地、有目的地收集信息，制订若干可供选择的方案。

再次，信息是决策实施和控制的手段。决策实施前，需要根据信息把握决策实施的最佳时机；实施时，需要把决策转换成指令信息传输到执行单位，并通过指令信息控制决策实施的步骤和范围；实施后，需要依据反馈信息，掌握决策实施中的具体情况，检查决策的实际效果。

从管理者决策的整个过程来看，决策过程是一个信息输入、综合分析、加工处理和输出新信息的过程。当决策作为指令信息输出后，还要及时掌握反映实际状态的反馈信息，以纠正和调整决策行为，减少决策的失误。可见，现代管理者要提高决策水平，就必须重视信息的作用，不断提高自身驾驭信息的能力。

在瞬息万变的现代社会中，信息对现代管理的意义已不言而喻。一个成功的管理者，必须树立自觉的信息意识，善于对信息进行有效管理，使之成为管理的重要资源和得心应手的工具。

3. 控制论与现代管理

管理具有多方面的职能，如计划、组织、指挥、协调和控制等。控制不仅是管理的一项基本职能，而且管理职能的履行和发挥也离不开控制。因此，控制论的原理和方法在管理中得到广泛的运用。

在现代管理中，控制是指管理层为保证实际工作与目标计划相一致而采取的管理活动。亨利·法约尔在《工业管理和一般管理》一书中指出："在一个企业内，控制就是核实所发生的每一件事是否符合所规定的计划、所发布的指示以及所确定的原则。其目的就是要指出计划实施过程中的缺点和错误，以便加以纠正和防止重犯。控制在每件事、每个人、每个行动上都起作用。"可见，管理的成败在于能否实施有效的控制。

有效的控制除了以正确的目标计划为前提，还必须遵循管理的步骤和原则，选择恰当的控制方式。

(1) 确定控制标准。计划是控制的依据，但计划一般内容详尽、环节复杂，管理人员在实际管理中往往不便于掌握其中的每一个细节，因而需要建立一套科学的控制标准体系。控制标准是多层次、多形式的，它围绕着管理组织及其内部各环节所要完成的目标而制定。一个较好的控制标准体系，在内容上一般包括数量标准、质量标准、综合标准和时间标准等，要求要有较大的稳定性和较强的适应性。

(2) 衡量成效。依据标准衡量执行情况，把实际与标准进行比较，对工作作出客观评价。为准确测定执行情况，还必须考虑衡量的精度和频率问题。所谓精度是指衡量结果能够在多大程度上反映出被控对象的变化。所谓频率，是指对被控对象多长时间进行一次测量和评定。对被控对象的测定要从实际出发，在某些情况下，没有必要对被控对象了解得过细，因此，衡量精度和频率要适度。

(3) 纠正偏差。在衡量工作成效的基础上，针对被控对象状态相对于标准的偏离程度，及时采取措施予以纠正，使其恢复到正常状态。纠正偏差注重对其产生的原因进行认真分析，这是对被控对象采取控制措施的基础。此外，还要结合其他的管理职能。美国管理学家哈罗德·孔茨在《管理学》中谈到控制时，认为纠正在实际执行中产生的偏差，既可看成整个管理系统工作的一部分或控制工作的一个步骤，也可以理解为控制工作与其他工作的结合点。

通过以上三个基本步骤，实际上形成了一个完整的反馈控制系统，完成了一个控制周期。通过每一次循环，不断缩小与目标之间的距离，使管理工作向预定的目标方向发展。

1.2.2 “三论”与管理信息系统

一定的管理方法和管理手段是社会生产力发展到一定阶段的产物。在现代管理中，由于各部门分工越来越细，制约和影响事物发展的相关因素也越来越多，使得管理决策对信息的需求不仅在数量上大幅度增加，而且在质量方面也提出了更高的要求。因此，现代管理必须建立完备的管理信息系统。

任何一个管理系统，一般都是由三个要素构成的，它们是：管理对象、管理机构和联系两者之间及其内部关系的信息系统。这三个要素之间的有机联系，被人们形象地比喻为管理系统的实体、大脑和神经中枢，其中每一条信息流可被看做神经脉络。由此可见，在任何管理的条件下，信息系统都是管理系统的一个重要组成部分。

管理信息系统是服务于管理的信息处理系统。它是管理系统为了控制自身最佳运转，达到满意的目标而建立的信息收集、处理、传输和反馈的综合系统。其特点在于系统的输入是管理信息，输出也是管理所需要的信息。按其处理信息的手段不同，管理信息系统可分为人工信息系统、机械处理系统、电子计算机信息处理系统。不管哪一类管理信息系统，都是管理系统的一个子系统。

管理行为可以抽象为信息行为和决策行为，管理信息系统是作为支持决策系统而存在的。建立完备的管理信息系统是管理系统得以正常运行的必要条件。没有完善的管理信息系统或管理信息系统不能正常运转，管理系统就无法得到必要的、足够的管理信息，管理活动就难以正常进行。

管理信息系统的基本功能是产生并向有关管理部门提供决策和控制的信息。它的具体任务是根据使用者的需要，对数据进行收集、加工、存储和检索，对信息传输进行筹划，然后将信息提供给使用者，作为决策的依据。

1.2.3 “三论”在会展管理信息系统中的应用

会展是信息交流传播的媒介与载体，在会展中集聚了大量的信息，需要以现代管理的理念与方法去采集、处理、传输和管理，并最终以完整、有序的有效信息去为会展企业、会展从业人员以及会展客户等会展环境覆盖下的组织和人员服务。

在对会展管理系统进行分析构建时，把会展组织及各相关环节作为一个系统来进行分析，用系统方法对各类会展信息进行分析与处理，从目标、环境、运行过程、管理过程、信息流通等方面，全面考察其运动过程，并用系统的观点剖析组织中存在的问题，通过控制论中的信息反馈机制，对原有系统进行调整与改造，使之不断优化，更能适应系统环境的变化和会展企业管理工作的灵活性。

对于会展业务部门和管理部门，在日常的业务开展和组织管理工作中，所涉及的大大小小的事件有成千上万起，在这些事件的运行过程中所产生的内部信息以及来自会展系统之外的信息，其数量是非常惊人的。如何对会展信息进行科学的组织和管理，为会展主体提供信息服务，是会展企业所面临的一个亟待解决的问题。会展管理信息系统就是在信息科技发展到一定水平的基础上产生的，以计算机及通信技术为支撑的，提供信息处理及信息通信能力的一种应用系统。会展管理信息系统是以客户关系管理为核心的，以对会展信息的处理为重点的管理信息系统。其中会展信息处理包括会展信息的获取、传输、加工、存储、反馈、输出等基本环节，也是会展管理信息系统的基本工作内容。

在会展活动中，管理者为作出正确的决策，实施有效的控制，必须对会展信息的处理提出一定的要求，概括起来主要包括及时、准确、适用及经济四个方面。

所谓及时性就是要灵敏、迅速地发现和提供会展管理中所需要的信息，一方面既要及时地发现和收集会展信息，另一方面又要及时地把会展信息传输到需要者手中。会展信息具有强烈的时效性，其使用价值与其所提供的时间成反比，超过一定的时限，就会造成信息价值的衰减或消失。因此，要以最迅速、最有效的手段将有用信息提供给有关部门和人员，使其成为决策、指挥和控制的依据。

会展信息不仅要求及时，而且必须准确。只有准确的信息才能使决策者作出正确的判断。为确保信息的准确性，首先需要工作人员在收集和录入会展原始信息时确保材料可靠，录入无误。其次还要保持信息的一致性。会展管理系统的各个环节，既相互联系，又相互制约，用来反映这些环节活动的信息有着严密的相关性。系统中许多信息在不同的管理环节和管理层面上具有共享性，这就要求系统内的信息必须具有一致性或唯一性。

会展信息的适用性是指向各级管理层提供的会展信息是有用的、适合管理需要的。不同的管理部门和管理环节所要求的信息，在范围、内容、详细程度和使用频率等方面是各不相同的，因此会展信息不在于面面俱到，而在于适用、有效，能够满足会展活动各环节和各级管理层的需要即可。

任何管理活动，都要考虑经济效益。因此，会展信息的及时性、准确性和适用性也必须建立在经济性的基础上。在处理会展信息的过程中，一方面要保证为业务部门和管理部门提供快速、优质的信息服务，使信息在会展活动中发挥最大的作用；另一方面要根据实际情况，确定会展信息处理的方法和技术手段，以适当的经济投入获得最大的经济效益。

要使会展管理信息系统在会展活动及会展管理中发挥神经网络的作用，必须以系统论的方法和手段对会展业务和管理工作进行系统化分析与规划，并运用多种控制方式使管理系统中各阶段工作的执行前后衔接起来，通过信息在系统内的有序、合理流转及必要的反馈调节，构建起灵活、稳健、功能强大的会展管理信息系统。

思考题

1. 一个系统应具备哪几个条件？
2. 简要叙述系统论的基本原理。
3. 什么是信息？试述你对信息的理解。
4. 试述控制论的基本方法。
5. 系统分析通常遵循哪几个步骤？
6. 信息在管理中有什么作用？

第2章

管理信息系统基础知识

学习目的

通过本章学习，了解管理信息系统的概念及其演化过程，理解生命周期法、面向对象的开发方法等管理信息系统开发方法的基本思想，掌握信息系统建模的概念及方法，并认清其发展趋势。

主要内容

管理信息系统的定义；生命周期法、结构化方法、原型法、面向对象的开发方法；信息系统建模方法。

2.1　管理信息系统的概念

管理信息系统（MIS）、信息系统（IS）和信息管理（IM）在现代信息管理领域通常作为同义词。它们既指使用信息技术提供信息和通信服务的组织系统，又指计划、开发和管理系统的企业功能。

2.1.1 MIS 作为一个系统的定义

管理信息系统是组织内部系统，它为满足企业需要而提供信息和通信服务。管理信息系统由信息技术基础设施组成，它能提供信息处理和通信能力，还能为特定信息资源和服务的发送提供应用系统。

基础设施是核心技术系统、数据库和信息管理人员。基础设施为应用提供功能和服务。应用软件系统为了组织的特定功能或目的发布信息资源并提供服务。应用的类型包括：深入产品或服务的系统、交易过程、通信、合作工作支持、报告分析、决策支持和管理支持。应用软件使用自动的和人工的程序，它们是人类技术系统，因为结果是从人类用户和技术的交互中取得的。这些应用软件是基于模型的，也就是说，设计反映了决策模型、人机界面、社会的相互影响、企业行为、顾客服务等。

管理信息系统和应用软件的目标是满足企业信息和通信要求，提高企业活动的生产力，重视企业处理过程和帮助企业制定策略。该系统将信息技术和信息资源应用于产品的功能和性能、服务质量，用于分析和决策范围，共享协作工作，全方位改进、加快操作和管理过程。在设计优秀的管理信息系统中，不同的应用软件是不独立的；它们是相互连接的子系统，形成了一个连贯的、全面的综合结构以提供信息和通信服务。

2.1.2 MIS 作为一项组织功能的定义

管理信息系统组织功能是制定、开发、实施、操作、维护企业信息技术设施和企业应用程度。它还通过个人和部门为开发和操作系统提供支持和咨询服务。

为达到这些目的，组织需要雇用、培训和管理有专业知识和技能的员工。信息系统的系统开发过程管理功能包括：分析商业过程的方法、技能和技术，包括确定系统需要，开发和实施系统，分析相关的企业变化，并维护系统。功能管理过程包括企业战略计划的交互作用，这种作用能确定信息技术系统用于取得竞争优势和达到其他战略目标所采用的方法，确定基础设施和应用计划编制，确定对信息系统项目的管理、系统运行、用户咨询服务和对管理信息系统业绩的评价。

组织需要管理信息系统的功能，因为组织依靠信息技术来扩大投资规模。由于组织有对信息系统的协调和标准的需要，组织在计划、开发、信息管理、维护通信基础设施和应用软件的过程中需要专门知识。在交易过程和其他商业过程中普遍应用信息技术；离开信息技术，几乎没有企业能具有竞争力。近几年，信息技术的投资已经成为企业投资预算的一个重要部分。调整企业内部信息技术的需求逐步增长，信息技术创新在所有功能中已很普及。商业中应用信息技术取决于信息技术基础设施、企业范围内的应用和跨越功能以及组织界限的系统标准。管理信息系统的功能完成了这一重要角色。应用管理信息系统还因为专业知识，它是计划、开发、实施、管理信息技术基础设施和企业应用所需要的。

2.1.3 与 MIS 相联系的知识实体

信息技术的应用非常普遍，以至于在企业内部必须广泛使用一定程度的专业知识。其他企业部门的个人和工作组对其信息管理活动或使用信息技术的局部系统负有重要责任。然而，管理信息系统的功能对于维持专门技术负有责任。这种技术应有助于个人、团体、部门和信息管理功能，这能提供企业的整体性，还能建立和维护信息基础设施及综合信息处理过程所必需的标准。与管理信息系统功能相关的专业技术包括：

1. 信息战略和结构

信息系统战略和结构给企业提供了获得和使用信息的能力和空间，可以在处理过程和系统中应用信息技术，还可以在竞争战略中使用信息和系统。管理信息系统在信息系统的计划中应用了战略和结构技术。

2. 商业过程和信息系统开发

信息管理功能在商业过程及系统设计和实施中需要特殊的专业技能。虽然所有的企业功能对于其系统负有责任，但信息管理功仍能扮演着负有主要技术责任的专家角色，这是在系统分析和设计、开发、综合中体现出来的。

3. 企业和信息管理功能的管理

一方面，企业责任包括运行、雇用和训练信息系统人员、活动计划编制和预算以及管理信息系统性能的评价。另一方面，信息系统专家应该具有专业知识，这包括：给用户提供顾问和咨询服务，构建和维护技术基础设施，分析需求，获取或提出使用信息技术的解决方案。

4. 信息管理操作

管理信息系统领域内的操作包括企业系统内的信息处理和通信操作。它包括：安排、操作和控制信息和通信设备，以及企业应用程序和企业数据库。

计划、实施和操作企业内的管理信息系统都需要专门知识，这种知识体系依靠许多基本学科知识体系。如需要软件工程原理和计算机科学的预算法则、管理领域的企业组织和管理原理、认知心理学范围内人机系统中的人类行为学原理、通信领域的合作和通信原理，还需要涉及较多领域的系统观点和信息观点，如经济学领域的成本分析、收益分析和生产力分析。基于这些相关学科，管理信息系统已建立起关于组织内设计、实施、操作、评估信息系统设施和应用的一套知识体系。

2.1.4 MIS 概念的演化

当计算机首次应用于商业数据处理时，它主要进行基于交易数据批输入的文档和报告准备工作。如薪水审核、客户定单文件、存货分析及相关报表。在很大程度上，早期的计算机应用主要是为了替代职员手工工作和电动设备，这样的系统经常被认为是电子数据处理（EDP）系统。很快，计算机被创造性地用于管理报告和分析。计算机使得利用定量模型支持商业决策成为可能。为了反映系统功能重点的改变，即从数据处理转变成管理支持，使用了“管理信息系统”这个术语。这个术语包括管理的各个层面以及决策和各个层次。

这个概念认为数据是组织的信息源。“数据库源”这个概念在数据库管理系统中有所涉及。在应用计算机之前，业务数据文件被认为属于某种商业职能，或职责。如营销文件是营销部门处理的，会计应收款项记录是会计部门处理的等。数据库管理系统和数据库将组织从数据使用的功能性约束中解放出来。数据被定义为一个组织的资源来进行管理，它为整个组织服务。检索软件的出现使数据库的选择性搜索和检索成为可能。任何授权者都可以使用软件访问数据库。

数据被组织、分析或者改变模式，目的是用于支持决策分析。既然许多模型能够在组织中通用，那么开发分析工具的模型库可以用于决策支持和决策支持的数据访问。作为 MIS 的一部分，软件用于支持个人决策模型和模型的数据访问。系统中加入软件以支持群体决策或协同工作。

MIS 概念的一个扩展是信息技术战略应用，它能够提高组织的竞争地位，使其取得竞争优势。MIS 的规划过程与组织的战略结合得越来越紧密。人们希望 MIS 不仅仅能对其他业务部门预先定义的需求作出反应，同时还能够在计划制定过程中起交互作用，使用者能够创造性地使用信息技术以改进产品、服务和商业流程。最新的应用程序包括组织间的应用程序，它能够通过信息技术缩短周期，增进交流以及加强在组织、供应商和客户之间的业务处理关系。

基于信息技术的系统成为企业流程、产品和服务中的一个不可分割的部分。用于分析、决策的数据随着计算机存储和检索能力的提高而增长。随着信息技术更多地被个人和部门使用，整个体系的基础结构逐渐变得复杂。规划、设计、部署以及管理信息资源的工作变得越来越复杂，同时对组织而言也越来越重要。对特定 MIS 功能的需求也在不断扩大，尽管一些常规的功能可从外部采购，但是影响组织竞争优势的关键功能通常仍是组织的 MIS 的一个组成部分。

信息技术持续不断地快速发展，同时对于商业应用而言，新的机会也在不断涌现。革新、创新的频率以及潜在的投资也提出了对 MIS 的需求，因为它决定了组织利用信息技术进行信息访问、处理和传播的能力。

2.2　管理信息系统开发方法论

管理信息系统的开发是一个复杂的系统工程，涉及的知识领域相当宽泛，不仅包括计算机技术、系统理论，还需要对组织结构、管理理论、知识管理等方面有全面的把握。

信息系统方法论源自信息处理技术的不同方面。一些方法论由编程语言的背景深化而来，并强调需由计算机化信息系统进行处理。其他的方法论由数据库管理系统的使用演变而来。这些方法注重事务处理方面的数据以及作为系统设计核心的数据库，基于数据的预备模型在这一环境中被过量地使用。有人认为事务中的事件与在计算机化系统中所发生的事件在成功的方法论中必须一致。这些不同的观点正在趋于一致，一个好的方法论应当能够支持数据、处理和事件这三种视角。

从信息管理系统的产生到现在已经发展了许多开发方法，其中生命周期法（Life Cycle Method）、结构化方法（Structured Method）、原型法（Prototyping Method）和面向对象的开发方法（Object-Oriented Developing Method）是 MIS 开发实现过程中典型的几种方法。

2.2.1 生命周期法

生命周期法是最古老的信息系统开发方法，就像生命体和产品一样，任何一个系统都有产生、发展、衰退、消亡等一系列过程，这个过程就是信息系统的生命周期。

生命周期的概念被收入到软件工程领域后，逐渐成为管理和控制工程项目的重要手段，也形成了管理信息系统开发的主流方法——生命周期法，对结构化方法和原型法的形成产生了重要的影响。这种方法至今仍在许多复杂的大中型项目开发中被广泛采用。生命周期法的理论基础是严密的，它的思想基础是信息在建立之前就能够被充分理解。生命周期法严格划分工作阶段，然后依次逐步进行，前一阶段是后一阶段工作的依据，每个阶段又有特定的工作规范和工作内容，第一个阶段和最后一个阶段首尾相连，形成一个系统的有生、有死、有再生的生命周期循环过程。按照生命周期法的理论，信息系统的开发过程应永远被置于这样一个循环的过程中。

虽然生命周期的概念已经被广泛接受，但是关于生命周期的阶段划分却存在各种不同的见解。如国际任务组所采用的是 12 阶段划分法，包括战略研究、信息系统规划、商务分析、系统设计、结构设计、结构和工作台测试、安装、已安装系统测试、操作、评估、淘汰、抵押 12 个阶段。也有 6 阶段划分法，包括系统申请、系统规划、系统分析、系统设计、系统实施、系统运行和维护 6 个阶段。其实有些阶段只是在名称及阶段划分的范围上有所不同，但总体工作内容大体一致，例如：系统实施阶段包括了系统的安装、测试等工作；系统的运行及维护阶段则包含了系统的操作及评估等工作内容。

使用生命周期法建立信息系统，要求开发工作按系统生命周期严格划分阶段，对每一阶段建立详细规范的文档，并遵循科学的开发进度安排。生命周期法的系统性和严密性，适应了大系统或复杂系统的开发需要。但由于该方法要求近乎苛刻，体制内的变动和外界环境的不可预见因素的变化都会使开发人员对系统需求的了解不全面，分析不透彻，将影响新系统的功能出现先天性不足，严重者甚至会导致整个系统的失败。

2.2.2 结构化方法

结构化方法是 20 世纪 60 年代末在结构化程序设计的基础上发展起来的，遵循系统工程的思想，充分考虑用户的需求，突出功能特征，按照软件生命周期严格划分工作阶段，强调软件各部分之间的结构及关系的一类开发软件的全局方法。结构化方法也称新生命周期法，是生命周期法的继承与发展，是生命周期法与结构化程序设计思想的结合。结构化方法由结构化分析（SA）、结构化设计（SD）和结构化编程（SP）三部分构成。

结构化分析是其中的第一个环节，它主要是运用结构化分析方法和工具，研究现行系统的业务管理过程和新系统的需求，综合系统目标、用户要求，考虑系统的背景和环境以及资金能力和技术因素，通过客观、认真、全面的分析，确定出合理可行的系统需求，并提出新系统的逻辑方案（也叫系统逻辑模型），编写出系统说明书。系统说明书经过审查之后，提供给设计阶段，作为结构化设计的依据。

结构化分析遵从瀑布模型，所运用的工具是数据流图和数据字典。用数据流图描述数据的传输、加工处理；数据流图既作为现行系统数据加工处理的描述工具，同时又是新系统逻辑模型的描述工具。

结构化设计认为软件系统是由多个具有相互联系的模块组成的，模块是系统的基本构件。结构化设计的基本工作就是确定构成系统的模块、各模块之间的联系以及每一个模块的功能、算法和流程。所以，结构化设计也被称为模块化设计。结构化设计包括总体设计和详细设计两个层次。总体设计需要确定构成系统的所有模块以及各模块之间的关系，并用系统结构图来描述系统的总体结构，总体设计也称为结构设计。详细设计则需要深入到各个模块内部，设计模块的数据结构和处理逻辑。详细设计也被称为模块设计，一般用伪码、判定树、判定表等工具描述其内部逻辑。设计的依据是系统的逻辑模型，在设计过程中把系统的数据流图转变成结构图，并根据数据流图中的各个“加工”，来设计各模块的内部数据结构和处理流程。

结构化编程是利用结构化程序设计方法，把设计的各个模块利用程序设计语言编写出来，并对编写的程序进行模块调试和集成调试，最后形成用户所需要的软件系统。

2.2.3 原型法

原型法是计算机软件技术发展到一定阶段的产物。与生命周期法系统开发方法不同，原型法扬弃了那种一步步周密细致地调查分析，然后逐步整理出文字方案，最后才能让用户看到结果的繁琐做法。它不注重对管理系统全面的、系统的详细调查与分析，而是本着系统开发人员对用户需求的理解，先快速实现一个原型系统，然后通过反复修改来实现管理信息系统。

原型法提出了一种从设计到工具、手段都全新的系统开发方法。其基本思想是系统开发人员凭借自己对用户需求的理解，通过强有力的软件环境支持，构造出一个实实在在的系统模型（原型、雏形），这个模型能够大致表达系统分析人员对当前用户要求的理解和其希望系统实现后的形式。用户可以提一些有关系统的附加特征的建议，这些建议可以被集成到修订后的原型中去。这样通过反馈使用户深深地参与到他们即将使用的信息系统中去。原型法就这样持续反复地征询意见、修改原型，直到用户满意。

1. 原型法的分类

原型的基本需要包括：体现主要的功能；提供基本的界面风格；展示比较模糊的部分以便于确认或进一步明确；原型最好是可运行的，至少在各主要功能模块之间能够建立相互连接。

原型能够分为三类：

① 淘汰(抛弃)式(disposable)：目的达到即被抛弃，原型不作为最终产品。

② 演化式(evolutionary)：系统的形成和发展是逐步完成的，它是高度动态迭代和高度动态循环的，每次迭代都要对系统重新进行规格说明、重新设计、重新实现和重新评价，所以是对付变化最为有效的方法。

③ 增量式(incremental)：系统是一次一段地增量构造，和演化式原型的最大区分在于增量式研发是在软件总体设计基础上进行的。很显然，其应付变化的能力比演化式差。

2. 原型法的优点

原型法优点在于可视化，强化沟通，降低风险，节省后期变更成本，提高项目成功率。一般来说，采用原型法后能够改进需求质量；先期虽然投入了较多的时间，但能够显著减少后期变更的时间；原型法投入的人力成本代价并不大，但能够节省后期成本；对于较大型的软件来说，原型系统能够成为研发团队的蓝图；另外，通过充分和客户交流，还能够提高客户满意度。

2.2.4 面向对象的开发方法

面向对象法是 20 世纪 80 年代由各种面向对象的程序设计方法逐步发展起来的，但远远超出程序设计的范畴，从最初的面向对象的程序设计（OOP），后来扩展到系统开发的全过程，出现了面向对象的系统分析（OOA）与面向对象的系统设计（OOD）。面向对象法为管理信息系统的开发提供了全新思路，它是一种更接近自然的思维方法，是 21 世纪的重要开发方法之一。

面向对象方法是分析问题和解决问题的新方法，其基本出发点就是尽可能按照人类认识世界的方法和思维方式来分析和解决问题，也就是使描述问题的问题空间和解决问题的方法空间在结构上尽可能一致。客观世界是由许多各种各样的对象所组成的，每种对象都有各自的内部状态和运动规律，不同的对象之间的相互作用和联系就构成了各种不同的系统。我们设计和实现一个客观系统时，如果能在满足需求的条件下，把系统设计成由一些不可变的（相对固定）部分组成的最小集合，这个设计就是最好的。因为它把握了事物的本质，因而不再会被周围环境（物理环境和管理模式）的变化以及用户没完没了的变化的需求所左右，而这些不可变的部分就是所谓的对象。客观事物都是由对象组成的，对象是在原来事物基础上抽象的结果。任何复杂的事物都可以通过对象的某种组合而构成。面向对象的方法正是以对象作为最基本的元素和分析问题、解决问题的核心。

面向对象法使设计的软件尽可能直接地描述现实世界，且能控制软件的复杂性和降低开发费用。

面向对象方法学把分析、设计和实现很自然地联系在一起了。虽然面向对象设计原则上不依赖于特定的实现环境，但是实现结果和实现成本却在很大程度上取决于实现环境。因此，直接支持面向对象设计范式的面向对象程序语言、开发环境及类库，对于面向对象实现来说是非常重要的。

面向对象方法学使用独特的概念来完成软件开发工作，因此，在测试面向对象程序的时候，除了继承传统的测试技术之外，还必须研究与面向对象程序特点相适应的新的测试技术。

2.3 信息系统建模

建模是人类对客观世界和抽象事物之间联系的具体描述。信息系统建模的目的，在于强调科学地进行复杂系统的分析和设计的重要性。一般来说，分析阶段的一个错误未被纠正，在设计阶段要花 2 倍时间，测试阶段要花 10 倍时间，运行或维修阶段要花 100 倍的时间才能纠正。系统分析决定系统开发的成败，系统建模使系统开发走向成熟，目标是设计一套跨平台的、健壮的、可扩展和升级的系统方案。

2.3.1 信息系统建模概述

一般意义上的系统和特定意义上的系统如企业管理信息系统通常是十分复杂的，复杂性是由于"相互关联"，即由各个系统要素之间的相互作用造成的。信息系统是多维的：流程、功能、对象和任务以及许多其他因素可以说是相互关联、紧密联结的。信息系统是社会—技术系统，也就是说它包含一个社会子系统和一个技术子系统。

建模的主要目的是使一个复杂的信息系统易于理解，因此，必须通过分析和设计方法把复杂性从非正式的层面转化为正式的描述语言，正式的描述语言是所有参与者理解信息系统并对其进行讨论的基础。

传统的结构化建模技术的基本点是面向过程，系统被分解成若干个过程。而面向对象建模技术是采用构造模型的观点，在系统的开发过程中，各个步骤的共同目标是建造一个问题域模型。在面向对象的设计中，初始元素是对象，然后将具有共同特征的对象归纳成类，组织类之间的等级关系，构造类库。在应用时，在类库中选择相应的类。信息系统包括数据处理、事务管理和决策支持。从系统的不同开发阶段和层次来看，信息系统可以看成是由一系列有序的模型构成的，这些有序模型通常为：功能模型、信息模型、数据模型、控制模型和决策模型。

模型的目标即模型研究的目的，知识是指现实系统的知识和模型构造知识，数据是指系统的原始信息，这三方面构成了建模过程的输入。模型构造是具体的建模技术的运用过程。

信息系统的建模方法可以分为：面向过程的建模、面向数据的建模、面向信息的建模、面向决策的建模和面向对象的建模五类。

1. 面向过程的建模：把过程看做系统模型的基本部分，数据随着过程而产生。最有影响的面向过程的设计方法是 Yourdon 方法。

2. 面向数据的建模：把模型的输入输出看成是最为重要的，因此，首先定义的是数据结构，而过程模块是从数据结构中导出的，即功能跟随数据。数据建模的目的是设计和实现满足系统信息需求的数据库结构，即数据建模支持系统设计。最有影响的面向数据的设计方法是 Jackson 方法。

3.　面向信息的建模：信息和数据都是信息系统中最基本的术语。数据是指记载下来的事实，是客观实体属性的值；而信息是构成一定含义的一组数据。从整个系统的逻辑数据模型开始，通过一个全局信息需求视图来说明系统中所有基本数据实体及其相互关系，然后，在此基础上逐步构造整个模型。信息模型记录系统运作所需的信息实体，如人员、地点、事物、观念等，为分析现行系统提供信息的图形化表示。

4.　面向决策的建模：由数据库、模型库和各自的管理系统组成。决策支持系统模型需要反映的问题是系统的决策制定原则和机理、系统的组织机构和人员配置。通过对决策系统的建模，企业的领导可以对企业有一个细致的了解，从而发现其中的问题，如组织结机臃肿、职权划分不清、权力范围不合理等，据此进行相应的改革。比较成熟的决策支持系统建模方法有 Petri 网和 GRAI 法。

5.　面向对象的建模：面向对象的分析方法是利用面向对象的信息建模概念，如实体、关系、属性等，同时运用封装、继承、多态等机制来构造模拟现实系统的方法，如 UML 建模。

2.3.2 信息系统建模方法

国内外对建模方法的研究已经开展了多年，取得了丰富的研究成果。其中以 GRAI/GIM 方法、ARIS 体系结构、IDEF 方法、CIM-OSA 方法、BAAN/DEM 方法、UML 方法等最为常见。

1.　CIM-OSA 方法

CIM-OSA（Computer Integrated Manufacturing—Openness System Architecture），计算机集成制造—开放系统体系结构是由欧共体的 22 家公司和大学组成的 ESPRIT-AMICE 组织经六年多的努力而开发出的一种传统建模方法论。CIM-OSA 提出了功能、信息、资源和组织四个视图，建议从这四个方面来分析全系统，分别建立功能模型、信息模型、资源模型和组织模型。通常也有对视图模型维的扩展：以过程视图（工作流模型）为核心，其他视图（功能视图、信息视图、组织视图、资源视图）为辅助视图来统一集成建模，最终形成具有一定柔性的动态模型。其目的是提供一个面向 CIM 系统生命周期的、开放式的 CIM 参考体系结构，从多个层次和多个角度反映系统建模、设计、实施、运行和维护等各个阶段，提供 CIM 系统描述、实施方法和支持工具，并形成一整套形式化体系。与其他 CIM 体系结构相比，CIM-OSA 具有全面性、完整性、开放性、标准化和形式化等优点，因而受到国际上的好评，并成为国际标准化组织的一项预标准。

2.　ARIS 方法

ARIS（Architecture of Integrated Information System），集成化信息系统架构是由德国萨尔大学（University of the Saarland， Saarbrucken， Germany）企业管理研究所所长及 IDS-Scheer 公司执行长官 August-Wilhelm Scheer 教授所提出的一种面向过程的模型结构。它提出一个集成化的信息系统模型框架，在这个框架中发展、优化集成应用系统，并转化为电子数据处理（EDP）技术实施。它以面向对象的方法描述了企业的组织视图、数据视图、过程视图和资源视图，并通过控制视图来描述组织、数据、过程、资源四个视图间的关系。ARIS 区别于其他体系结构的重要特征是：四个视图的发展相对独立，又相互关联，通过控制视图来描述四个视图的关系。资源视图仅用于描述信息技术设备，根据组织、数据和功能视图与信息技术的结合程度，在实际建模过程中，作为独立描述对象的资源视图被生命周期模型取代。

3. IDEF 方法

IDEF(ICAM DEFinition)方法起源于美国空军 ICAM(Integrated Computer-Aided Manufacturing)计划。ICAM，即集成计算机辅助制造计划的目的是通过计算机科技的系统化应用来提高制造能力。该计划希望发展出能将计算机科技应用于制造上的结构性方法，并且通过这些方法让管理人员能够更容易了解制造能力增进的程度。IDEF 方法是在结构化分析和设计方法基础上发展的一套系统分析和设计方法，是比较经典的系统分析理论与方法。

4. GRAI/GIM 方法

GRAI（Graph with Results and Activities Interrelated）方法是由法国 Bordeaux 第一大学提出的，是专门为生产系统制定决策而开发的。GRAI 由一个物理系统和一个生产控制系统组成。物理系统是一组制造单元，其功能是将原材料或部件转变为完整的部件或产品。生产控制系统制定决策，它由一个信息系统和一个决策系统组成。它基于诸如订货、资源和能源等方面的信息制定决策，以便物理系统执行其功能。GRAI 的概念模型描述信息系统、决策系统和物理系统间的联系。信息系统是其他系统间连接的链条。GRAI 模型有一个层次化结构，因此在每一层，决策和信息都取决于执行的任务和制定决策过程所处的时间段。因此，必须构造信息以满足每一层决策制定的需要。

5. BAAN/DEM 动态企业建模方法

BAAN 是一个为项目型、流程型以及离散型产业提供企业资源计划（ERP）应用系统和咨询服务的方法。它利用关键组件 Orgware 来实现动态企业建模（Dynamic Enterprise Modeling，DEM）策略，进而实现较为灵活而有效的经营管理运作。

以上几种建模方法主要用于企业建模，它可为企业提供一个框架结构，以确保企业的应用系统与企业经常改进的业务流程紧密匹配。企业建模以分析方法和建模工具为主体，其参考模型的建立以及建模工具的研制，是当前帮助企业不断缩短产品开发时间（Time）、提高产品质量（Quality）、降低成本（Cost）、提高服务（Service）水平的重要手段。

6. UML 方法

统一建模语言（Unified Modeling Language，UML）是在多种面向对象建模方法的基础上发展起来的建模语言，主要用于软件密集型系统的建模。其核心是确定类以及类之间的关系。UML 建模是将用户的业务需求映射为代码，并保证代码满足这些需求。

今天，UML 已经发展成为一种定义良好、易于表达、功能强大且普遍适用的建模语言。近十几年来，软件工程领域的新思想、新方法和新技术都被有机地融入了 UML。在美国，工业界、科技界和应用界都对 UML 表示了广泛的支持和接受，UML 已经成为可视化建模语言事实上的工业标准。UML 代表了面向对象方法的软件开发技术的发展方向，具有巨大的市场潜力，也具有重大的经济价值和国防价值。

2.3.3 信息系统建模技术的发展趋势

目前，从技术发展的角度来看，建模技术的主要发展趋势以及研究热点主要集中在以下几个方面：

- 可视化开发，构建集成开发环境；
- 简化、精炼建模语言，降低建模过程的复杂性；
- 提高语义定义的确定性；
- 实现组件化，利用组件为系统建模；
- 实现国际化和标准化。

随着对建模技术各方面研究的不断深入和不断成功，建模技术的发展前景日益明朗，其应用领域也将越来越广。

思考题

1. 管理信息系统作为一个系统的定义是什么？
2. 管理信息系统的开发方法有哪些？
3. 结构化方法由哪几个部分组成？它们的主要工作是什么？
4. 原型法的基本思想是什么？它具有哪些优点？
5. 面向对象的开发方法的基本思想是什么？
6. 信息系统的建模方法有哪几种？

第3章

会展管理与信息系统

学习目的

通过本章学习，理解管理信息系统相关的现代组织管理理论，了解会展活动中的信息与信息活动，掌握会展信息的“栈交流”模式，并领会现代信息技术对现代会展管理的支撑作用。

主要内容

信息系统与决策和管理；信息系统在组织中的战略作用；会展信息的分类；信息栈与空间栈的概念；会展信息交流栈模式；会展主信息流、会展辅信息流。

3.1 管理信息系统相关的现代组织管理理论

3.1.1 组织与信息系统之间的关系

信息系统与组织之间的关系是相互作用、相互影响的。新信息系统的引进将影响组织结构、目标、工作流程设计、组织价值观、决策制定和日常行为。同时信息系统的设计必须满足重要组织群体的需要，并符合组织的结构、任务、目标、文化、政治和管理。

信息系统的建立除了考虑效率之外，更重要的是为了组织的生存。对决策（速度、精度、意义）的改善、对具有更高期望值客户的服务、协调组织内分散的群体、与报送政府报表的规定相一致、对人事和费用更严格的控制已经成为建立信息系统的主要原因。

新系统经常需要重新设计组织和建立新的信息体系。为了保持竞争性，许多组织确实需要重新设计。这些组织需要使用信息技术来简化沟通和协调，消除不必要的工作，摒弃过时的组织结构，创建组织成员之间及组织与组织之间新的关系网络。

成功的企业十分注重创新精神和企业文化的塑造。这需要营造一个能自由发挥想象力的环境，一个成功的组织总是希望能比竞争对手更快、更早地满足顾客的期望，以便获得竞争优势。管理的实质是靠新知识和新信息驱动的创造性工作，而信息技术在引导组织转变和重新设计组织中能起强大的作用。不但如此，信息技术还渗透到组织的其他活动中，诸如企业战略方针的制定、员工管理、消息发布等，从而构成了企业中一种新的人与人之间的关系，形成了新的企业文化。

3.1.2 信息系统与决策和管理

经典的管理强调的是组织、计划和控制。致力于研究管理的心理学家 Henry Mintzberg 将管理任务分为三类：社交类、信息类和决策类。社交或人际管理的作用是教导和领导员工，信息管理的任务是在组织范围内传送信息，而决策管理包括评估可选方案和选择有利于企业的发展方向。决策是管理人员面临的富有挑战性的任务，很多情况下，管理者需要花费大量精力来作决策或为其他人的决策提供信息。由于决策的复杂性，很难确定决策所需要的信息。一般情况下，数据是要在问题发生之前来收集的，因此设计出可以支持管理者并最终有益于企业的信息系统是一个巨大的挑战。管理的一个重要工作就是审查对信息的需求和如何利用这些信息解决未来的问题。

信息系统要想真正为组织的管理决策服务，还必须使信息系统符合企业的管理理念、管理行为、管理资源和组织架构。按照信息系统的建立方法，首先必须建立合适的决策模型，而事实上这是比较困难的，因为决策追求的目标通常不止一个，并且多个目标之间通常不能确定主次关系，因此，要建立量化的决策模型几乎是不可能的。其次，决策往往不是由某个人完成的，通常来自某个团队，而团队成员有各自的利益定位和价值取向，决策是多种力量博弈的结果。因此，决策模型必须考虑组织的文化、结构和利益特性，其难度之大可想而知。最后，组织的决策是领导层和利益团体之间斗争、协商的结果，而这个过程很难描述并通过计算机去实现。所以目前的决策模型不能完全代替组织决策，信息系统也不能完全代替人的管理和决策，只能作为一种辅助的方式来帮助管理者进行管理和决策。

3.1.3 信息系统的战略作用

随着人类社会由工业经济逐步向知识经济发展，作为知识经济时代的重要特征，信息技术越来越被社会各阶层所重视和利用。随着组织应用信息技术越来越广泛和深入，信息也日渐成为企业的重要战略资源。组织应用信息技术的目标和方式及其应用产生的影响也有了新的发展，信息技术越来越成为企业的战略工具。如今，组织应用信息技术的目标由追求企业某个局部领域效率和效益的提高向追求企业整体效率和效益的提升及增强企业整体竞争力转变。

1. 战略信息系统的内涵

20 世纪 80 年代中后期，随着信息成为与人、财、物同等重要的战略资源，人们逐渐认识到信息系统技术在组织中的应用不仅能够提高工作效率，带来经济效益，更为重要的是信息技术的应用改变了企业参与竞争的方式，为企业提供了新的竞争手段，大大增强了组织的综合竞争能力，在这个基础上提出了战略信息系统概念。

战略信息系统包含两个概念：一是信息系统；一是战略。这里的信息系统可以是服务组织内任何层次的、任何类型的信息系统，包括 TPS（事务处理系统）、OAS（办公自动化系统）、MIS（管理信息系统）、DSS（决策支持系统）等。而战略则描述出信息系统的功能、作用是战略性的，是指一类具有特殊功能的信息系统。战略信息系统是能够改变组织的目标、过程、产品、服务或组织与外界环境的关系以帮助组织赢得竞争优势的计算机信息系统，它可以是组织中任何层次上所应用的信息系统。总体上来讲，一个信息系统必须满足两个条件才能称为战略信息系统：

- 信息系统技术的应用与企业的经营战略直接联系在一起，具体有两种联系方式：一是系统的应用给企业带来了经营战略实施的新方案，由此影响了企业的经营战略；二是系统的应用直接有效地支持了企业经营战略的实施。
- 信息系统技术的应用极大地改善了企业的运行状况，具体的途径是：一是系统的应用直接给企业带来了竞争优势；二是系统的应用削弱了竞争对手的竞争优势。

任何信息系统技术的应用只有满足以上两个条件才认为是战略应用，由此可见，战略信息系统必须影响或直接支持企业的经营战略，从而给企业带来竞争优势或削弱对手的竞争优势。

战略信息系统概念与组织中战略层的信息系统概念是有着本质区别的。战略层信息系统是指服务于组织的高层管理人员，帮助他们进行组织长期的、决策问题的解决；而战略信息系统可在组织的任何层面上应用，其应用改变了企业的经营方式，甚至改变了企业的经营业务本身。

2.　战略信息系统战略作用产生的层次

只有当一个信息系统影响或直接支持企业的经营战略，从而给企业带来竞争优势或削弱了竞争对手的竞争优势时，才称它是战略信息系统，系统才具有战略作用。企业内信息系统的应用可能在五个层次上产生战略作用，见图 3-1。

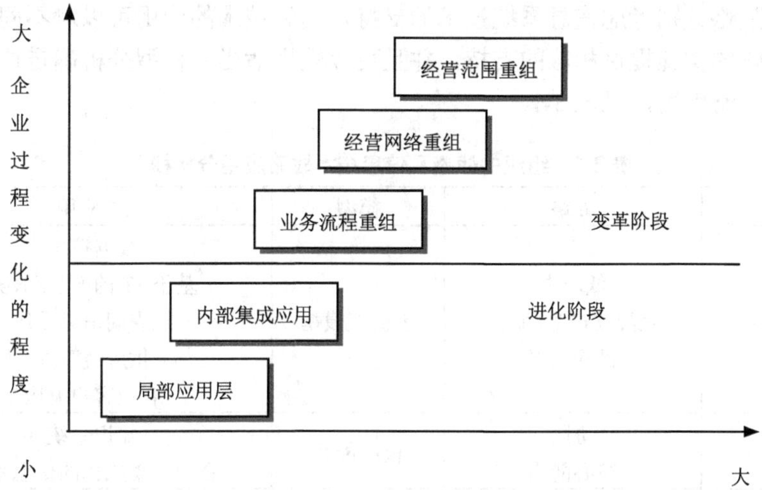

图 3-1　战略信息系统战略作用产生的层次

第一个层次：局部应用层。就是利用信息技术实现某个局部功能。该系统的战略作用是在信息系统实现此局部功能的过程中发挥出来的。

第二个层次：内部集成应用。建立一个企业范围内的信息技术平台，使整个企业中各个孤立的信息系统有机地集成起来。集成化的信息技术平台的建立使各个子系统的信息可以共享，从而带来工作效率的极大提高和成本的降低，并可能影响企业的组织结构和经营过程。一般来说，这种涉及整个组织内集成化信息系统的应用对企业来说是具有战略作用的。

第三个层次：业务流程重组。利用信息系统技术改变组织的业务流程，进行企业内部流程的重组。此类信息系统技术应用所能带来战略作用的大小取决于信息系统的应用和管理两个方面。

第四个层次；经营网络重组。它是指利用计算机和通信技术将客户、供应商等与企业的经营相关联的实体集成到一个共同的信息系统中。这种基于电子通信技术的集成，形成了纵横交错的、网络化、集成化的协作体系。

第五个层次：经营范围重组。如银行业通过信息系统的应用从储蓄、信贷等传统的银行服务向现代电子记录保存、电子金融衍生产品等现代金融信息服务转变。

3.1.4 信息系统与组织的战略

组织往往需要从业务层、企业层以及行业层三个层次上分别考虑战略的制定，而不同层次在竞争中所面对的问题不一样，组织可能采用的战略也不一样。单个信息系统不可能对各个层次的战略同时提供支持，往往需要针对不同层次的不同战略分别考虑信息系统技术的支持，信息技术的应用可以对不同层次上竞争战略的实施提供相应的支持，并且可以采用适当的模型分析确定这些信息技术的战略应用，见表 3-1。

表 3-1 组织的战略及信息技术战略应用分析模型

	战略	模型	IT 应用
业务层	低成本 差异化产品/服务 目标集聚	价值链模型	数据挖掘 基于 IT 的产品/服务 组织间信息系统 供应链管理 有效客户响应
企业层	协同 核心能力	核心能力	知识系统 企业内集成化的信息系统
行业层	合作竞争 行业许可 行业标准	竞争作用力模型	电子化交易 通信网络 组织间信息系统 信息伙伴

1. 信息系统与业务层战略

业务层战略所需要解决的问题是：在特定的产品/服务市场上，企业如何有效地与竞争对手进行竞争？这里企业通常采用的战略有三种，即：产品/服务差异战略、目标集聚战略以及成本领先战略。相关信息系统的应用对这三种基本竞争战略都可以提供有力的支持。

2. 信息技术与企业层战略

企业往往是由多个战略业务单元分别进行不同产品/服务的生产，也就是说，企业是由一系列相关联的战略业务单元组成的，企业层管理人员主要关心的问题是：如何协调各个战略业务单元，从而使整个企业的利润最大化。企业层上可采用的战略有协同战略和核心能力战略。

协同战略是指通过企业内部战略业务单元间建立协作关系，降低整个企业的生产、动作成本，提高效益。

企业核心能力是企业区别于竞争对手的，自己所特有的、能够给企业带来竞争优势的一种能力。在核心能力的形成过程中，信息系统技术可以帮助企业更有效地学习知识、利用知识，并帮助管理人员进行外部环境的扫描，识别出企业的核心能力。

3.　信息系统与行业层战略

在行业层上，企业需要解决的关键问题是：企业什么时候、以什么方式与行业内企业或相关行业进行竞争或进行合作？随着经济的全球化以及市场的迅速变化，越来越多的企业通过与其他企业建立合作伙伴关系来取得双赢。

信息系统特别是组织间的信息系统是企业间各种合作关系运作的有效支持工具，并通过建立一套整个行业范围内的信息交换标准，实现行业内以客户服务为中心的业务处理信息化，有效地协调整个行业的行为，提高行业效率及效益，提升全行业整体竞争力。

3.2　会展信息活动与信息交流模式探讨

会展活动由成千上万个环节组成，而每个环节又涉及大量的信息交换，作为会展管理信息系统，在对上述信息以现代化的手段进行采集、加工、存储、处理之前，必须对会展信息有全面的了解和分析，掌握会展信息的特征和交流的模式，才能对这些信息进行有效的梳理和筛选，并引入到管理信息系统中，使其在整个组织的业务流程中规范、畅通地流转，为会展企业提供强有力的信息化保障。

3.2.1 会展中的信息与信息活动

会展中信息资源密集，几乎所有种类的信息都可能在会展中出现。会展运作过程每个阶段的各个环节中，都存在着大量的会展信息交流，呈现出丰富的信息活动现象。

1.　会展中的信息

会展中的信息包罗万象，种类繁多，既有语言文字的语义信息，也有声音、颜色或实物荷载的非语义信息；既有科技等科学信息，也有社会消息等非科学信息。按信息表达形式分，有文字信息、声像信息、实物信息、机读信息等；按信息的内容分，有经济信息、科学信息、社会信息、政务信息、法律信息、文化信息、旅游信息等。这些种类繁多的信息都可以在会展中心这个交流平台上得以呈现。

会展信息源具有多样性，总体上可以根据信息载体或信息来源渠道进行分类。

(1) 以信息载体分类

以信息载体分类，会展中的信息源以非文献信息为主，也含有文献信息源。

a.会展中信息以非文献信息为主

会展信息源主要表现为非文献信息源。在会展中存在大量的非文献信息，包括人脑信息、实物信息等，它们是一些尚未被记录或未定型的情报。这些非文献的信息源有些进而转换成文献信息源，有些自动地停止传播而消失。

会展中的大量口头信息源属于非文献信息源。展览会上人们之间的交谈是口头信息源。会议信息源以口头信息源为主，主要指通过口头交流的方式获得。会议口头信息源属于零次文献，这是一种特殊形式的情报信息源，形成一次文献以前的知识信息，即未经记录，未形成文字材料，是人们“出你之口，入我之耳”的口头交谈，是直接作用于人的感觉器官的非文献型的情报信息。这些零次文献不仅在内容上有一定的价值，而且在某些条件下要比文献信息源更为优越：它的传播速度迅速，有较高的针对性与选择性，反馈迅速，当场就能澄清疑虑和纠正谬误，通过说话者的表情、体态还可以揣摩到言词之外的信息。

展览会信息源主要是实物信息源，即通过物品表现和传递的信息源，这是非文献信息源。展览的展品、样机、样品、模型、标本等都包含丰富的情报。这类信息源直观，容易被领悟，便于检测和仿制。当然有些实物蕴含的内在情报并非一望可知，需要复杂的专业仪器进行检测，而这时的展览实物可成为获取情报的条件。

b.会展信息源含有文献信息源

现代会展中也包含大量文献信息源。

会展中的文献信息源十分丰富，如会议中包含大量未公开于社会即未经正式发表的原始文献，或没有正式出版的各种书刊资料，如会议通知、征文启事、预先提交的论文、论文目录、论文摘要、会议日程安排表、演讲稿、书信、手稿、记录、笔记以及一些内部书刊资料等。

(2) 以信息来源渠道分类

行为者获取信息的渠道有三大类：直接信息源、私人信息源和公共信息源。会展中的信息以直接信息源和公共信息源为主，通常只有一些少量的关系亲密的熟人在展会上互相交流私人信息。

a.会展中的直接信息源

直接信息源是指行为者为了特定的目的(如投资、购买等)，对特定对象直接进行调查，搜集有关信息。

一些专业观众到专业展会参观，直接观察全行业各主要参展商的展品信息。以这种方式搜集信息，一般伴随着特定的行为，具有明确的目的性，可以获取详细的第一手信息，准确、可靠并且时效性强。

b.会展中的公共信息源

公共信息源包括权威性信息、广告信息以及咨询机构发布的信息和公共数据库四类。展会中的公共信息源很多。政府新闻发布会也是会展的一种，政府定期或不定期发布宏观经济政策和预测、某些行业的限制或扶助措施、重要的规划性数据指标(如汇率、利率的浮动范围，某些商品的参考价或上下限)、官方或非官方权威机构发布的优质产品或不合格产品名单等信息，可靠性强，可称之为权威性信息；参展商在展会期间在各类传媒载体上发布本企业的广告信息，包括利用电视、电台、报刊、户外广告牌等媒介提供信息；一些咨询机构主办展会或者以参展商身份参加展会，面向公众发布咨询信息；一些公共数据库机构在展会上向公众开放演示，教会更多的人利用该数据库中的公共信息。

2.　会展中的信息活动

会展工作的关键是信息，“世界展览王国”德国的展览协会和各大展览中心历来重视信息的采集、整理、分析和传输，每次展览会的组织实施过程就是一次完美的信息流程：按办展的不同阶段发布相关信息，如展览主题、展出范围、参展公司和观众情况、展览会上重大活动、展出效果评估、下一届参展计划等，使参与展览的不同角色及时知晓详情，从而避免了盲目参展和重复办展。德国展览系统得以高效有序地运转，很大程度上靠的是缜密、细致的信息组织工作。

(1)　会展前期工作中的信息活动

展览会前期筹备工作还包括招展招商、展示设计、展品运输、展位分配等，这些环节中存在着不同的信息活动现象：招展招商富含信息搜集工作，展示设计相当于信息加工，展品运输相当于信息传输，展位分配类似于信息组织。

a.招展招商与信息搜集

招展招商工作中包含大量的信息搜集工作。

招展工作就是招揽参展者，招商工作即组织展览会目标观众。招展招商工作必须建立潜在客户档案，开展招展宣传。招展招商工作是一个客户服务管理过程，会展客户管理是一个将会展客户信息转化为积极客户关系的循环复杂过程。

b.展示设计与信息加工

展示设计的过程某种程度上说是一个信息加工转换的过程。

展示，就是围绕一定主题，在特定时空内将实物陈列，使观众获取信息、知识。展示设计，就是运用艺术学、设计学等知识，对展示的内容、过程等进行设计，使参展商在展览会上更好地推介产品、宣传企业形象、传播思想文化。

展示设计的主要步骤包括：获取参展商的参展相关资料；了解展示设计要求；设计展位造型（整个展位的造型、展位的组合内容、展位的陈列摆放）。

信息加工转换是信息资源管理过程中必不可少的环节之一。信息转换大体包括信息所有权或使用权的转换、信息符号的转换、信息记录方式的转换和信息载体的转换等多种形式。其中，有些形式的转换（如使用权转换）与信息采集同时并行，有些形式的转换发生在信息采集之后（如记录方式转换）。记者采访和报道信息的过程属于信息所有权的隐性转换，与会者获取会议材料属于信息使用权的转换。

在展示设计过程中，展示设计者先了解参展商需要展示的信息，参展商拥有的自身相关信息被展示设计者采集，包括客户公司介绍资料、客户公司全称、客户标准司标、客户标准字体、客户标准色标、参展产品名称规格和数量等、参展产品用电要求、重点参展产品、展位制作预算，了解展馆平面图、展位面积、展商手册、展位结构、展位材质要求、色彩要求、设计重点、照明要求、展板数量、展位高度等。在展示设计者采集这些信息的过程中，该信息的使用权由参展商或会展组织者转移到展示设计者，信息使用权的转换与信息采集同时并行。展示设计者与参展商交谈，查阅参展商提供的书面资料，了解参展商的参展展位设计要求，再将该要求体现在展示设计的结果即展位造型设计中。展位造型设计考虑：展位的艺术造型，展位的组合内容（展位框架及其配套物，如展示台、桌椅、宣传器材和宣传资料，点缀的灯饰、盆景花束等），展位的陈列摆放（展示的宣传内容与展示的物品内容）。在这一过程中，参展商的单位、产品的名称、商标(徽标)、新产品、新项目、新发明、新技术、新设备、企业文化等信息从口语信息资源、文献信息资源转换到展品实物信息资源，信息资源符号有了转换，信息的记录方式有了转换，信息载体也有了转换。

c.展品运输与信息传输

展品运输是指展品从参展企业所在地转移到展览现场，展览结束后再从展出地运回参展企业的过程。展品运输的过程就是展品实物信息得以传输的过程。

展品是实物信息载体，其中包含参展商希望在展会上展示的信息。展品运输过程就是展品信息载体的运动过程，也就是展品信息的传输过程。展品运输将展品信息从展品所在地（通常为参展商所在地）传送到展出地即展览会举办地。

展品是信息源，展品运输工具如飞机、轮船、火车、汽车、装卸车等是信息传输媒介，相当于电话信息传输过程中的电话线，是信息传输过程中所借助的载体，又叫信息媒体。

d.展位分配与信息组织

展位分配过程相当于展览组织者对参展商及其展品的信息进行组织、分类。

所谓展位分配，是指展览会组委会为确保展览会的有序举行，根据参展商报名参会认购展位情况，依据一定的展位分配标准，对展位统一进行分配，制定展位分配方案，拟订展位分配表，绘制展位分配图，供参展商作为布展施工的依据。

展位分配的结果就是使得展品在展览现场分布有序化，便于展览会观众参观展览时对展品信息的检索利用。由此可见，展位分配是一个展品信息分布有序化的过程，这与信息资源管理过程中的信息组织环节有着同样的功能，展位分配与信息组织的方法有很多相同之处。

在会展的实际展位分配中，会展组织者通常不是简单地仅仅运用某一层次的信息组织方法，而是将不同层次的不同信息组织法综合起来加以应用。如广交会组委会根据地序组织法将广交会展位分配给全国各省市；深圳市作为副省级城市，得到本市自主分配的广交会展位计划，深圳市首先依据重要性递减组织法，优先保证拥有品牌、自主知识产权和商标的企业参展；其次再根据分类组织法进一步分配展位，根据企业类型划分展位，70%的展位安排给生产企业，30%的展位安排给贸易企业；再次则依据特色组织法安排特装展位，如此等等，可以继续进行展位有序化组织分配。

(2) 会展期间的信息活动

会展期间，汇聚大量人流、物流、信息流。展场和会场是陈列展品、构建形象、负载信息的物质实体，是个综合媒介，汇集了种类繁多的信息。会展期间，会展参加者相互之间联系最多，联系面广。会展期间存在着大量的信息活动。

a.会议交流与信息交换

会议是收集和分析信息的重要方法和途径。每一次会议，必然有很多信息得以交换、传递、筛选、利用。行政机关、经济组织的汇报会、碰头会、情报会，科技组织的学术会议，新闻界的新闻发布会均属于信息交流性的会议，有利于管理者收集各种有用信息。信息搜集性的调研会，可以深入了解基层情况，调查研究，汇报分析，并进行情况交流。一切会议的目的在于信息交流，也即与会者相互之间进行信息交换。

会议信息指一般与会人员发言中所提供的零星、分散的信息，它具有交流、深化、反馈作用，以及提供决策依据、存储备查等功能。会务人员将其加以收集和编发。会议信息工作的基本程序是记录、核实、汇总、整理与筛编、发送或归档。会议信息的传送主要形式是会议简报，它具有“简、真、新、快”的特点。简报属于内部文书，所载信息往往未经原发言人审核，仅供会上交流之用，与会者可以将简报带回原单位，作为宣传、传达的材料，但不能公开发表或引用。

b.展台服务与信息服务

展台服务实质是参展商展台工作人员向观众提供展出信息的服务过程。

参展商在展览现场服务的工作人员称为展台人员，展台人员向观众提供展台管理服务。展台管理包括工作时间安排、轮班安排、每日展台会议、记录管理等；展台服务工作主要包括观众接待、贸易洽谈、资料散发、公关工作、新闻工作以及后续工作等。展台服务主要由参展商工作人员向观众介绍展台情况，包括展品介绍、市场介绍以及本单位参展期间的展出活动等信息。展台服务的实质是展台工作人员向观众提供信息服务。

信息服务是信息管理活动的出发点和归宿。信息服务将有价值的信息传递给用户，最终帮助用户解决问题。信息服务实际上是传播信息、交流信息、实现信息增值的一项活动。展台服务也即参展商面向观众传播信息、交流信息、实现信息增值的一项信息服务活动，它是参展商参加展览会的出发点和归宿。

通过展台服务，展台人员积极主动地向观众进行自我介绍、本单位情况介绍等，参展商将本企业产品等相关信息传递给观众，以使观众了解本企业的产品、文化、企业形象等，促成目标观众与本企业签约成交，满足目标观众的市场需求。展台服务实际上是在传播本企业发展信息，与目标观众客商充分交流信息，促进合作成交，实现经济增值，与此同时，展品的信息价值得以实现并产生增值。

c.展出展示与信息扩散

所谓展出，就是在展览会开幕后、闭幕前的开展期间，参展商的展品得以向广大展览会观众展示，展示参展商的信息。随着展览会上展品的展出展示，参展商的信息随着展览会成千上万的观众人流流向世界各地，展品蕴含的信息也随之向世界扩散。

信息扩散具有多向对称性，即信息在传递或扩散过程中，如果信息源 S 所处的外围介质(包括自然介质、社会介质)是同质均匀的话，则 S 的信息传递就呈一种多向对称结构，即在距离 S 同等距离的空间点上。信息接收者 R 所接收到的信息是同样的。如果介质分布不均匀，则传播路线、速度、内容、强度都会发生改变。展览会的观众作为接受展品信息的受众，也是展品信息扩散传递的介质，总体来说这个介质是不均匀分布的。观众往往来自不同的国家、民族、机构，各自的语言、学历、经历、知识结构、爱好兴趣、市场需求等不尽相同，对于同一展位发送的展品信息，必然有着千差万别的理解，参展商不能指望所有的观众都对自己的展品感兴趣，都成为自己未来的合作者，只有合适的目标观众才是自己传递扩散信息的目标对象。

d.洽谈签约与信息利用

会展中的洽谈签约工作可以视为会展中所展示交流的信息得以充分利用的结果。

在会展中，当参展商和目标观众洽谈进入谈判和签约阶段，交易条款、合作条件、技术要求和一些经营优惠条件等成为双方信息交流的重点内容，有时这种信息交流甚至会延续到会后的实地考察和进一步的频繁接触交往，最终达成合作。

在贸易展览会中，一些专业观众客商带着兴趣在展览现场了解各家参展产品的品种、性能、质量、价格，对不同厂家的同类产品比较，选择自己中意的展商，与其洽谈价格、包装、付款等贸易条件，双方谈妥便签约成交。洽谈签约显示出展会上参展商展示的信息被观众客商所理解，信息交流双方就合约达成共识，展会中信息交流喜结硕果，展会中的展品信息资源被充分利用，产生巨大的经济社会效益。

(3) 会展后续工作中的信息活动

会展活动结束后，会展组织者、参展商、观众相互之间存在着展会后的联系，会展的信息活动在进一步延续，更多是对在展会上所获取信息的进一步信息反馈。会展组织者、参展商在展会之后往往进行会后宣传，使成功组展、参展的信息广为传播。

a.会展后续联系与信息反馈

展会闭幕后，会展组织者与参展商之间、参展商与目标观众之间存在着会后联系，形成信息反馈活动。

在展览会信息交流系统中，参展商是信源，发送展品信息即企业信息，向目标观众传递本企业产品种类、性能、质量、价格等信息；观众客商是信宿，在展会上了解、接收参展商所传递的展品信息，观众客商往往是本单位的营销代表，展览会后，回到自己的企业，向自己的主管领导汇报，企业董事会将研究参展商信息，决定是否与该参展商合作，最后将决策信息反馈给参展商即信源，决定双方下一步的合作走向。

会展组织者对于会展参加者会后反馈的关于展会的有关问题，要及时予以答复，对于会展参加者会后索取的展会相关资料，能提供的尽可能提供，尽量满足会展参加者需求。会展组织者的展览后续服务包括为客户整理展会的会后总结、收集该行业的未来会展信息，供客户作为下次参展的选择依据。

一届展览会结束后如评估效果好，展览组织者可以考虑下一届继续办展。参展商在展会结束之际，可以与展览会组织者商谈申请继续参展，将继续参展的愿望需求信息反馈给展览组织者，争取在下一届展览会上优先挑选场地位置。

组织者在以后发布新闻稿时可提及最先申请的参展商，这也是参展商扩大影响的机会。

参展商的展览后续工作包括继续洽谈，争取成交。参展商向表现出兴趣的目标客户继续做工作，引发其购买意向，或将尚未完成的谈判进行下去，力争成交。每个买家在展览会上都会结识多家参展公司，但这只是一面之交，能否建立长久的贸易关系则在很大程度上取决于事后的信息反馈联系。在展览会闭幕之后和离开展出地之前，参展商展台人员可以抓紧时间访问展出地的关键新客户，抢在竞争对手前巩固与新客户的关系，对于接近谈成的项目，争取在离开展出地之前签约。据美国调查，在展览会上所建立的人际关系基础对未来(后续)成交有重要影响：16%的客户需要在展览会后再联系一次才签约，10%的客户展会后联系两次成交，20%的客户需会后联系三次达成合作。在日本等国家，买家习惯于展后订货，一般只在展览会上建立联系、了解产品或试订小批量的货，所有这些工作主要是为将来的大批订货打基础。这些会后的订单信息就是目标观众对参展商的信息反馈。

美国著名展览专家阿伦科诺帕奇博士在研究中发现，参观者在展览会闭幕后3周内对参观情况的记忆由100%迅速下降到60%，因此他建议参展者趁热打铁，抓紧进行展会后续联系，将15%～20%的预算经费用于展会后续工作。

b.会展后续宣传与信息传播

会展组织者、参展商在展会结束之后，往往利用专业媒体或大众传媒等进行宣传，将本组织的信息向社会广为传播。

会展后续宣传方式包括新闻发布会、联谊会等，会展组织者、参展商可以召开新闻发布会、记者招待会，或向有关媒体提供新闻通稿，介绍展会情况、本企业参展收获，并联系、敦促媒体及时刊发，以扩大会展的影响。会展组织者、参展商也可以组织联谊会，邀请对本次展会的组展、参展工作作出贡献的单位、嘉宾，邀请有业务往来关系的客商和会展举办地的主要代理商以及新闻媒体等相关部门，共同欢庆展览会的胜利闭幕和所取得的显著成果。通过联谊会的人际交往，进一步加强信息沟通，联络感情，为以后的会展工作奠定更好的基础。会展的这些后续宣传工作就是信息传播。

展览会作为一项大型活动，结束后应予以评估总结，进行会展后续宣传。对于展览组织者来说，尽快汇总参展商成交情况，根据展会上参展商、观众以及媒体的反应，对照往届展览会、国内外同类展览会的举办情况，计算展览各项工作的成本和收益，总结优势以利发扬，寻找差距以待改善。展览会整体总结报告应尽快完成，提供给媒体作为关于展会结果的新闻报道的重要资料。对于参展商来说，参展总结工作最好在展台人员未离开展出地时完成，总结的主要内容之一是收集整理展览资料，包括成交合同、新客户名单、参观者接待记录、市场和行业调研结果等；在此基础上写出总体参展总结报告，内容包括市场潜力、竞争态势、前景分析报告，财务报告，展台工作和展览效果报告，后续工作建议或计划等。展览组织者或参展商如果觉得展出效果好，可以举行记者招待会或发布新闻通稿，以介绍展出结果、参展商和目标观众的收获为重点，将展览盛况提供给新闻界，通过媒体广为宣传，进一步扩大展览的影响。

3.2.2 会展信息的“栈交流”模式

探求会展信息交流模式，需要将信息学理论与会展理论高度融合，深入到会展的主体、具体环节及会展活动全过程，才能理解会展信息交流过程的特质。

会展是一个个信息栈，既是时间栈，又是空间栈。

1. 会展与信息栈

(1) 会展与时间栈

常年展示的展览会、历史文物展览等类型的展览会是时间栈。对于常年展示的展览会，其功能相当于档案馆、美术馆，主要是实现信息的时间传递，可以理解为时间栈。如 10 年前的展品在今天展示，意味着 10 年前的展品信息得以传递给今人；今天的展品 30 年后向下一代展示，意味着今天我们今人的信息得以向我们的后人传递，实现信息的时间传递。

(2) 会展与空间栈

每一次会展活动都是一个空间栈。

不同国度、地区的人们之间的信息交流，受到地理空间制约，空间距离成为人与人之间信息交流的现实障碍。而会展活动的举行可以帮助人们克服空间障碍，让来自世界各国、各地区的参加者跨越空间障碍，汇聚到一起进行面对面的信息交流。对于展览会而言，实现了来自不同地域的展品信息的远距离传递，所以展览会可以理解为空间栈；对于会议或其他会展活动而言，会议等活动的组织者、参与者跨越空间距离，在同一时间聚集在一起，实现彼此之间信息的远距离传递，因此会议等会展活动也是空间栈。

2. 会展信息交流的栈模式

会展作为信息栈，它不是直接信息源，而是信息交流中的一个节点也就是中介点，其中真正的信息分布于各个地区的信息生产者——参展商或发言人等。会展具有信息中介职能，是信息传递的社会机制。

展览会是参展商与观众之间信息交流的信息栈，参展商为信息发送者 S，观众是信息接收者 R，展览会是信息栈 W，参展商与观众需要以展览会为信息交流平台，在展览会这个信息栈中充分交流信息；会议是发言人与听众之间信息交流的信息栈，发言人为信息发送者 S，听众是信息接收者 R，会议是信息栈 W，发言人与听众需要以会议为信息交流平台，在会议这个信息栈中沟通交流信息，见图 3-2。

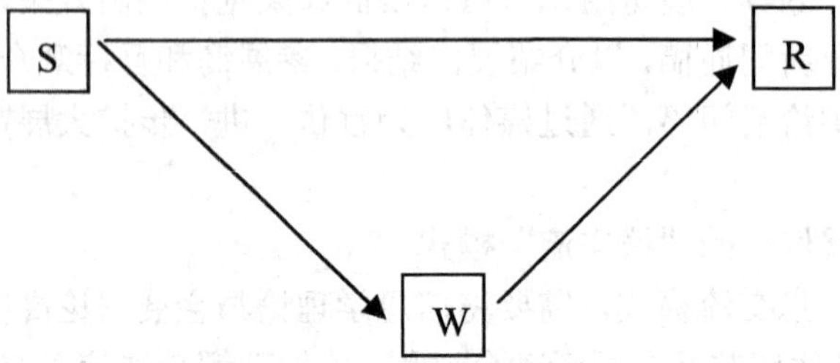

图 3-2　会展信息交流栈模式

会展是一个信息栈，所以有会展信息交流的栈模式。会展“栈交流”属于非正式交流，以“多对多”交流方式为主，会展工作中存在着信息栈代理。会展中信息传递具有拓扑性；会展有利于推陈出新，弱化正式交流中信息分布的“马太效应”。

3.2.3 会展主信息流

会展主信息流是指展览会参展商与观众（会议发言人与听众）之间的信息交流，其交流形式符合申农信息论中的通信系统模型。

1. 展览会参展商与会议发言人是信源

信源即消息的来源。每个参展商在展会上都会发布信息：企业所在行业、企业基本情况、企业经营情况、企业的产品信息等；会议的发言人是会议信源。会议发言人是会议交流过程中讲话发言、传播信息的人，包括会议中的演讲者、报告人，他们是会议主信息流中的信息来源。

2. 参展参会相当于编码

所谓“编码”就是把信息变换为信号的措施。所谓“码”就是一个符号序列和将这些符号序列排列起来时必须遵守的一些规则。

参展需要将企业信息转换成展品信息。从某种程序上说，展示设计过程就是信息编码的过程。这一过程中，参展商的口语信息资源、文献信息资源转换为展品实物信息资源，信息资源、信息的记录方式、信息载体符号都有了转换。参展过程中，参展商将需要传递的信息依据展示设计规则，有机地编码成展品信号。

参会发言准备是对发言人思想进行语言编码。会议发言人（包括演讲人、报告人）将自己需要传播的信息、知识进行精心设计、准备，将其编码转换为发言稿、PPT 投影演示、论文等，在会议上进行交流、传递、发送。因此，会议发言人参会过程相当于通信系统中的编码过程。

3. 会展场所相当于信道

信道即信息传递的通道或传输信息的媒介。会展场所是展品信息或会议信息进行传递的通道或传输的媒介，相当于通信系统中的信道。信道的关键问题是信道的容量，因此，举办会展活动时选择会展场所必须考虑其容量，即展馆和会议室面积有多大，可容纳多少会展参加者；其次考虑其信息技术配套设施，能否满足参展商、与会者、媒体记者及时快捷地传递大量会展信息的需要。

4. 其他展会、会议离题与噪声

噪声即信息在信道中传输时所受到的干扰。噪声容易导致信息失真。

同类题材展会相互之间形成干扰，展会组织者互相抢夺有限的参展商和观众市场，类似通信过程中的噪声。

在会议中，可能由于议程设计不够紧密或其他原因，造成会议讨论失去系统性，无法按预定计划讨论会议主题，不能形成预期的会议结果。在会议中与会者信息交流偏离会议主题，对于会议主题的信息交流也是一种噪声干扰。

5. 观众听众的参与相当于解码

解码即把信道输出的信号进行反变换，其过程类似于语言翻译过程。

展览会观众参观展览，解读展品信息，了解参展商的情况，相当于将展示设计所编码的展品信息用观众自己的语言进行翻译解读。

会议的听众认真听取会议发言人的讲话、报告，根据自己已有的知识，理解发言人的讲话内容，相当于对会议发言人撰写的发言稿的编码过程进行反变换的翻译解码。

6. 观众听众是信宿

信宿即信息的接收者。

展览会观众是通过购买门票或提前注册至展览现场参观、与参展商进行洽谈交流的人士。参展观众是参展商所需传递展品信息的接收者。

会议听众是会议发言人所作的讲话、报告所传递信息的接收者。

7. 展会后反馈联系是信息反馈

展会结束后，观众与参展商、会议听众与发言人的反馈联系相当于通信系统中的信息反馈。展览组织者对于参展商会后反馈的关于展览会的有关问题，需要及时予以答复，对于参展商需要的展览会相关资料，尽可能地予以满足。展览会后，参展商可以以邮寄信函、电子邮件、传真、电话等方式回访专业观众，调查关于展览的满意度、下届展会的参观意愿等。

相对于展览会而言，会议交流时间短暂，但会后同样可以保持持久的联系。一些听众在会上来不及向发言人提问的问题，可以在会后以邮件、电话、信函等方式向发言人提问，也可向发言人或会议组织方索取会议的 PPT 文件或其他的会议资料。会议发言人或组织方也可通过类似的方式从与会者处获取有关会议的一些反馈信息，汲取经验，以便在以后的会议组织中加以改进。

3.2.4 会展辅信息流

会展辅信息流是会展组织者、会展服务商在会展工作中涉及的信息交流，其目的是构建成功的会展信息交流平台，让参展商与观众（会议发言人与听众）之间的会展主信息流得以顺利沟通。

1. 会展组织者与会展服务商之间的信息流

会展组织者因会展业务需要，需要与各类提供会展服务的会展服务商进行联络协调，会展组织者必然与服务商之间存在着大量的信息交流。如会展组织者与广告公司、展览设计公司、物流公司、安保公司、保洁公司、旅游公司、信息技术服务商等接洽各种业务，以保证会展各个环节能顺利有序地开展，这些接洽活动中存在大量的信息流。

2. 会展组织者与参展商（发言人）之间的信息流

会展组织者与参展商（会议发言人）之间有着丰富的信息流。

如展览会组织者为吸引更多的参展商到会参展，必须与参展商进行信息联络，很多会展公司建有参展商信息库，通过数据库中的参展企业信息，主办方可以方便地了解企业详细信息，从而制定有针对性的招展策略。参展商则通过联络会展组织者，或访问相关会展网站，了解会展信息，包括上届会展情况、本届会展日程和活动安排、展馆地理情况、展品运输及展台搭建等信息。

会议的组织者和发言人之间就一些会务工作会发生多次联系和沟通，如会前的发送会议通知、联系与会者报到、征集会议论文；会议报到的接站、食宿安排；会场服务中的会议签到、引导入座、发放会议文件、编写会议简报；会议结束后的返离服务、会后宣传等。在这些会务工作中，会议组织者与发言人之间会产生大量的信息流。

3. 会展组织者与观众听众之间的信息流

会展组织者可以通过网站、报纸、杂志、电视、广播等多种媒体向社会公众传递会展信息，并通过信函、传真、电子邮件等方式联系目标观众或听众，邀请他们到会参加会展活动，并适时收集观众和听众的个人信息及他们的行为信息，在展后或会后进行分析，以便确定观众和听众的职业、年龄、地区等相关数据的分布情况，为下届会展活动的观众或听众的招徕工作提供依据，并在展后或会后及时进行跟踪联系，建立完善的反馈机制。

观众或听众也可通过访问会展组织者的网站，查看有关会展活动的相关新闻资料、参展商信息、展品信息、发言人情况、会议日程安排等。

因此，会展组织者与观众听众之间存在大量的信息流，这些信息流贯穿在会展组织者与观众听众的交往沟通工作中。

4. 会展服务商与参展商（会议发言人）之间的信息流

参展商在参展过程中与展览服务商之间存在很多业务往来，如展品设计、展品运输、宣传品印刷、展台搭建、会展旅游等，在这些业务往来中存在双向的信息流。

又如会议发言人向信息技术服务商了解会议多媒体设备的使用情况，旅游服务商为会议发言人提供交通、食宿、旅游等服务，这些往来使会议发言人与会议服务商之间产生双向的信息流。

5. 会展服务商与观众听众之间的信息流

会展服务商可以向展览会观众或会议听众提供名片制作、材料印刷、PDA 租赁、翻译等服务，这些服务过程中存在着会展服务商与会展听众观众之间的信息流。

3.3 信息技术：现代会展管理的实现手段

中国会展市场目前竞争激烈，表现为会展城市之间、会展企业之间、会展项目之间、会展人才之间的全方位竞争“白热化”。科技含量、信息化程度将成为各会展企业软建设的主打内容，也是企业的核心竞争力所在。信息化能够提升会展企业的外在形象，提高会展企业的管理水平和服务水平，增加承办项目的吸引力。实施信息化对发展会展行业有着重要的意义。

3.3.1 现代会展管理依赖于现代信息技术

现代会展的前期筹备阶段、中期会展实施运行阶段、后期后续跟踪总结反馈阶段都存在着大量的信息交流，这些大信息流的顺畅有序流转离不开现代信息技术的支撑。

会展前期的计划组织工作，需要进行大量细致的市场调研，了解与会展题材相关的市场信息、行业信息、产业结构布局、政府相关政策等，这些信息既需要工作人员去作实地调研，也需要利用现代技术去获取海量信息。在展览活动的招展招商阶段也存在大量的信息联络工作，需要利用现代技术手段发送电子邮件、收发传真、在网上发布招展招商信息。在展览实施阶段，主办方需要收集大量的观众信息，这些信息的获取很大程度上依赖现代信息技术，如扫描仪、OCR 文字识别系统、名片录入系统、语音识别系统等；参展商需要利用电子显示屏、投影仪等设备展示自己的展品和传播其他需要宣传的信息，有的展台甚至需要声光电技术来达到特殊的展出效果；观众需要利用现场的触摸显示屏，了解展会现场的情况，以便有针对性地参观自己感兴趣的展台。在召开国际会议时，通常需要同声传译声讯系统化解与会者之间的自然语言障碍；很多重要会展活动的成果为世界瞩目，会展中信息交流的结果必须在第一时间传送到世界各地，因此需要在会展中心配备与时俱进的最先进的网络通信系统；会展后主办单位与客户之间需要进一步沟通与交流，这同样需要通过现代化的技术及设施来提高展后跟踪工作的质量和效率。

信息技术对现代会展业具有不可忽视的促进作用：

1. 促进会展企业的管理信息化

会展企业利用信息技术实现其办公和管理上的信息化，实现其会展活动的高效运作、营销和功能拓展。会展管理信息系统在于构建一个以会展服务为核心业务、为主导的企业管理平台，其中涉及会展运营管理、客户关系管理、决策支持系统等，包含了办公自动化、会展现场管理、会展业务管理、参展商管理、专业观众管理、合作伙伴管理等子系统。

2. 促进会展中心的信息化建设

会展中心应为与会者提供高水平的信息化和智能化服务，如智能卡管理系统、通信系统、网络系统、信息服务系统、会议系统等。如智能卡管理系统可在会展中心的展厅、会议室、库房等重要场所设置电子卡，对出入口进行管理控制，凭卡入内，给展厅内的人员提供良好的投资洽谈及参观环境，并为采集客户信息、建立客户数据库提供一种途径。通信系统包括会展中心内的直线电话服务、无线网络覆盖系统等其他的通信系统，参展商、观众可通过互联网、展位上的终端和公共区域内的触摸屏、公用电脑等信息服务系统进行资料查询、信息交流等。

建立数据库系统。会展中心应建立专业客户数据库（如参展商数据库、专业买家数据库），将收集的客户信息进行分类整理，重点突出如企业名称、产品性能、生产规模、经营方式、结算方式、联系方式等信息，并可制作光盘提供给有关企业或观众，还可在会展网站上发布数据库信息，供国内外客户利用计算机上网查询，有针对性地选择各自所需的项目，与相关企业进行贸易洽谈。这样可以延续展览会的功能效果，以提高社会经济效益。

3. 推动“虚拟会展”的快速化发展

虚拟会展是对传统会展的创新与突破。虚拟会展可模拟现场会展网络平台，参展商、专业买家可按不同类型自主设置个性页面，实现模拟现场展会形式，为商业用户提供多种独特的应用系统等。例如为企业提供视频及产品全景展示、模拟测评等服务。虚拟会展也是一个行业宣传与交易服务的网络平台，平台立足丰富行业数据信息资源，加强行业资讯整合更新能力，奠定行业中权威媒体地位。

3.3.2 网络技术对现代会展的支撑

电子商务和网络技术的快速发展，给信息化会展带来了新的契机，使会展业向另一个空间——网络拓展。由于互联网具有无可比拟的渗透性和广泛性，可以超越时空的限制，因此人们可以借助互联网展示产品、交流信息、洽谈贸易。作为传统会展的互补形式，网上展览在美国、德国等发达国家方兴未艾。尤其是在美国发生"9.11"事件后，由于人们对旅行的恐惧，网上展览备受客户青睐。目前，国际上经验丰富的会展组织者都开始利用互联网开展工作，如网上招商、网上会议、网上展览等。近年来，世界一些展览发达国家如德国的一些实物展的总数有所下降，特别是 IT 行业的参展商锐减，这是因为它们更多地利用网络技术在网上展示产品、交流信息、洽谈业务，网上会展正蓬勃发展。信息化是会展行业管理战略的发展趋势，国外的会展企业早已应用会展管理系统来提升会展水平，提升企业核心竞争力。

网上会展的快速发展，特别是世博会的举行，引起了人们广泛关注，那么被称之为"永不落幕"的网上会展与现实会展之间到底有哪些方面的差异呢？

1. 组展手段不同

网上展览会主要依靠在网上发布信息并辅以在其他媒介上进行宣传；传统展览会主要依靠对企业和参展者的针对性宣传，主要手段是文件、传真、电话等，辅以电子邮件和互联网络。

2. 展出场所不同

网上会展创造虚拟空间；传统会展使用实实在在的场地。

3. 展出手段和内容不同

网上会展展示的是文字、图片、声音、动画等，通过逻辑说理宣传企业形象和产品形象；传统会展展示的是实实在在的产品，以直观的形象展开对外宣传。

4. 参展费用不同

参展商参加网上展览会仅需支付远程登录费；参加传统展览会时需支付展品运输费、场馆租金、施工费用、人员费用等。

5. 展出期限不同

网上会展一般有开始展出的日期而没有确定的结束时间，展出从理论上说可以无限期地进行下去；传统展会一般有固定展期。

6. 观众范围不同

网上会展面向的是广大网民，网民遍布世界各地；传统会展面向的是特定区域或特定专业的人士，有的只面向专业贸易观众。

7. 观众搜寻目标展商的方式不同

网上会展主要借助计算机和鼠标点击到达包含参展商信息的网页；传统会展要靠走路，在展出场地按照产品分类、展馆和摊位编号等查找目标。

8. 交流方式不同

网上会展依靠电子邮件、聊天室等完成彼此间的交谈、磋商；传统会展为展览活动参与者提供面对面交流的空间和机会。

9. 契约方式不同

网上展览会依赖数据信息、电子文件等完成组展者、参展商、观众之间的约定和责任规范；传统展览会主要依靠书面材料证明契约的达成和执行。

网上会展打破了时间与空间的局限，不仅使交易双方建立起一对一、一对多和多对多的直接接触，而且还可以长时间为各方建立往来沟通的平台，以便平台使用各方更快捷、更细致地增进彼此之间的了解，建立起会展参与各方的多对多的立体交叉的网络化沟通体系，提高贸易效率，增加贸易机会。除提供传统实体会展所具备的服务外，还提供“智能化”增值服务：利用网络系统和电子技术，对会展的流程管理和资源管理实现程式化、电子化、智能化、规范化、自动化。以互联网为基础，展前、展中、展后的全过程管理，集成在一套互动性极强、与传统会展流程相匹配的系统和平台上运作，完全符合国际展览协会制定的标准，彻底改变了传统的人工管理流程，形成筹展、参展、观展和交易低成本、自由方便、快速准确、经济有效的特质。

由于网上会展是对传统（现实）会展的虚拟，其组织运营的各个环节与传统会展基本上是相似的。网上会展出现时间不久，目前信息技术发展还不能使虚拟会展完美地现实化，其运营模式也不够成熟和完善，一定程度上制约了网络会展的发展。但与传统会展相比已表现出一定的优势：低成本、高效率，展出时间长，增加贸易机会，展出空间无限广阔，经营规模不受场地限制，观众参与的广泛性，反馈及时，自动统计和评估等。

网上会展虽然发展迅速，但业界和学界多数专家学者认为网络会展只是实体会展的补充和延伸，不会替代实体会展。确实，目前的技术手段和技术投入很难使观众在远端对所参加的会展项目完全了解，客户对展品的物理性能的直观感受无法通过网络实现，实时交流和交易受到地区发展不平衡而导致的网络技术发展不平衡的制约，以及网络安全、网络信用等因素造成对电子商务平台安全性的顾虑等。基于这些方面的限制，目前网络会展很难与实体会展抗衡。但随着经济社会的发展，尤其是高新技术发展的突飞猛进，远程沉浸技术、泛在技术等新技术已经有了突破性的进展，网络性能也在大幅度提升，网络交易的法律问题也已被广泛关注，上述制约虚拟会展发展的根本性问题也许在不久的将来可能以不同的方式予以解决。届时，网络会展的经济性、便利性和可操作性等优势将更为凸显，一种新型的会展运营模式将成为现实。

3.3.3 国外会展业信息化的发展现状与趋势

国外的展览会在网上信息化方面的投入都非常大，85%的展出面积在 500 平方米以上的展览会，都具备利用展会门户来提供客户服务和满足业务需求的能力。国外展览会的资讯发布都是通过展会的网上信息化平台和电子邮件进行的，60%的展位销售也通过互联网完成；专业观众则完全通过网上信息化平台来注册；参展商通过展览会网上信息化平台标准表格提交参展所需的各种资料；展览会组织者还通过网上信息化平台完成准确的参展商和观众数据收集和分析，不断地通过网上信息化平台为观众和参展商提供更详细准确的会展信息和会展服务。

在德国，产生已久的“网上会展”概念正在逐步成为现实。自 2006 年年初开始，法兰克福展览公司就成功开发出“产品导航”（Product Pilot）网络平台，专供参展企业进行产品的网上展示。其他展览公司也不甘落后，新一代“互联网会展时代”呼之欲出。

2007 年年初，法兰克福展览公司在“产品导航”平台的基础上还成立了专门的子公司，负责为旗下展会的参展商提供一揽子的网上产品推广服务，同时向参展商收取一定金额的固定费用。结果表明，该平台网上展示效果和盈利能力都非常乐观。

随后，科隆展览公司也迅速认识到了该网络平台的价值，已经出资收购该子公司 50%的股份。这样，所有在法兰克福和科隆展会参展的企业，都可以订购该平台的服务。据悉，该公司还将计划邀请电子商务领域的专业公司作为第三方入股，这将进一步提高该平台的运营水平。

与此同时，纽伦堡展览公司发动的网上攻势也格外引人注目。在技术上，展览公司网站不仅采用了最先进的内容管理系统，还增加了独具特色的移动终端服务功能，陆续为旗下所有展会开通了 WAP 网站。观众在开幕前和展会中，都可以直接通过手机或 PDA 获取各类展会相关信息，并在网上预订各项服务等。如果参展商希望预订展场内的广告，现在就可以直接在手机上完成了。

在网站内容建设方面，公司还增加了展会所属行业信息的全面报道，使得展会专业观众能够在展会闭幕后，也养成长期访问展会网站的习惯。同时网站还加强了个性化服务功能，比如为参展商提供企业及产品的宣传推广，参展商之间支持商务配对，可以预约展会期间会面时间等。目前公司网站每日的访问量，最高达到了30万页面以上。

杜塞尔多夫展览公司总裁沃纳·马提亚·董谢德（Werner M.Dornscheidt）在谈到未来几年内传统展会最强有力的竞争对手时便表示，“显然是互联网，2006年全世界上网人数达到20亿，在ebay注册的会员也达到了2.23亿的惊人数字。与传统展览业相比，互联网营销在规模效应和便捷性方面显然占优势”。

同时董谢德指出，从另一方面看，互联网也为展览公司、参展商及观众提供了机会和有益工具。“互联网可以协助参展商和观众充分地做好展前准备，同时它也是加强展览主办者与客户沟通的有效手段。尽管如此，面对面的交流和聚会、对展品实地的观察和比较，对于我们的客户来说依然是必不可少的。”

正是认识到了这一点，“会展王国”德国的各大展览公司正在将一定时间、一定空间的现场展览，与超越时间、超越空间的网上展览相结合，在为参展商创造最大程度的营销机会的同时，也在创造着未来一代会展的新模式。

德国经济展览博览业委员会综合整理出《2020展会经济——未来趋势报告》（以下简称《报告》）。该《报告》通过资料分析、专访和调查统计等方式，罗列了120多个影响展会发展的因素，并据其相互作用和逻辑关联归纳出6类主要因素，按其重要程度依次为：经济全球化、商务交流方式的演变、展览公司的经营战略、为提高展会效率而应用的新技术、出行困难与各类危机、中介组织。

《报告》指出，商务交流方式的演变将对展会作为沟通和宣传平台产生较大影响。虽然所有专家均强调，到2020年人与人之间的直接沟通仍不可或缺，但是否参加面对面交流的展会，往往取决于展会功能的细化、专业化及其准确定位，它与参展商对展会品质的高期望值密切相关。此外，展会的沟通和娱乐功能也将受到重视。

专家指出，服务竞争、特色突出和品牌培育将对展会产生积极影响，因此展览国内公司未来几年的经营战略至关重要。越来越多的跨国合作将促进全球性展览集团的形成，而主题公众展的增加将刺激B2C展会模式的发展。B2B模式的展会只有定位准确才能继续生存，并与跨国公司独家举办的专业展会进行抗衡。

从展商和客商角度看，展会效率的高低也会对参展需求产生影响，例如，提高参展指南、中介、信息增值等方面的服务质量。因此，专家建议，应充分利用新媒体技术提高展会本身的效率。

趋势一　直面交流—强强联合—准确定位

该趋势建立在全球安全条件改善、气候变化得到较好控制、各国经济紧密联系较为理想的前提下。

新媒体技术所带来的虚拟世界虽然走进了企业和个人生活，但面对面的直接交流仍是结识客户、巩固业务关系的重要手段，特别是在采购和决策等重大问题上更需要面对面沟通与协调。

趋势二　市场分—网络合作—注重体验

该趋势设定在社会和文化冲突增加、世界日趋多元化等当前的大环境条件下。

更多专业展览机构的涌入，造成展会竞争加剧和展会的分散。展览公司更多地将把展会集中在本地区和本国市场，仅有少数公司兼顾举办洲际主导展会。展商则以项目为基础，更多地通过灵活的关系网络开展相互间的合作，而不是共同建立大型集团，从而增加了展览公司与展商联系的难度，不利于发现和把握全球行业亮点。在分散的市场条件下，较之于品牌，客户更偏重采购和物流的畅通无阻，这也成为衡量展览公司竞争力的重要尺度，决定了其是否能够长期留住客户。电子商务等新技术的虚拟展会作为实务展会的有益补充受到欢迎。

优质的消费展较之传统的 B2B 商务展更具吸引力。为迎合客商对更多激情和更多体验的需求，展览公司纷纷推出体验项目，并对特殊目标群体提供全程服务。展商摊位设计也比以往任何时候都更具体验性。展览公司还尝试与出版社和旅游公司等其他行业建立战略联盟，丰富体验内容。

趋势三　电子采购—即时交易—迅速反应

该趋势基于恐怖主义和气候变化危机增加、世界多极化、国际环境动荡不宁的背景。

受外部环境的影响，人们对于安全的要求大幅提高，有意识地将活动范围控制在相对安全的区域内。同时，交通费用的飙升和减少二氧化碳排放等环保意识的增强导致全球范围出行规模下降。取而代之的是，人们开始在网络中寻找第二生命，形成新的消费方式。电子采购既成为普通居民生活的必需，也被广泛应用于 B2B 和 B2C 的商务往来中。网络展会不仅提供了轻松的浏览环境，而且能够准确找到客户所需要的产品，也摆脱了时间上的限制。不过，尽管新技术支持下的网上交易安全性已得到有效保障，但现实的感受和自身的参与却是键盘敲击所无法完全替代的。因此，传统展会的发展虽然受到显著抑制，却仍将得以延续。

在网络交易时代，不是规模大的超过规模小的，而是行动快的战胜行动慢的。因此，反应迅速将成为展会成功的核心因素。

以上分析可见，“趋势一”和“趋势二”是展览业现状的继续发展和延伸。

展览公司间竞争强度的增加促使其不断创新，实施客户导向战略，从而推进全球和本国的展览业发展。“趋势三”在更大程度上取决于外部环境条件，新媒体技术开辟了展览业全新的虚拟发展空间。

思考题

1. 战略信息系统的内涵是什么？
2. 满足什么条件的信息系统才能被称为战略信息系统？
3. 企业内的信息系统可能在哪几个层次上产生战略作用？
4. 会展中信息被分为哪几类？
5. 试述会展信息的“栈交流”模式。
6. 什么是会展的主信息流？结合第一章的知识，谈谈其交流的形式。
7. 简述会展辅信息流的概念。
8. 信息技术对现代会展业的促进作用体现在哪几个方面？
9. 网上会展与现实会展之间到底有哪些方面的差异？
10. 谈谈你对我国会展业信息化发展方面的思索。

第4章

会展管理信息系统总体规划

学习目的

通过本章学习，认识会展管理信息系统总体规划的必要性和重要性，以及运用管理信息系统总体规划的方法对会展管理信息系统进行总体规划，并能对总体规划进行可行性研究。

主要内容

会展管理信息系统总体规划任务、内容和目标；系统总体规划的步骤和方法；会展企业业务流程重组；系统总体规划可行性研究报告。

4.1 会展管理信息系统总体规划概述

会展管理信息系统规划就是会展企业对要付诸实施的项目方案进行计划、部署和安排的过程。它主要研究“做什么”的问题，是面向长远发展的计划。系统总体规划是信息系统生命周期的第一个阶段，是开发会展管理信息系统的一项基础工作。这一阶段的主要目标是明确系统整个生命周期的发展方向、系统规模和开发计划。总体规划是从会展企业组织构架、业务流程的战略层次，把组织作为一个有机的整体，把业务流程作为主线，全面考虑会展企业所处的环境、企业本身的发展潜力、具备的条件以及组织进一步发展的需要，勾画出会展企业在一定时期内，所需开发的各类信息系统的应用项目，一步一步地达到建立会展企业管理信息系统的目标。系统规划是会展管理信息系统建设成功的关键之一。离开系统规划，整个系统将会目标不清楚、任务不明确，并造成开发资源的极大浪费，导致会展管理信息系统的失败。

4.1.1 会展管理信息系统总体规划的必要性

会展管理信息系统的总体规划是关于组织信息系统长远发展的计划，是组织战略规划的一个重要组成部分。这不仅由于会展管理信息系统的建设是一项耗资巨大、历时长、技术复杂且又内外交叉的工程，更因为会展本身是一个提供信息交流的平台，而信息是会展企业的生命线。

一个有效的总体规划可以使信息系统和用户有较好的关系，可以做到信息资源的合理分配和使用，从而节省信息系统的投资。一个有效的规划还可以促进信息系统应用的深化。一个好的规划还可以作为一个标准，可以考核信息系统人员的工作，明确他们的方向，调动他们的积极性。进行一个规划的过程本身就迫使企业领导回顾过去的工作，发现需要改进的地方。由于会展业务所涉及的环节众多，一项会展活动由成千上万个环节组成，每个环节又包括了大量的信息，要使这些海量信息在会展活动这个有机体中合理、顺畅地流动，必须有科学的手段对其加以管理和利用。因此相对其他管理信息系统，会展管理信息系统更为庞大，更有必要实施信息系统的总体规划。

制定会展管理信息系统总体规划的必要性主要体现在如下几个方面：

1. 信息系统规划是系统开发的前提条件

会展管理信息系统的开发是一项极其复杂的系统工程，它涉及由高层到低层、由整体到局部、由决策到执行等各个层次和多个管理部门，以及人、财、物等各种资源的合理配置等问题。如果没有一个总体规划来统筹安排和协调，盲目地进行开发，必将造成资源的浪费和开发的失败。所以信息系统规划是建设会展管理信息系统的先期工程，是开发的前提条件。

2. 信息系统规划是系统开发的纲领

信息系统规划明确规定了系统开发的目标、任务、方法和步骤，系统开发人员和系统管理人员要共同遵守规划规定的内容，所以信息系统规划是指导系统开发的纲领性文件。

3. 信息系统规划是系统开发成功的保证

信息系统规划把企业的远期目标和近期目标、外部环境和内部环境、整体效益和局部效益、定性分析和定量分析、信息处理和辅助决策等诸方面的关系统筹协调起来。系统规划可以使系统的开发严格按计划有序地进行，同时也可以对在系统开发过程中出现的各种偏差进行微观调控，及时修改和完善计划，有效地避免由于系统开发过程的失误造成的损失。

4. 信息系统规划是系统验收、评价的标准

新信息系统建成后，应该对该系统运行后的情况进行测定验收，对系统的目标、功能、特点、可用性等进行评价，这些工作都是以信息系统规划为标准的。

4.1.2 会展管理信息系统总体规划任务和特点

系统总体规划是信息系统生命周期的第一个阶段，是信息系统的概念形成时期。这一阶段的主要任务是：根据组织的目标与战略制定出组织中业务流程改革与创新和信息系统建设的长期发展方案，决定系统在整个生命周期内的发展方向、规模和发展进程。

会展管理信息系统规划的主要任务是：

1.　制定会展管理信息系统的发展战略

根据会展企业的发展目标与战略制定业务流程改革与创新的目标和信息系统的发展战略，使信息系统的发展与会展企业整体计划相协调，即支持会展企业战略计划的实施，为会展管理信息系统的开发提出方向，保证开发工作支持组织的目标。

2.　制定会展管理信息系统的总体方案，安排项目开发计划

根据会展企业的战略目标和业务流程规划确定信息系统的总体结构规划方案，确定开发的优先次序，保证系统的一体化和开发工作的协调性，避免没有统一规划的“各自为战”、局部优先，及联合各自开发的应用系统时所引起的不必要的费用。

3.　分析会展管理信息系统开发的可行性

可行性分析的任务是根据确定的问题，通过分析新系统需要的信息技术、可能发生的投资和费用、产生的效益，确定开发的管理信息系统成功的可能性。

4.　制定会展管理信息系统建设的资源分配计划

提出实现开发计划所需要的硬件、软件、技术人员、资金等资源及整个系统建设的概算。

系统规划阶段是会展管理信息系统总体框架形成的时期。系统规划的重点是高层的分析，它是面向高层的、面向全局的需求分析。

总体规划是概念系统的形成时期，体现着整个系统的发展方向，具有以下特点：

1.　服务性

信息系统是为组织目标服务的。因此，信息系统规划必须以组织战略规划为依据，而且信息系统规划应该成为组织战略规划的有机组成部分。

2.　宏观性

信息系统规划立足于会展企业信息系统的长远建设，必须把握会展企业信息系统发展的总体脉搏，使其具有宏观指导性。信息系统规划不能像信息系统开发计划那样细致、具体。

3.　动态性

会展企业所赖以存在的市场环境是变化的，企业目标也会动态调整。因此，会展企业发展战略和总体规划具有动态性。为企业目标服务的信息系统也必须跟着企业目标的变化而变化，会展企业信息系统规划具有动态性。

4. 主导性

系统规划是高层次的系统分析，其工作环境是组织管理环境，会展企业的高层管理人员是工作的主体。企业的一把手有必要亲自负责系统规划。

4.1.3 会展管理信息系统总体规划的内容和目标

会展管理信息系统的总体规划一般既包含 3~5 年的长期规划，也包含 1~2 年的短期规划。长期规划部分指出了总的发展方向，而短期规划部分则为作业和资金运作的具体责任提供依据。一般来说，整个战略规划主要包含如下内容：

1. 信息系统的目标、约束与结构

信息系统战略规划根据组织的战略目标、组织的业务流程改革与创新需求及组织的内、外约束条件，来确定信息系统的总目标、发展战略规划。其中，信息系统的总目标为信息系统的发展方向提供准则，而发展战略规划则提出对完成工作的衡量标准。

2. 对目前组织的业务流程与信息系统的功能、应用环境和应用现状进行评价

了解当前的能力状况，制定改革业务流程，建设信息系统的政策、目标和战略。

3. 对影响计划的信息技术发展的预测

信息系统战略规划无疑要受当前和未来信息技术发展的影响，因此计算机及其各项技术的影响应得到必要的重视，并在战略规划中有所反映。另外，对信息网络、数据库、软件的可用性、方法论的变化、周围环境的变化，以及它们对信息系统产生的影响也应考虑。

4. 近期计划

在战略规划适用的几年中，就应对将来的一段时期作出相当具体的安排，主要应包括：硬件设备的采购时间表、应用项目的开发时间表、软件维护与转换工作时间表、人力资源的需求计划及人员培训时间安排、资金需求等。

会展管理信息系统的总体规划并不是一经制定就再也不发生变化。事实上，各种因素的变化都可能随时影响整个规划的适应性。因此，会展管理信息系统总体规划总是要不断修改以适应变化的需要。

总体规划是以整个系统为分析对象，确定系统的总目标、功能框架，并进行可行性说明，对系统的效果加以论证。

系统的总体规划是系统开发的基础，直接影响着整个系统的实施效果。总体规划的目标主要有以下几个方面：

1. 保证信息的共享性

会展管理信息系统是由众多子系统所组成的，各个子系统之间必然需要进行数据之间的转换，而完成这些数据的转换工作通常需要很高的代价。更糟糕的是，有些数据根本无法统一起来，无法在不同的子系统之间共享，从而会导致整个系统的失败。

会展企业的运作被看做物流、资金流和信息流的统一。信息是企业的重要资源，企业信息只有集中起来并为整个企业所共享时，才能真正发挥其作用，确实成为企业的生产要素。要在组织内部和外部之间实现大量数据的交换与共享，就要解决如何收集、存储、加工、传输和利用这些数据的问题。这些问题的解决必须有来自高层的、统一的、全局的规划，从而将这些信息提取并设计出来，实现数据信息的真正共享。

总体规划过程中，需要对来源于各个部门的大量复杂的数据，按照统一的标准进行明确合理的定义。在有些管理信息系统中，部分相同的数据采用了不同的标准，部分不同的数据采用了相同的命名。如对观众的定义，有的部门把学界的人士归为专业观众，但有的部门却把这部分人群归为普通观众；又如，一个展会的成交额，营销部门往往为显示自身的业绩采用意向成交额，而财务部门则采用实际成交额。这样不统一的定义，为历史数据的集成设置了很大的障碍，往往成为导致系统开发失败的一个重要原因。

2. 协调各子系统之间的工作

会展企业的综合管理信息系统通常由会展 CRM 模块（展商管理、专业观众管理、供应商管理、合作伙伴管理、内部人员管理）、会展运营管理系统模块（会展业务管理、会展现场管理、会展企业 OA 系统、会展门户网站系统等）等若干个子系统组成。各个子系统在完成相对独立的功能的同时，还要进行相互之间的协作。例如，现场管理子系统要通过与专业观众管理子系统进行信息交换来计算专业观众参观人数，业务管理子系统中的财务管理子系统与展位合同管理子系统进行数据交换以计算展位出租收入等。为了降低各个子系统之间信息交换的成本，需要通过总体规划进行协调。

在传统的手工管理方式中，各子系统之间的信息交换工作需依靠纸张或电话、传真等设备，同时为了保证信息的及时和准确，通常还需要多组人员进行相同的数据处理。这样，一方面造成了人员和资源上的巨大浪费；另一方面，由于数据的重复操作，很容易导致数据的不一致性，另外还存在着大量的数据冗余。在一个复杂的系统内部，往往存在数据抽取上的"蜘蛛网"问题，这通常是由于数据在时间和空间上的不一致性造成的。而在会展管理信息系统中，公用的数据通常只由一个部门产生，可以在多个部门之间共享，这种子系统之间的协调工作必须来源于系统的总体规划。系统的总体规划是站在全局的高度上，识别并规划出支持各种管理功能的数据、数据的产生地点以及部门的使用情况，负责相互之间的协调，以克服手工处理的弊端。

3. 使开发工作合理、有序

总体规划需要对企业的人力、物力和财力在时间上作合理、有序的安排，以保证各项系统开发工作都能顺利进行。会展管理信息系统的开发是一项复杂的系统工程，各项工作不可能同时进行，而往往是一个循序渐进的逐步开发过程。这样，按照一定的标准对各项任务进行优先度上的排序以及进度上的安排就成了系统开发中的一个关键问题。哪些子系统先开发、哪些后开发，什么阶段完成什么任务，这些任务需要哪些人员调度和设备安排等一系列问题都必须在系统的总体规划阶段予以解决。

4.2 会展管理信息系统总体规划步骤和方法

总体规划阶段把整个系统看做有机的整体，通过对现行系统的分析和调查确定目标系统的主要功能，然后对总体方案的可行性进行论证，为系统分析、设计和实施打下基础。

4.2.1 会展管理信息系统总体规划的原则

会展管理信息系统规划应遵循以下原则：

1. 支持企业的总体战略目标

企业的战略目标是系统规划的出发点。系统规划从企业目标出发，分析企业管理的信息需求，逐步导出管理信息系统的战略目标和总体结构。

2. 整体上着眼于高层管理，兼顾各管理层的要求由于不同管理层次的管理活动对信息有着不同的需求，因此必须建立一个合理的框架来定义信息系统。

3. 摆脱管理信息系统对组织结构的依从性

管理信息系统应具有可变性或对环境的适应性，只有摆脱对组织结构的依从性，才能提高管理信息系统的应变能力。

4. 使系统结构有良好的整体性

在管理信息系统开发过程中，由于数据处理单项开发容易形成信息的不一致，为此必须采用自顶向下的规划过程制定统一的标准和规程，同时采用自底向上的实现过程，来保证系统结构的完整性和信息的一致性。

4.2.2 会展管理信息系统总体规划的步骤

总体规划可分为下面几个步骤，如图 4-1 所示。

1. 确定规划的基本问题

检查企业的总体规划，明确会展管理信息系统总体规划的年限及具体的规划方法、规划方式以及规划的策略等内容。

2. 收集相关信息

收集包括各级主管部门、市场同行业竞争者、企业内部各职能部门以及与总体规划有关的各种信息。

3. 进行总体战略分析

对会展管理信息系统的规划目标、开发方法、功能结构、计划活动、信息部门的情况、财务情况、风险度和政策等进行分析。

4. 定义约束条件

根据企业的财务资源、人力及物力等方面的限制，定义管理信息系统的约束条件和政策。

5. 明确规划目标

确定会展管理信息系统的开发目标，明确会展管理信息系统应具有的功能、服务范围和质量等。

6. 进行项目可行性研究

在上述分析的基础上，对待开发的系统从经济、技术和社会因素等方面进行可行性研究。运用技术经济理论与方法，分析系统开发的必要性与开发方案的可行性，以得出是否继续开发的明确结论，并对新系统实现的投入与产出做出全面的评估。

7. 提出项目实施进度计划

根据项目的优先权、成本费用和人员情况，编制项目实施进度计划，列出开发进度表。

8. 通过总体规划

通过不断征求用户、系统开发领导小组的意见，完成系统总体规划。总体规划经企业领导批准后生效。

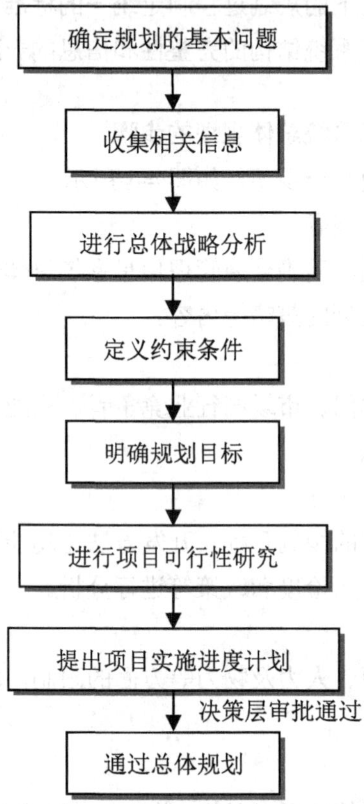

图 4-1 系统规划的步骤

4.2.3 会展管理信息系统规划的方法

用于管理信息系统规划的方法很多，主要是关键成功因素法（Critical Success Factors，CSF）、战略目标集转化法（Strategy Set Transformation，SST）和企业系统规划法（Business System Planning，BSP）。其他还有企业信息分析与集成技术法、产出方法分析法、投资回收法、征费法、零线预算法、阶石法等。

1.　关键成功因素法（CSF）

1970 年，哈佛大学的威廉·扎尼（William Zani）教授在 MIS 模型中用到了关键成功变量，这些变量是确定 MIS 成败的因素。10 年后，麻省理工学院（MIT）的约翰·罗克特（John Rockart）把关键成功因素法提高为一种 MIS 规划方法。

关键成功因素是指对企业成功起关键作用的因素。在每一个企业组织中，都存在着对该组织的成功起关键作用的因素。在不同的业务活动中，关键成功因素会有很大的不同，即使在同一类型的业务活动中，在不同时期内，其关键成功因素也会不同。我们应该把精力集中于那些对管理活动确有帮助的信息，必须具备鉴别与选择信息的能力，即侧重于“成功因素”。

可以说，关键成功因素在组织的目标和完成这些目标所需要的信息之间，起着一种引导和中间桥梁的作用。关键成功因素决定了组织所需的关键信息集合，信息系统必须对它们进行连续的控制和报告。

关键成功因素法包含以下几个步骤：

(1) 了解企业目标；

(2) 识别关键成功因素；

(3) 识别各关键成功因素的性能指标和标准；

(4) 识别测量性能指标的数据。

以上四步骤如图 4-2 所示。

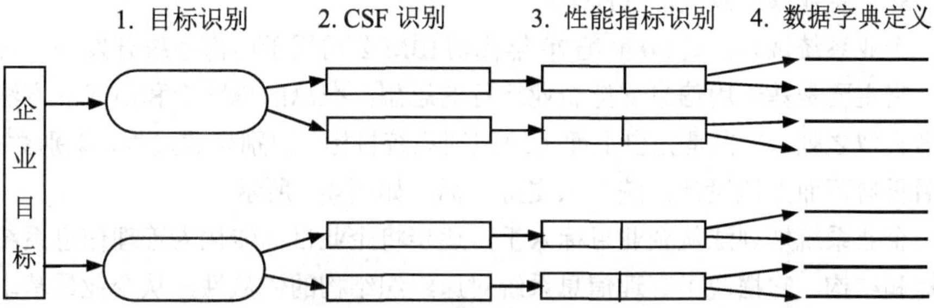

图 4-2　关键成功因素法步骤

关键成功因素法源自企业目标，通过目标分解和识别、关键成功因素识别、性能指标识别，一直到产生数据字典。关键成功因素法就是要识别与系统目标相联系的主要数据类及其关系。识别关键成功因素所用的工具是树枝因果图。

例如，一个会展企业可以大致有以下几个关键成功因素：有竞争力的会展服务体系、有经济实力和管理能力的合作伙伴、行之有效的宣传渠道、完善的客户关系管理、合适的定价等。

2. 战略目标集转化法（SST）

战略目标集转化法是由 William King 于 1978 年提出的，他把企业的战略目标看成是一个“信息集合”，由使命、目标、战略和其他战略变量等组成。战略规划过程是把组织的战略目标转变为信息系统战略目标的过程，如图 4-3 所示。

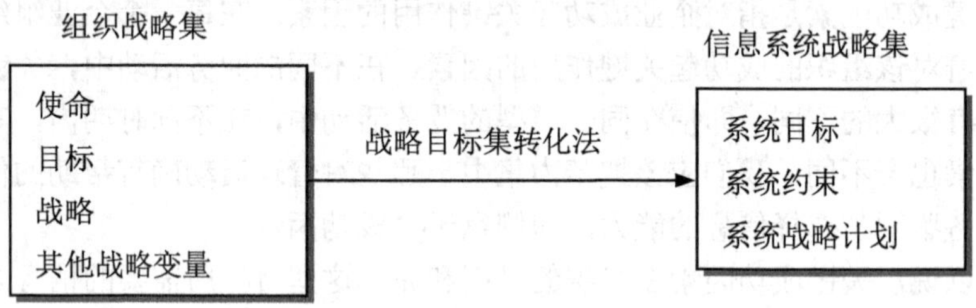

图 4-3 战略目标集转化法步骤

这个方法的第一步是识别企业的战略集，先考察一下该企业是否有成文的战略或长期计划，如果没有就要去构造这种战略集合。当初步识别企业战略后，应立即送交决策层审阅和修改。

第二步是将组织战略集转化成信息系统战略集，信息系统战略集应包括系统目标、系统约束以及系统战略计划等。这个转化的过程包括对应企业战略集的每个元素识别对应的信息系统战略约束，然后提出整个信息系统的结构。

3. 企业系统规划法（BSP）

企业系统规划法是 20 世纪 70 年代初 IBM 公司用于内部系统开发的一种方法。它主要是基于用信息支持企业运行的思想。在总的思路上和前述的方法有许多类似之处，它也是先自上而下地识别系统目标，识别企业过程，识别数据，然后再自下而上地设计系统，以支持目标，如图 4-4 所示。

企业系统规划法从企业目标入手，逐步将企业目标转化为管理信息系统的目标和结构。它摆脱了管理信息系统对原组织结构的依从性，从企业最基本的活动过程出发，进行数据分析，分析决策所需数据，然后自下而上设计系统，以支持系统目标的实现。第一阶段需要对组织有一个广泛全面的了解，确定出未来管理信息系统的总体结构，明确整个系统的子系统组成以及开发这些子系统的先后顺序。第二阶段制定一个设计、开发和实现信息系统的长期计划，其中需要对数据进行统一规划、管理和控制，明确各子系统之间的数据交换关系，保证信息的一致性。定义企业过程是 BSP 方法的核心。BSP 法的分析工具是

U/C 矩阵。

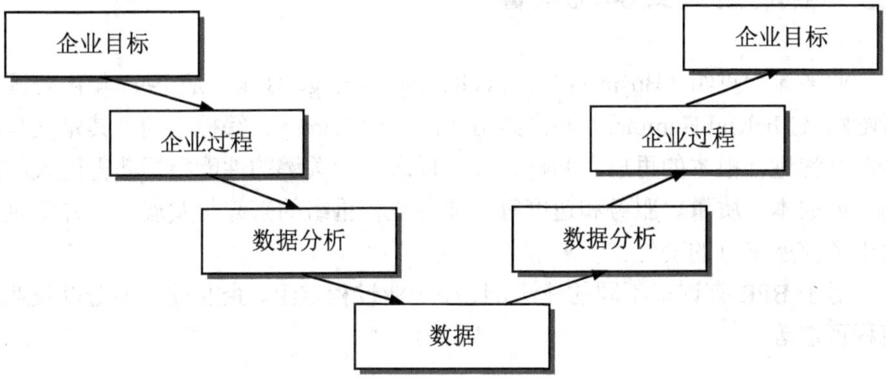

图 4-4　企业系统规划法步骤

CSF 方法能抓住主要矛盾，使目标的识别突出重点。用这种方法所确定的目标和传统的方法衔接得比较好，但是一般最有利的只是在确定管理目标上。它的不足在于数据的汇总过程和数据分析都是一种随意的方式，缺乏严格的方法将诸多关键成功因素进行汇总。另外，也难以解决个人和组织的关键成功因素不一致问题。

SST 方法从另一个角度识别管理目标，它反映了各种人的要求，而且给出了根据这种要求的分层，然后转化为信息系统目标的结构化方法。它能保证目标比较全面，疏漏较少，但在突出重点方面不如 CSF。

BSP 方法是最易理解的信息系统规划技术之一，相对于其他方法的优势在于其强大的数据结构规划功能。它全面展示了组织状况、系统或数据应用情况及差距，可以帮助众多管理者和数据用户形成组织的一致性意见，并通过对信息需求的调查来帮助组织找出在信息处理方面应该做什么。BSP 法的主要缺点在于，收集数据的成本较高，数据分析难度大，真正实施起来非常耗时、耗资。它被设计用来进行数据结构规划，而不是用于解决诸多信息系统组织以及规划管理和控制等问题。

通过对以上三种规划方法的介绍，可以看到这三种方法各有利弊，在实际的规划工作中要根据企业和信息系统的实际情况来选择。此外，还可以把这三种方法综合起来使用，先用 CSF 方法和 SST 方法确定企业目标，并将这些目标转化为信息系统目标，用 BSP 方法校核两个目标，并确定信息系统的结构，这样就弥补了单个方法的不足。当然，这也使得整个方法过于复杂，而削弱了单个方法的灵活性。

4.3 会展企业业务流程重组

业务流程重组（Business Process Reengineering，BPR）是1993年由美国学者哈默（Michael Hammer）和杰姆培（James Champy）等提出的。其定义是对企业过程进行根本的再思考和再设计，以求企业关键的性能指标获得巨大的提高，如成本、质量、服务和速度等。业务流程重组的兴起与发展，使许多企业发生了前所未有的变化。

对于BPR有许多不同的译法，比如企业过程重组、企业过程再造以及业务流程再造等。

4.3.1 业务流程重组的概念

所谓“业务流程”是指为完成企业某一目标或任务而进行的一系列逻辑相关的活动的有序集合。例如，从原材料的采购到向用户交付产品的一系列活动是企业产品制造业务的流程。

一般来说，业务流程可分为管理流程、操作流程和支持流程三类。操作流程直接与满足外部顾客的需求相关；支持流程指为保证操作流程的顺利执行，在资金、人力、设备管理和信息系统支撑方面的各种活动；管理流程指企业整体目标和经营战略产生的流程，这些流程指导了企业整体运作方向，确定了企业的价值取向，所以是一类比较重要的流程。

业务流程重组就是通过对流程的巨大改善，来满足不同用户对质量、速度、新颖、标准和服务等方面的需求。哈默把业务流程重组过程定义为：对企业业务流程进行根本性的再思考和重新设计，从而使成本、质量、服务和反应速度等关键性的指标获得巨大的改进。企业流程重组追求的是一种彻底的重构，而不是追加式的改进。

应该说，可以实施BPR的流程，覆盖了企业活动的各个方面和产品的全部生命周期；设计流程、生产流程、管理流程、营销流程都大有文章可做，应该而且可以对各种岗位、各种流程中的员工所做的工作提出重组的设想。这种广义的理解，对BPR的实施有益无害。

企业业务流程重组的定义包含如下四个方面的关键信息：

1. 业务流程

重组的内容是企业的业务流程，而不是企业的组织等其他方面。然而，现在的企业组织是建立在职能分工理论基础上的，企业的完整业务活动被组织机构所分割和掩盖，人们熟悉的是部门、科室等机构，而对业务流程不够熟悉。

以业务流程为核心，明确了业务流程重组的对象是业务流程，而不是企业的组织、成就或其他方面。这从根本上打破了传统职能分工理论。尤其像会展公司这样重业务轻组织结构的企业，可以通过考察业务流程的发生、发展和终结过程，确定、描述、分析、分解整个业务流程，重构与业务流程相匹配的企业运行机制和组织机构，实现对企业全流程的有效管理和控制，能够使企业真正着眼于流程的结果，消除传统管理中只注重单一环节而无人负责全流程的弊端。业务流程重组后，企业为完成工作所需要的真正组织结构将变得明确、清晰，企业原有部门、科室的分工将会改变，一些组织机构会被合并或撤销。

2.　根本性

实施企业流程重组关心的是事物本来的样子，而不关心现在的样子。所以，提出的问题是："我们为什么要做现在的事？""为什么要以现在的方式做事？""现在的工作方式有什么不足？""有没有别的工作方式？"而不是："如何把现在的事情做得更好？"提出的诸如此类的根本性的问题，促使人们对管理企业方法所基于的习惯和假设进行观察、分析和思考。通过仔细的观察、深入的分析和思考，发现这些习惯和假设中有一部分已经过时，甚至是错误的、不适用的。

在会展企业实施流程重组的最初阶段，不需要任何条条框框的限制，同时还必须抛弃一般已经认可的习惯和假设。例如，提出"如何才能把展会的开幕式办得更吸引人"这个问题本身，就需要分析和思考，因为提出这个问题的前提是已经假设了必须办开幕式。现在国外许多知名展会根本就不办开幕式，现在我国很多业界人士也对展会开幕式劳民伤财的做法提出质疑，认为展会开幕时，正是组展商最为繁忙时，组展商应该把更多的精力放在对展会本身的服务上来，而不必为举办一个不是展会的必需环节的开幕式而把多数人力投入进来。

3.　彻底的重新设计

彻底的重新设计意味着追根溯源，从根本上重新设计企业的经营过程或业务流程，而不仅仅是作表面的改变或修补，是完全抛弃旧有的结构和过程，创造出新的工作方法。业务流程与企业的运行方式、组织的协调合作、人的组织管理、新技术的应用和融合等密切相关。所以，业务流程重组是彻底的、全方位的重组。它涉及企业的人、经营过程、技术、组织结构和企业文化等各个方面，包括观念的重组、流程的重组和组织的重组，以新型企业文化代替旧的企业文化，以新的企业流程代替原有的企业流程，以扁平化的企业组织代替金字塔形的企业组织等。其中，信息技术的应用是流程重组的核心，它既是流程重组的出发点，同时也是流程重组最终目标的体现。

4.　巨大业绩

进行业务流程重组的目标不是为了获得小的改善，而是为了取得业绩的巨大进步。如果企业只是需要对现有业绩进行小的提高，即使不实施BPR也可以达到目标。因为有许多传统的方法可以采用，例如，激励员工的积极性或者加大产品宣传力度，开展产品促销活动等。当企业需要彻底改变时，才可实施业务流程重组。因为实现业务流程重组是一件有风险、有阻力的重大改革。

一般来说，有三种类型的企业实施BPR：第一类是企业发现自身已经陷入困境之中，不进行彻底的改变，就有倒闭的可能；第二类是企业目前经营状况良好，但已感到来自竞争对手的压力，产生了危机感，并且预测将来企业的经营状况可能变坏；第三类是企业当前的经营状况非常好，处于鼎盛时期，并且企业在现在或可预见的将来都不存在明显的困难和危机。

从实施业务流程重组的需要来看，第一类企业是最适合，也是最急需实施BRP的；第二类企业只是为了摆脱潜在的困境而提前实施BPR；第三类企业的管理者是为了保持其领先的地位而实施 BPR，把实施 BPR 看做提高企业竞争力的一种机会、一种手段，通过实施BPR来提高自己的业绩，加大企业的竞争优势，从而使竞争对手的经营更加困难，给其以极大的压力。

信息技术的高速发展和广泛应用也为服务业实施 BPR 提供了主要的驱动力，BPR越来越受到会展企业的广泛关注。

综上所述可以看出，BPR的基本思想是将传统分工的各个工作任务重新组合成一个完整的流程。所谓完整的流程是指能够完成用户所需成果的相关联的活动。BPR一般从两个方向展开：跨职能的流程整合和职能间的流程简化。前者是指将被不同职能部门分割的流程重新连接起来；后者是指将内部的检查、控制、签字等流程简化。

4.3.2 BPR的基本内容

BPR的基本内容主要包括四个部分，即观念、业务过程、组织结构和技术上的重构。

1. 观念的重构

它包括人的重构与企业文化的重构两个部分。

人的重构。其目标是要使企业内部人员整体素质提高，即道德素质、文化素质以及技术素质等方面的提高。要能接受新的管理思想，对工作有主动性、积极性，有强烈的事业心和责任感，有多面手的技能。高层领导能对市场反应敏锐，善于决策，要有竞争意识去面对风险和迎接挑战，同时能充分使用人力资源等。

文化的重构。首先，它要求改变一些过时的价值观念，如工作是为领导服务，使领导满意，而不是为客户服务，使客户满意；宁可平平稳稳，不愿变革，不愿承担风险。其次，它要求改变企业员工的地位与作用，他们不再局限于简单而单一的工作，并被监控。要重视对他们的继续培训，使他们树立主人翁的责任感，能在多变的环境下掌握多种技术和技能。领导和员工的关系不再是监督与被监督的关系，而是信任、授权和认真完成任务的关系。在企业文化的重构中，领导层的价值观、行为模式及决策风格直接影响到企业文化的走向，并形成本企业的文化，因此企业文化重构的责任在于企业的领导层。

2. 业务过程的重构

主要是对过程及运行方式进行重组，表现在：

(1) 重新整合经营过程。将数项相关的业务或活动合并为一，取消生产经营过程中不增值的活动，如多次检查、校对批准等，对于那些增值的活动要尽量提高它们的运作效率，减少资源的消耗。

(2) 打破原有直线型的经营过程，使一个经营过程中各个过程的子过程活动尽早开始，并按它们发生的自然顺序并行或交叉地进行。

(3) 要增设一些必要的过程、子过程或活动以提高整个经营过程的运作效率。如增加分销商反馈信息，可以提高销售决策的准确性与效率。

(4) 对企业的流程进行分析，并在现场进行实测。重点是对经营过程的物流、资金流及信息流的控制点和决策点进行分析，选择哪些过程或子过程需要重构。

(5) 设定一些定量数据来表述过程运作的业绩，如总成本、周期、资源利用率等，并将它们作为过程的性能指标。

3. 组织结构的重组

按业务过程重构后的结果进行组织结构的重组，建立面向过程的、跨职能的、自我管理的工作团队（小组）。明确小组内部各成员的职责与作用，做到责权统一，使小组形成一个享有充分自主权和决策权的团体。随着组织结构的变化，必然使其运行机制也要有相应变化。

4. 技术上的重构

利用先进的信息技术来建立覆盖整个企业的信息网络，使每个员工都能通过网络获取与自己业务有关的各种信息，同时将信息技术全面地应用到业务策划、过程控制、信息反馈等环节上。

4.3.3 流程重组和连续改进

BPR 能够而且已经产生了巨大的经济效益。但是，革命性的变革总是要作出某些牺牲才能换取这些效益的。这种做法有时会引发另一类社会问题，导致组织的不稳定。有些情况下不作革命性重组，而作更稳妥的连续流程改进

（CPI），也会取得良好的经济效益。

不过，这种“连续改进”，还是要有明确的经营目标，有明确的改造对象，只是前进的步子比较小，每一步的改动都不至于引起较大影响的反抗（或阻力），用较多的时间，平稳过渡，实现最终目标。或者说，不要把“革命”和“改良”对立起来，而是要根据不同的情况具体分析，决定对策。

“连续改进”也需要对流程进行设计，下列几条原则可供参考：

- 流程设计是一种设计工作，也就是说，本质上它主要是推论性的。当设计者面对设计任务时，通常是从已经熟悉的设计开始，然后改变这一设计来表达新的情况。
- 流程设计不是一个过程，而是一套善于把握各种机会的技能。
- 流程设计是对象设计。流程产生一些输出对象，同时消耗掉一些输入对象或是被它们所触发。设计输入输出对象是流程设计者的一种思维模式。流程设计的关键之一是确定流程需求中所说明的输入 / 输出对象中，哪些是可以改变的，哪些是固定的；哪些是可控的，哪些是不可控的；哪些是独立的，哪些是从属的。一个经验丰富的流程设计者总是寻求设计输入或输出对象的方法来使所得到的流程合理化，同时优化上游和下游的接口流程。
- 流程设计是分解和配置。流程必须详细列出其子流程的层次，而这些子流程则被配置了在执行环境下可用的特定资源。可用资源和它们的性能随时间变化是流程重组的原因之一。因此，一个流程被接受是因为它有高性能的可用资源，一个流程被淘汰是因为它失去了那种资源，无可替代。流程设计包括对子流程的层次分解，直至分解到子流程被配置了可用资源为止。
- 流程设计是输入 / 输出的链接配合。在分解流程中，必须说明每一个子流程的输入 / 输出，它们必须与子流程在过程流中该位置上可以有的输入和所需要的输出相匹配。假如不匹配，就要加入一些附加流程来制造接口或者修改子流程，使其本身来完成接口功能。如果二者都没有，则必须考虑采用其他分解。
- 流程设计是一种失败管理。要识别在所设计的系统中被认为是期望的或合理的那些可能的失败模式。对于每一种可能的失败模式（和各种可能的失败模式的组合），其后果必须加以预测。对于子流程是否要增加检测和管理每种可能失败模式的后果，必须作出设计决策。
- 流程设计是一种副产品管理。在流程执行中，如果产生的产品作为下游流程的输入是没用的，或者被认为是总流程输出的一部分，那么这种类型的对象必须加以识别，同时要采用子流程来妥善收集和处置它们。

◆ 流程设计是一种执行资源管理。在流程执行中，通常有多个流程活动同时发生。在一般情况下，只有有限的可用资源能提供给子流程，这自然就导致争用资源，流程设计者必须将资源管理子流程增加进去。

通过阐述这些原则，也可以看出流程重组和连续改进并没有不兼容的根本区别，连续改进只是要考虑更多的方方面面，更好地实现平滑过渡。

4.3.4 业务流程重组与管理信息系统的关系

1. 信息技术与业务流程重组

业务流程重组是一种管理思想、一种经营变革的理念。信息技术是一种技术，BPR 可以独立于信息技术而存在。这种独立是相对的，在 BPR 由思想到现实的转变中，信息技术起到良好的催化剂作用。从管理信息系统的角度来认识，BPR 主要是指利用信息技术，对组织内或组织之间的工作流程和业务过程进行分析和再设计，主要用于减少业务的成本，缩短完成时间和提高质量。那些仅用计算机系统去模拟原手工管理的过程，不能从根本上提高企业的竞争能力，重要的是重组业务流程。按现代化信息处理的特点，对现有的业务流程进行重新设计，成为提高企业运行效率的重要途径。业务流程重组的本质在于根据新技术条件下信息处理的特点，通过事物发生的自然过程寻找解决问题的途径。

企业在实现信息化的过程中，首先要实施 BPR，再利用信息技术促进 BPR 的实现。这样的企业信息化过程，实际上也是管理创新的过程。需要处理好企业信息化和业务流程重建的关系，不能把两者等同起来。企业信息化需要先做好业务流程重建，而信息技术对新业务流程的重建是有极大促进作用的。

2. 基于业务流程重组的信息系统规划

信息系统的规划与组织变革密切相关，组织为了适应不断变化的环境，寻求新的发展，引进新产品、新技术，或者拓展新市场等，都需要进行变革。业务流程重组作为一种组织变革理念，对信息系统规划产生非常重要的影响。

业务流程重组是重新设计和安排企业的整个生产、服务和经营过程，使之合理化。通过对组织原来生产经营过程的各个方面、各个环节进行全面的调查研究和细致分析，对其中不合理、不必要的环节进行彻底的变革。

业务流程重组与信息系统规划相互作用，相辅相成。一方面，信息系统规划要以流程重组为前提，并且在系统规划的整个规程中以业务流程为主线。随着业务流程重组的深入，要求业务信息系统不断提高其集成化、智能化以及网络化的程度，对信息系统规划提出了新的要求，要求信息系统定位于面向客户、面向不断变化的业务流程。另一方面，面向流程的信息系统规划驱动企业的业务流程重组。信息系统的科学规划，使得信息的收集、存储、整理、利用和共享更为方便快捷，使得同一产品的市场调查、产品构想、工程设计、销售服务等环节的并行成为可能，从而打破了企业传统的专业化分工，为业务战略的实现设计新的业务流程或改造已有流程，借助信息系统的规划与信息系统的最终实施来实现企业业务流程的重建。基于流程重组的信息系统规划能够适应企业当前或未来的发展需要，使信息系统的建设更具有效性与灵活性。

基于业务流程重组的系统规划一定要突破以现行职能部门为基础的分工式流程的局限，从参展商、观众、服务代理商、合作伙伴、组织的价值链出发，确定会展企业信息化的长远目标，选择核心业务流程为重组的突破口，在业务流程创新及规范化的基础上，进行系统规划与功能规划。基于业务流程重组的信息系统规划的主要步骤如下：

(1) 系统战略规划阶段。主要是明确企业的战略目标，认清企业的发展方向，了解企业运营模式；进行业务流程调查，确定成功实施企业战略的因素，并在此基础上定义业务流程远景和信息系统战略规划，以保证流程重组、信息系统目标与企业的目标保持一致，为未来工作的进行提供战略指导。

(2) 系统流程规划阶段。面向流程进行信息系统规划，是数据规划与功能规划的基础。主要任务是选择核心业务流程，并进行流程分析，识别出关键流程以及需要重组的流程，并勾画流程重组后的业务流程图，直至流程重组完毕，形成系统的流程规划方案。

(3) 系统数据规划阶段。在流程重构的基础上识别和分类由这些流程所产生、控制和使用的数据。首先定义数据类，所谓数据类指的是支持业务流程所必需的逻辑上的相关数据。然后进行数据的规划，按时间长短可以将数据分为历史数据、年报数据、季报数据、月报数据、日报数据等；按数据是否共享可以分为共享数据和部门内部使用数据；按数据的用途可分为系统数据(系统代码等)、基础数据和综合数据等。

(4) 系统功能规划阶段。在对数据和业务流程了解的基础上，下一步就是建立数据与业务流程的关系，进一步进行系统总体逻辑结构规划，即功能规划，识别功能模块。可以采用统一建模语言（UML）和面向对象方法进行系统总体逻辑结构规划，也可以使用数据与过程的关系矩阵（U/C 矩阵）对它们的关系进行综合，并通过 U/C 矩阵识别子系统。

(5) 实施阶段。在实施阶段进行系统的总体网络布局，针对这些应用项目的优先顺序给予资源上的合理分配，并根据项目优先顺序来具体实施。

[会展企业业务流程再造实例]

任何会展公司的业务都有相对固定的流程，没有流程则无法正常运转。如举办展览会，从确定展题、选择展馆、约定展期、行政登记许可到市场推广、客户服务，直至展会开幕、撤展，这个过程由始至终就是一套流程。在举办展览会的全过程中，每个环节都可以单独成为一个业务流程，如展位销售的基本流程为：制定销售计划、准备销售文本（展商邀请函、参展合同书）、销售推广（电话销售、网络销售等）、与展商签订参展合同书、收取参展费、提供参展服务等。在展位销售过程中，还可根据管理需要细化流程，如订立参展合同管理的业务流程、参展商报到流程、展后客户跟踪流程。

会展公司的业务流程不是一成不变的，流程的改变需要根据公司目前业务发展中遇到的问题，找出问题产生的根源，寻求新的工作方法和途径，制定出具有一定前瞻性的 BPR 新方案，在适当的时候进行企业业务流程再造来达到服务升级、管理创新的目标，需要指出的是，业务流程改造需要建立在企业发展战略目标的基础上，以提升客户满意度为主旨，通过业务流程重组（再造）来提升企业核心竞争力。

如某会展公司在举办展会的过程中，发现观众报到流程存在一定的问题。公司按原先的工作模式，在展会报到现场，需要观众逐一填写观众信息表（或交上名片）、观众调查表，之后再制作参观证（如图 4-5）。当大客流涌现时，会造成现场入口大排长龙，人流拥挤，入场秩序混乱，观众由于长时间等候而抱怨，有的甚至拂袖离去，这样的报到流程不但在观众心中留下了不好的印象，甚至造成了客户的流失，影响了展会的形象。而且，在入口处让观众匆匆填写的信息表、调查表也会出现观众信息填写不全面的情况，以致组委会未能充分获取观众的信息，调查结果的可信度也不高。

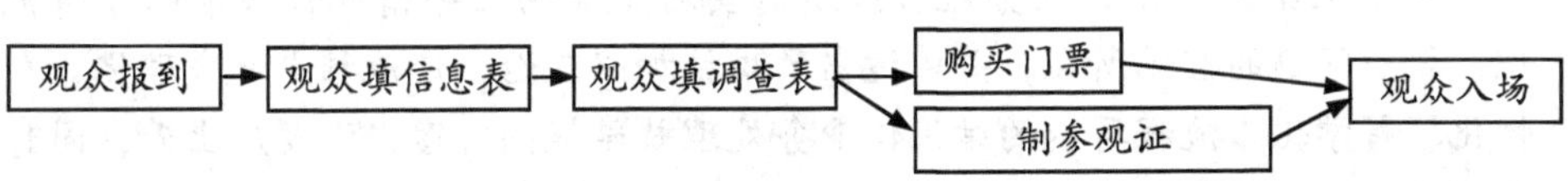

图 4-5　BPR 前观众报到流程

为了解决这一问题，组展公司需要重新审视这一流程，分析问题的症结，再对原有的业务流程进行再造。公司在对观众报到这一业务环节进行重新梳理后得出以下结论：（1）观众等候的主要原因是填写表格花费的时间较长；（2）制证过程虽相对填表短些，但也需要 1～2 分钟时间；（3）门票收费时间是三个环节中最短的。因此如能把前两个环节时间缩短，则观众入场速度就会加快。

但观众信息是主办方和参展商非常关注的一项内容，尤其是专业观众的信息，因此获取观众的信息这一环节是必需的。那如何既能得到观众的信息，又能让观众快速入场呢？组展商经过讨论分析，决定在今后的办展过程中采取以下措施：首先放弃入口处观众填写调查表的环节，取而代之的是在展馆内观众休息处发放调查表或在入口处先把调查表发放给观众，由观众入馆后自愿填写，并在出口处放入调查表回收箱。其次在展前作宣传推广时尽可能告知观众带好名片，这样填信息表的观众少了，入场的速度也会随之加快。第三，利用展会专用网站或会展公司网站，开通在线观众登记系统，让有意观展的观众事先在网站上登记自己的信息，并在完成观众调查表后取得参观号，观众既可以在线打印参观证，也可凭参观号到现场打印。这种方式最为省时有效，观众到达后即可入场，况且由观众在网上自行填写信息，既省去了组展方人员对观众信息的录入工作，又可以获取更为详细、准确的观众信息，还可以得到比较可靠的调查结果，可谓一举三得。通过这一系列的流程再造，大大提高了展馆入口处观众的通行速度，未再出现昔日排长龙的"壮观"景象，如图 4-6。

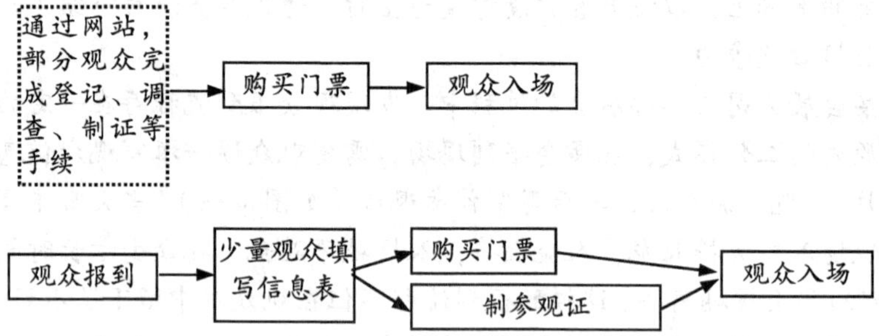

图 4-6　BPR 后观众报到流程

从以上案例可见，业务流程改造需要对企业的业务情况作精准的分析梳理，找出问题的症结所在，并以适当的措施加以改造，使流程更趋合理化、人性化、科学化。流程再造的结果使业务处理效率提高、客户满意度上升，同时也提升了展会形象。

不是所有的业务流程再造都需要配以信息技术支撑，如上例中对观众调查表的发放回收方式的改进，让观众在场内自愿填写，并在出口处回收。但若利用信息技术的实施来完成流程的再造，则流程再造的效果可能将更高效、更合理，也更符合现代管理理念。如上例中启用网上观众预登记，既可轻松获得观众的详细信息及调查结果，又可使现场观众快速入场，提高观众对展会组织方面的满意度。

但许多会展公司仍然沿用公司创办时的业务流程，以致企业管理十分落后，如项目管理少有团队概念，缺乏营运、市场营销和展位销售的业务分工；又如，专业展不重视邀请专业观众，或者邀请技术粗糙低效；再如，不习惯通过预算控制成本，也不进行财务分析；还有，上新项目不作市场调查，项目操作没有文本方案，展位销售不划分客户资源，展会现场不作观众登记、不做展商意见的调查问卷，如此等等，难以尽述。

在市场竞争日益激烈的今天，在跨国公司来华强劲发展的形势下，不少会展公司的所有者或管理者已经感到了重组流程、改进管理的紧迫性。需要指出的是，业务流程再造必然是系统工程，需要科学规划，稳妥实施，务实推进。而再造的新流程能否获得预期效果，这对再造工作的主持者更是巨大的考验。

4.4 会展管理信息系统的可行性研究

根据信息系统开发的相关顺序安排，在完成总体规划后，确定近期需要开发的信息系统。在目标系统投入建设开发之前，必须对目标系统进行可行性研究。对信息系统进行可行性研究，需要从系统调查入手，进而从技术、经济和社会效益方面论证其可行性。

4.4.1 系统的初步调查

系统初步调查的目的是明确系统目标，通过初步调查，收集相关信息，用于进行可行性研究。实际操作时，初步调查从会展企业内部对信息系统开发的实际需求入手，调查和研究企业基础数据管理工作支持将要开发的信息系统的可能性，企业管理现状和现代化管理的发展趋势，现有的物力、财力对新系统开发的承受能力，现有的技术条件以及开发新系统在技术上的可行性，管理人员对新系统的期望值以及对新系统运作模式的适应能力等。系统初步调查的基本内容包括如下几个方面：

1. 调查用户需求。从用户提出新系统开发的理由、用户对新系统的要求入手考察用户对新系统的需求，预期新系统要达到的目的。如：用户对新系统开发的需求状况，对新系统的期望目标，是否愿意参加和配合系统开发；在新系统改革涉及用户业务范围和习惯做法时，用户是否能够根据系统分析和整体优化的需求，来调整自己的职权范围和工作习惯；上一层管理者有无参与开发工作、协调下一级管理部门业务和职能关系的愿望等。

2. 调查现有企业的运行状况。包括：企业的目标和任务、企业概况（包括企业性质、人员、设备、资金、生产状况、组织机构、管理体制等）、企业的外部环境等。

3. 调查新系统的开发条件。初步调查不仅要为论证新系统的必要性收集材料，更要为论证新系统的可能性提供充分的依据。这方面的调查包括：

(1) 企业内部各类人员对开发新系统的态度。

(2) 目前的管理基础工作。管理部门的机构是否健全，职责与分工是否明确和合理，规章制度是否齐全，各项主要管理业务是否科学合理，各种基础数据是否完整和准确等。

(3) 可提供的资源。包括可投入系统开发的人力、物力和财力。

(4) 约束条件。

初步调查工作为可行性研究提供依据，在此阶段对系统的业务流程等不可能进行很详细的调查，只是对系统的当前状况、系统结构等作初步的了解。在确定系统具有可行性并正式立项后，将投入大量的人力和物力展开大规模的、全面的系统业务调查。

4.4.2 系统可行性研究的任务和内容

可行性研究是在系统初步调查的基础上，对新系统是否能够实现和值得实现等问题作出判断，明确新系统开发的必要性和可能性。必要性来自对待开发新系统的迫切性，而可能性则取决于实现新系统的资源和条件是否具备。如果企业领导或管理人员对信息系统的需求不很迫切，或者系统开发的条件尚不具备，则新系统开发不可行。

可行性研究主要包括以下几个方面的内容：

1. 管理上的可行性

管理上的可行性指企业管理人员对开发新系统的态度和企业具备的管理方面的条件。如果企业高层不支持新系统项目则肯定不行。如果企业中层管理人员有很大的抵触情绪，就有必要等一等，进一步做工作，创造条件。管理方面的条件是指管理方法是否科学，管理制度改革的时机是否成熟，规章制度是否齐全，原始数据是否正确等。

2. 技术可行性

技术可行性指根据现有的设备条件和技术条件，分析提出项目在技术上能否实现。在设备条件方面，主要考虑当前计算机的硬件水平。例如输入和输出能力、存储器的容量、安全保护能力、连通网络的能力及运行速度能否满足要求；操作系统提供的接口是否合适，是否具备实时处理、批处理和分布式处理的功能，程序设计语言和数据库管理系统是否达到要求等。

在技术力量方面，主要考虑从事本系统开发与维护工作的技术人员的技术水平是否合格和人员是否齐全，技术人员包括系统分析员、系统设计员、程序员、操作员以及维护人员等。如果没有足够数量和种类的技术人员或者技术人员的技术水平达不到要求，都会导致系统运行的失败。

3. 经济可行性

主要是对项目的经济效益进行评价。一方面是支出的费用，其中包括硬件和软件购置费、软件开发费、管理和维护费用、人员工资和培训费等；另一方面是取得的收益，其中的一部分可以用金钱来衡量，如加强库存管理，加快流动资金周转，减少资金积压等；收益的另一部分难以用金钱来表示，例如，比原系统提供了更多的信息，缩短了取得信息的时间等。

4. 社会可行性

社会可行性是指所建立的信息系统能否在该企业实现，在当前环境下能否很好地运行，即组织内外是否具备接受和使用新系统的条件。从组织内部讲，管理信息系统的建立，可能导致某些制度，甚至某些体制的变动。对于这些变动，组织的承受能力影响这个系统的生存，尤其是从手工过渡到人机系统，这个因素影响更大。对于涉及社会经济现象的系统，还应考虑原始数据的来源有无保证。

4.4.3 可行性研究报告

可行性研究结束后，需要书写出一个书面文档，即可行性研究报告。可行性研究报告是开发人员对现有系统初步调查、研究和规划的结论，反映了开发人员对系统开发的看法，也是系统开发过程中的第一个正式文档。可行性研究报告包括总体方案和可行性论证两个方面，具体内容通常包含以下几点：

1. 引言

引言具体包括摘要、背景以及参考资料等内容。其中摘要包括当前系统的名称、开发的目标和功能。背景包括系统的提出单位、拟订开发单位，以及本系统与其他系统或机构的关系和联系。参考资料包括本系统可行性研究的文件、合同或批文，本报告引用的专业术语及其定义等。

2. 可行性研究的前提

列出并说明建议开发系统的基本要求。新系统目标包括人力与设备费用的节省、处理速度的提高、控制精度或生产能力的提高、管理信息服务的改进等。条件、假定和限制包括建议开发软件运行的最短寿命，经费来源和使用限制，法律和政策方面的限制，硬件、软件、运行环境和开发环境的条件和限制，可利用的信息和资源等。还有可行性研究方法和评价尺度。

3. 对现有系统的分析

说明现行系统的状况，层次要清晰，内容要具体。还应说明用户提出的需求以及考虑发展的需要而进行预测的结果。分析现有系统的目的是为了进一步阐明建议开发新系统或修改现有系统的必要性。具体包括以下内容：

处理流程和数据流程、工作负荷、费用支出（如人力、设备、空间、支持性服务、材料等项开支）、人员（列出所需人员的专业技术类别和数量）、设备、局限性（说明现有系统存在的问题以及为什么需要开发新的系统）。

4. 所建议的系统

对所建议系统的说明。概括地说明所建议的系统，说明所使用的基本方法及理论根据，给出所建议系统的处理流程和数据流程，逐项说明所建议系统相对于现存系统的改进，说明预期将带来的影响，包括：对设备的影响、对现有软件的影响、对用户的影响、对系统运行的影响、对开发环境的影响、对运行环境的影响、对经费支出的影响等。

5. 拟建系统的候选方案

通常有一个主要的方案和几个辅助的方案。论述清楚拟建系统的目标、规模及初步方案（包括方案的规模），系统及人员培训的实施方案，投资方案（包括数量、来源和时间安排）及其他可供选择的方案等。对几个方案进行比较和分析，阐明舍弃辅助方案的理由。

6. 可行性论证

从系统运行、经济、技术可行性等三个方面全面地进行论证。系统运行可行性是从系统对组织机构影响的可行性、人员适应的可行性、周围环境条件的可行性三方面进行评估。经济的可行性是综合分析现有经济条件、开发运行费用、系统效益、经济可行性研究等方面，最终得出评估结论。技术的可行性是从国内外相关技术的发展、使用现有技术进行系统开发的可行性、对技术未来发展的预测等方面进行评估。

7. 结论

给出最终的结论。若条件成熟，则按最终确定的方案马上执行；若条件不成熟，则要等待条件成熟后再执行；若根本不可行，则必须马上停止。

开发规划拟定后，则需将该规划同系统调查的材料和可行性研究的结果，一并写入可行性研究报告。可行性研究报告一般要提交到企业决策者、部门领导、业务人员及系统开发人员参加的正式会议上讨论。报告一旦正式通过，并报送有关单位领导审批，可行性研究的工作即可结束，并可开始进入系统分析阶段的设计。

[可行性研究报告实例]

某会展管理信息系统可行性分析

一、引言

电子商务和网络技术的快速发展，给信息化会展带来了新的契机，使国外会展业向另一个空间——网络拓展。由于互联网具有无可比拟的渗透性和广泛性，可以超越时空的限制，因此人们可以借助互联网展示产品、交流信息、洽谈贸易。信息化是会展行业管理战略的发展趋势，国外的会展企业早已应用会展管理信息系统（如CRM、ERP管理等）来提升会展水平，提升企业核心竞争力。

A公司是一家成立于2000年的合资会展企业，公司致力于全球商业信息咨询、国际商业展览组织等专业服务，为从事国际贸易的企业提供全方位的出国参展及延伸服务。公司已在世界各地的中国主要出口国建立了自己的全球服务网络，基本确立了国际化发展道路。

由于国内企业为开拓海外市场，去海外参展的意愿越来越强烈，公司面临大幅度拓展业务的良好时机，但原有的人力资源、信息资源等企业资源已跟不上企业发展的需要，企业的业务处理方式和现有管理模式也遇到了前所未有的挑战。如何适应新形势的发展变化，是招聘更多的工作人员来应付日益增加的业务量，还是利用先进的信息技术来提高工作效率，提升公司核心竞争力？公司上下为之经过了一番激烈的讨论，最终大家一致认为企业亟需一个能适应会展业发展需要、能为企业提供全方位的业务处理的会展管理信息系统，使企业在日新月异的会展市场上立于不败之地。

二、可行性研究的前提

经过初步调查之后，认为在该公司建立管理信息系统是可行的。

首先，公司决策层非常重视该系统的开发，公司管理层普遍支持，公司业务人员同样也表现出了对管理信息系统的迫切需求。显然，用户能够积极参与系统开发，这是系统开发的前提和基础。

其次，技术方面的可行性。技术可行性可从以下几个方面进行分析：

1. 公司管理规范。管理部门与业务部门之间的来往文档规范，审批手续比较齐全，可以保证新系统数据的规范和全面。

2. 公司有一定的计算机应用基础。公司业务人员基本上能熟练使用计算机，实施新系统后只需经过简单的培训即可。公司原有的计算机管理和维护工作由两名以上具有一定软硬件维护能力的计算机专业人员负责。

3. 软件覆盖业务范围。根据公司的业务情况，采用常见的数据库应用程序开发工具实现公司本部的业务管理是完全可行的。业务部门之间采用共享数据库的方式可以方便地实现数据信息的传递。

4. 硬件设备的可行性。公司原有部分 PC 机，配置较高，可运行 Windows XP 操作系统，可作为网络工作站连接到 Windows Server 服务器上。根据这些条件，可再增加若干台 PC 机及一台微机服务器和一些网络连接设备，即可建立一个企业内部基本局域网，满足信息系统运行的需要。

三、对现有系统的分析

公司目前各业务部门的业务工作部分已经利用计算机处理相关业务，但各个业务部门的信息系统是独立的，无法直接进行信息共享，相互之间形成了信息孤岛。比如营销部门的客户数据，无法直接供财务部门的财务系统使用，财务部门在收取展位费等来自客户的参展费用时，需要录入客户信息，或把营销部门的客户数据经过加工处理后，导入财务系统。这是一种较原始的计算机应用系统之间的数据共享方式，与现在网络时代的数据共享有着本质的区别。这种方式既费时又容易出现差错，各业务部门之间的数据又无法同步更新，容易造成一个公司内部客户信息不一致，每年花在客户信息资料的整理与更新以及保证各部门数据一致性方面的人力财力投入过大，影响了公司的成本控制，并成为公司发展道路上的瓶颈，直接制约了公司长远发展战略目标的实现。数据的共享、信息流在各部门之间的无缝流转已经成为公司目前亟待解决的一大问题。

另外，公司目前使用的一些业务应用软件，大部分是一般企业通用的管理软件，其功能无法涵盖公司目前的业务范围，也无法体现本公司作为一个走国际化发展道路的会展公司所拥有的公司文化和特质，因此，开发一套体现会展公司业务特点、适合本公司管理理念且具有公司文化内涵的会展管理信息系统是公司信息化发展道路上的一个重大决策。

四、所建议的系统

根据对公司情况的初步调研，依据各种因素，提出拟建新系统方案的几点设想：

1. 新系统的功能覆盖公司的业务范围，包括：会展运营管理系统（会展业务管理系统、会展现场管理系统、会展门户网站系统、公司 OA 系统）；客户关系管理 CRM（参展商管理、专业观众管理、合作伙伴管理、服务供应商管理）；决策支持系统 DDS（决策模型管理系统、决策分析系统）等。新系统涉及公司的综合管理部门及各业务部门、财务部门等主要部门。

2. 系统主要委托外单位开发，本单位人员配合并参与开发的全过程，以消化吸收并掌握技术，为今后负责系统的管理和操作运行打下基础。开发过程可采用如下几步：

第一步，开发者在用户的配合下展开全面的系统调查和系统分析；

第二步，开发者进行系统分析和系统实现（编程）工作；

第三步，开发者进行系统实施，并逐步培训各岗位的操作人员；

第四步，系统实施成功后，将系统和所有开发文档移交给该公司，由公司自行管理系统的运行。

3. 由于财务管理部分数据处理复杂，对可靠性要求较高，开发费用也较高，拟采用原有财务软件，并与原软件开发商协商，以开发接口的方法来实现与拟建新系统的对接，既能节省系统总开发费用，加快开发进度，又能沿用原始财务数据，并能与拟新建的系统无缝对接，实现数据共享。人事劳资和档案管理也可以采用这种方法来加以解决。

4. 开发方法采用自顶向下的方法，先调查、分析，理顺所有的管理环节，然后再根据实际情况制订并实现新系统方案。

5. 系统拟投入的人力有：开发人员 3 名，公司 2 名计算机管理人员参与系统的分析工作，系统实施阶段各相关部门均应有 1～2 名操作人员参加。预计开发时间为 1.5 年，其中调查时间为 3 个月，系统分析与设计时间为 5 个月，编程时间为 4 个月，系统实施时间为 6 个月。

6. 系统的软硬件设置。新系统新建部分拟采用 B/S 架构，故需购买两台高性能 PC 服务器，一台作为数据库服务器使用，另一台作为门户网站服务器使用，将公司原有微机通过网络设备连接到系统服务器，并根据需要增加部分微机为业务部门使用。

7. 开发费用预算（略）。

可行性研究涉及系统初步开发计划的制定，需要对开发工作量作出初步的估计。可以使用软件工程学中的成本估算方法。

五、可行性论证

1. 技术上的可行性

公司原有的信息化基础为此次系统建设奠定了一定的基础，公司管理制度较科学规范，文档管理有序，报表的编制和管理也比较合理；各业务部门的应用系统中有一定的基础数据，且数据比较规范和完备，在数据准备上有较好的基础，有利于将历史数据进行转换后载入新系统；公司具备一定的计算机硬件配置，已经配备若干计算机管理及维护人员，员工普遍具备一定的计算机应用技能，为新系统的实施提供了软硬件方面的保障。

2. 经济上的可行性

公司虽已配备一定的软硬件设施设备，但这尚不能满足新系统的运行实施，还需购置一定数量的 PC 服务器、微机和相关网络设备，因此，在硬件上还需一定规模的资金投入，再加上新系统的开发费用，总费用比较可观。但公司决策层对信息化建设十分重视，有决心推进信息化建设进程，所以在资金投入上将给予大力支持，能够确保新系统开发的各项费用开支。

新系统实施后将为公司带来可观的经济效益，主要表现在：新系统的使用，降低了劳动强度，节省了人力成本；通过信息化管理，降低了企业的诸多管理成本；提供了辅助决策咨询功能，为管理层的决策提供信息支撑；利用新系统，搭建跨越地区、国界的信息交流平台，为公司实施国际化发展战略提供技术保障；利用强大的客户数据库，实施公司的客户关系管理战略，赢得客户的满意与信赖，提升公司形象，为公司带来持续的经济效益。

3. 开发环境上的可行性

公司管理理念比较先进，管理体制比较科学，公司员工整体素质较高；新系统的开发得到公司上下各层人员的支持，高层决策者不仅在资金上予以大力支持，而且积极配合进行组织业务流程的重组，为新系统的设计提供良好的组织环境；公司积极配合系统的调研与分析，抽调部分人员参与到新系统的分析设计中，并组织动员全体员工进行信息化应用培训；整个公司为此次新系统的开发提供了良好的开发环境，提高了系统需求分析的准确性，大大降低了系统开发的难度。

六、结论

通过对A公司进行调查研究，公司在开发会展管理信息系统上具备了一定的软硬件基础、组织基础以及人员基础，并在技术上、经济上及开发环境上均具备开发实施的可行性。开发条件成熟，可按最终确定的方案马上执行。

思考题

1. 会展管理信息系统总体规划的必要性体现在哪些方面？
2. 会展管理信息系统规划的主要任务是什么？
3. 会展管理信息系统的总体规划包含哪些内容？其目标是什么？
4. 会展管理信息系统规划应遵循的原则是什么？
5. 简述会展管理信息系统规划的步骤与方法。
6. 什么是业务流程重组？试述业务流程重组与管理信息系统的关系。
7. 简述会展管理信息系统可行性研究的任务和内容。
8. 试举例谈谈会展企业进行业务流程重组的必要性。

第5章

会展管理信息系统的系统分析

学习目的

熟悉会展管理信息系统的系统分析过程，在不同的分析阶段利用不同的分析方法进行分析，最终经过会展数据流程分析和数据字典的定义，建立起会展管理信息系统的逻辑方案。

主要内容

会展系统详细调查、需求分析；会展组织结构与功能分析；会展业务流程分析；会展数据流程分析和数据字典；系统分析报告。

5.1 系统分析概述

系统分析是开发会展管理信息系统的第二阶段，也是决定会展管理信息系统开发成败的最重要阶段，主要解决会展管理信息系统“做什么”的问题，最终得出系统分析报告。

系统分析的过程是一个由具体到抽象的过程，即对搜集到的大量反映旧系统现状的材料进行分析归纳和提炼，最后抽象出反映系统功能的逻辑模型。

5.1.1 系统分析的主要任务

系统分析的最终目标，是建立目标系统逻辑模型。系统分析须从现行系统入手，通过调查、分析获得现行系统的物理模型，对此物理模型进行抽象得到现行系统逻辑模型，再从现行系统逻辑模型导出目标系统逻辑模型。这个逻辑模型的基本构架是以数据流程图为核心，包括数据字典、数据立即存取图和处理逻辑表达工具等的一系列图表。系统分析只涉及解决什么问题和在逻辑上如何解决，不涉及解决问题的具体做法，所以系统分析也称逻辑设计，即建立新系统的逻辑模型，在逻辑上规定新系统的功能但不涉及新系统具体的物理实现，也就是要解决系统“做什么”而不是“如何做”的问题。

5.1.2 系统分析的主要步骤

1. 详细调查

详细调查现行系统的情况和具体结构，并用一定的工具对现行系统进行详尽的描述，这是系统分析最基本的任务。在充分了解现行系统现状的基础上，进一步发现其存在的薄弱环节，并提出改进的设想，这是决定新系统功能强弱、质量高低的关键所在。

2. 分析用户需求

用户需求是指用户要求新系统应具有的全部功能和特性。主要包括：功能要求；性能要求；可靠性要求；安全、保密要求；开发费用和时间以及资源方面的限制等。

3. 提出新系统的逻辑模型

在上述基础上提出新系统的逻辑模型。逻辑模型是指只在逻辑上确定的新系统模型，而不涉及具体的物理实现，也就是要解决系统“做什么”，而不是“如何做”。逻辑模型由一组图表工具进行描述，用户可通过逻辑模型了解未来新系统，并进行讨论和改进。

4. 编写系统分析报告

对上述采用图表描述的逻辑模型进行适当的文字说明，就组成了系统分析报告，它是系统分析阶段的主要成果。

5.2 系统详细调查

全面完整地对现行系统进行调查是管理信息系统分析和设计工作的基础。之前进行系统初步调查是为了完成系统的可行性分析，现在为了做好系统分析工作，需要开展更为详细的系统调查工作。现行系统包括手工信息处理系统和一些已经运用计算机处理业务的系统。

5.2.1 详细调查的目的和原则

1. 详细调查的目的

详细调查的目的是研究现行系统，弄清现行系统的状况，查明其执行过程，发现薄弱环节和存在的问题，收集有关的数据和资料，明确用户对新系统的详细功能需求和信息需求，为下一步的系统化分析和新系统的逻辑设计做好准备。因此详细调查要比初步调查细微得多，工作量也大得多。

2. 详细调查的原则

详细调查必须要求用户积极参与，整个调查过程由使用部门的业务人员、主管人员和设计部门的系统分析人员、系统设计人员共同进行，并遵循以下详细调查的基本原则。

(1) 真实性

真实性是指系统调查的资料必须真实、准确地反映现行系统的状况，不能依照调查者的意愿反映系统的优点或不足。

(2) 全面性

全面性是指调查必须涉及企业的各个部门和各个方面，调查的不全面必然导致对系统认识的片面性。

(3) 规范性

规范性指的是在详细调查中有一套循序渐进、逐层深入的调查步骤和层次分明、通俗易懂的规范化逻辑模型描述方法。

(4) 启发性

详细调查的过程是系统分析人员与企业的各类工作人员进行交流的过程。启发性是指在调查中，调查人员要用被调查者能够理解的方式提出问题，逐步引导，不断启发，尤其在考虑计算机处理的特殊性而进行的专门调查中，更应该善于启发被调查者的思路，获取有价值的第一手资料。

5.2.2 详细调查的内容

系统详细调查的内容十分广泛，涉及企业生产、经营、管理、资源和环境等各个方面。具体包括以下内容：

1. 组织机构调查

调查现行系统的组织机构、领导关系、人员分工等情况。从中不仅可以了解现行系统的构成、业务分工，而且可以进一步了解人力资源的情况，同时还可以发现组织和人事等方面的不合理现象。

2. 管理功能调查

功能指的是完成某项工作的能力。为了完成系统目标，系统必须具有各种功能。某一系统功能的实现，由其各子系统功能完成。子功能的实现又依赖于更具体的功能的完成。管理功能调查是要确定系统的这种功能结构。

3. 业务流程调查

现行系统中包含各种各样的业务处理过程。系统分析人员要全面细致地了解整个系统各方面的业务流程，以及商流、物流和信息流的流通状况，对各种输入、输出、处理、处理速度和处理量以及处理过程的逻辑关系都要进行详尽的了解。

4. 数据流程调查

对收集到的数据及统计和处理数据的过程进行分析和整理，为下一步分析做准备。

5. 各种计划、单据和报表

调查中要收集各类计划、单据和报表，了解它们的来龙去脉及其各项内容的填写方法和时间要求，以便得到完整的信息流程。

6. 约束条件

调查了解现行系统在人员、资金、设备、处理时间以及处理方式等各方面的限制条件和规定。

7. 薄弱环节和用户要求

现行系统的薄弱环节正是新系统所要解决的，因此是调查中最为关心的主要问题。在调查中，要注意收集用户的各种要求，善于发现问题并找到问题的关键所在。

5.2.3 详细调查的方法

详细调查的对象是现行的手工系统或已采用的计算机管理系统，因此必须采用深入现场实地观察、收集与阅读资料、发放调查表与面谈等调研方法来对现行系统的信息处理过程进行分析、归纳、整理、简化描述，以获取系统的主要信息，使开发人员与业务人员能相互沟通、协同工作。

在详细调查时，调查组应制定调查计划，明确调查内容和进度，并选择适当的调查方法。常用的调查方法有以下几种：

1. 开调查会

这是一种集中征询意见的方法，适合于对系统作定性调查。开调查会可以按两种方法进行组织：一种是按职能部门召开座谈会，了解各个部门业务范围、工作内容、业务特点以及对新系统的想法和建议；另一种是各类人员联合座谈，着重听取使用单位对目前作业方式存在的问题的反馈以及对新系统的要求。

2. 个别访问

虽然开调查会有助于互相补充大家的见解，以便形成较为完整的印象，但是，由于时间限制等其他因素，不能完全反映出每个与会者的意见，因此，需要在会后再进行个别访问。访问是收集数据的主要途径之一，可以充分听取各方面的要求和希望。

3.　发放调查表

根据系统特点设计调查表，通过调查表向有关单位和个人征求意见和设计数据。这种方式适用于需要向许多单位进行调查，而调查的信息量又不大的情况。调查表要抓住中心，提问要简单、直接。

4.　直接参加业务实践

如果条件允许，直接参加业务实践是了解当前系统的最好方法。通过实践，可以较深入地了解现行系统中数据产生、传递、加工、存储、输出等环节的工作内容。

5.2.4 详细调查结果的表达工具

在系统的详细调查中，为了便于分析人员和管理人员之间进行业务交流和分析问题，在调查过程中应尽可能使用各种形象、直观的图表工具。

系统详细调查中的图表工具种类很多，通常用组织结构图描述组织的结构，用功能体系图表示组织的整体管理功能，用业务流程图或表格分配图描述业务流程状况，用数据流程图来描述业务过程中的数据流动情况，用决策树或决策表等描述具体处理功能等。

5.3　需求分析

用户需求分析是在对现行系统详细调查的基础上进行的，这一阶段的活动主要集中在对现有业务流程与系统功能要做哪些改变的问题上。根据业务流程规划的结果和对当前情况的分析，确定引起改变的原因。系统分析人员必须就新系统在原有系统基础上要作的改变的内容和用户充分交换意见，特别要对组织的核心业务流程问题进行深入分析，明确改变要解决的问题和要达到的目的。系统分析人员必须站在用户的立场上考虑问题，进行反复斟酌和讨论，弄清楚信息在现有系统的基础上究竟要作哪些改变，作这些改变的必要性和可能性怎样。不能只是问用户和记载用户的回答，而是要分析用户真正需要的而又可能做到的是什么样的改变。系统分析人员要按照系统的思想，根据调查中所收集到的相关资料进行分析，包括信息需求、管理需求、环境需求、限制条件等，所有以上的问题内容都属于需求分析范围。最后，分析人员还要对各个具体的需求进行抽取，为设计具有良好结构的新系统奠定基础。

5.3.1 需求分析的内容

对于一个组织来说，进行需求分析的过程中主要涉及以下几个方面的内容，如图 5-1 所示。

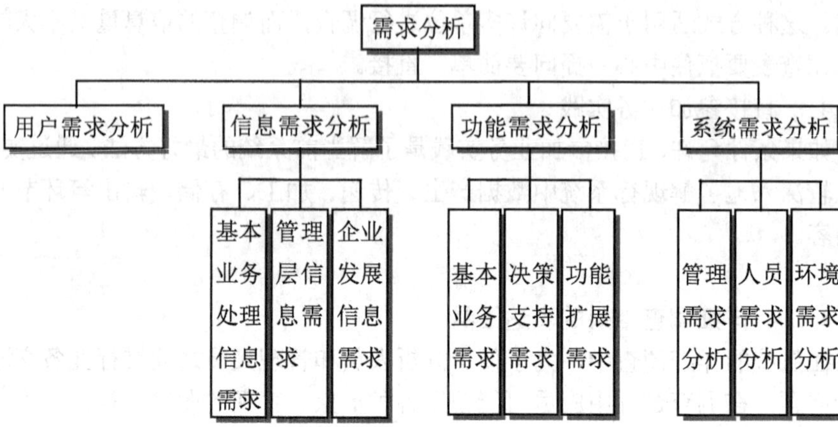

图 5-1 需求分析的内容

1. 用户需求分析

用户提出的需求是开发新系统的基础所在，因此，要在与用户充分沟通的前提下，分析需求所涉及的各个方面内容。有时用户提出的需求比较理想化，而在实际中，由于受到客观环境或开发成本等方面的制约，又无法或难以按用户的想法实现。这就需要系统分析人员与用户、管理人员和业务人员开展广泛交流，尽量使可实现的最终需求达到用户“最满意”的程度。

2. 信息需求分析

在组织中各个部门分别进行作业和业务扩展，数据、报表、资料的收集和整理工作相对独立，一个部门并不关心其他部门是否有类似的业务、数据、资料等情况，也就是说，各部门有自己的一套信息载体。如果分别进行处理，当然没有问题，但若把以上部门的信息和数据放在信息系统中进行统一管理，则这种信息载体的大量增值就存在极大的危害，它将增大程序设计和维护费用。

在管理信息系统的数据库设计中，开发人员主要从计算机的角度去考虑数据的物理实现方法。对于组织中的数据库管理员来说，他们所关心的常常是对一个职能部门或业务部门有意义的数据。而在系统分析阶段，要考虑的是如何确定数据在各个部门的用处，以及如何把所有的数据综合在一个统一的信息系统模型之中。它将为后面的数据流程分析和系统的模型设计提供基本信息。

3. 功能需求分析

功能需求分析工作的主要任务就是确定新系统的各项功能。分析人员不仅要分析系统基本的业务功能需求，还要分析支持辅助决策的各项功能，并考虑组织未来发展的一些扩展功能需求。这也属于系统的思想，即尽量使系统功能具有可扩展性。

4.　系统需求分析

围绕用户所提出的各项需求，分析人员还要分析研究相关的组织、环境方面的情况，并据此对用户提出的需求进行适当的调整。系统需求分析又可分为:

(1) 管理需求分析。有时，要想顺利实现用户对系统的要求，就要对组织内部的结构、部门设置、人员安排、管理方式作出一定的调整。这需要管理者的理解和配合，否则就要分析管理者可接受的范围，并应用于新系统的设计。

(2) 人员需求分析。在新系统的分析、设计中，人员问题有时也会成为新系统开发和实施过程中的障碍。组织中人员知识水平的高低、对组织和管理变革的接受程度,都将影响他们对参与新系统分析工作的热情和系统实施的效果。

(3) 环境需求分析。在对系统进行分析时以及在系统设计阶段，都要考虑到系统所处环境的各方面限制。在详细调查阶段已经对系统所处的环境有了充分了解，结合用户的需求，分析人员要对系统环境提出改进建议，以适应新的需要。

在需求分析完成之后，系统分析人员要完成需求分析报告。

5.3.2 需求分析工作的特点

需求分析主要运用了结构化系统分析方法（Structured System Analysis，SSA），该方法适合于分析数据处理系统，特别是企事业单位管理方面的系统。这个方法通常与系统设计阶段的 SSD（Structured System Design）方法衔接起来使用。需求分析工作具有以下几个特点：

1.　用画图的方法

在对现行系统的业务流程和数据流程进行描述时，不是用繁琐的语言来描述，而是用画图的方式，简单、明确地表达这个系统的现行状态，使用户从这些图中就能直观地了解到系统的概貌，这样可以避免语言描述带来的理解上的偏差，保证系统分析员能够正确理解现行系统。同时，在系统分析员理解现行系统后所产生的新系统的逻辑结构仍然是用图形工具来描述，也使用户能充分理解新系统的概况及其逻辑功能，提出修改意见。

另外，对于系统设计员来说，也能够根据这些图形进行系统设计，并保证设计的正确性。因此，图形工具是系统分析员和用户、系统分析员和系统设计员之间关系的“通信手段”。

2.　“自顶向下”的工作原则

采用“自顶向下”的工作原则，把一个复杂的系统由粗到细、由表及里地进行分析、认识，符合人类的认识规律，是信息系统开发过程中一直倡导的工作原则。运用这一原则，用户和系统分析员不但对系统有一个总的概念性印象，而且随着逐级向下的扩展，对那些具体的、局部的组成部分也有深刻的理解。系统分析员能够很快地了解现行系统并提出新系统的逻辑结构，用户也能够对此进行评审，提出修改意见。相应地，可以运用这一原则进行系统设计工作。

3. 强调逻辑结构而不是物理实现

需求分析阶段的主要任务是确定用户提出了哪些需求，能够达到什么目标。至于用哪种计算机、用什么技术、怎么去实现，这些不是系统分析阶段所要解决的。这样做的优点在于：系统分析员在分析阶段可以不用过多地考虑具体的实现细节，而把精力放在逻辑功能的确定上，首先确保设计基础是正确的，进而才能保证未来系统的正确性。

5.4 会展企业组织结构与功能分析

会展企业组织结构与功能分析主要包括组织结构分析、业务功能与组织关系分析和管理功能分析。这一分析的目的并不是以相关图表表达现行系统组织功能结构，更重要的是通过分析，发现结构中存在的问题，提出合理可行的目标系统结构方案。随着体制与外部环境的演变，企业组织结构将发生改变，因此在研究现行结构、定义目标结构时，要站在发展变化的高度，发现现行结构中存在的问题，预测未来结构的变化趋势，提出结构的调整、变革方案。

5.4.1 会展企业组织结构分析

1. 组织结构

组织具有整体性，任何组织都是由许多要素按照一定的连结形式有机组合而成的。一个组织除了有形的物质要素外，还存在着一些相对稳定的关系，包括纵向的等级关系及其衍生的沟通关系、横向的分工协作关系及其衍生的沟通关系。这些要素和关系构成了组织结构，其本质表现为组织成员之间的分工协作关系。

2. 组织结构图

组织结构分析通常借助于组织结构图。组织结构图是一种传统的、非结构化的图形工具，是用图的形式来描述组织的总体结构以及组织内部各部分之间的联系。它把企业组织分成若干部分，按级别、分层次地以树型结构显示，是一张反映组织内部之间隶属关系的树状结构图。组织结构图是将调查中所了解的组织结构具体地描绘在图中，以便作为后续分析和设计新系统的参考。通常用矩形框表示组织结构。如图 5-2 某会展企业组织结构图。

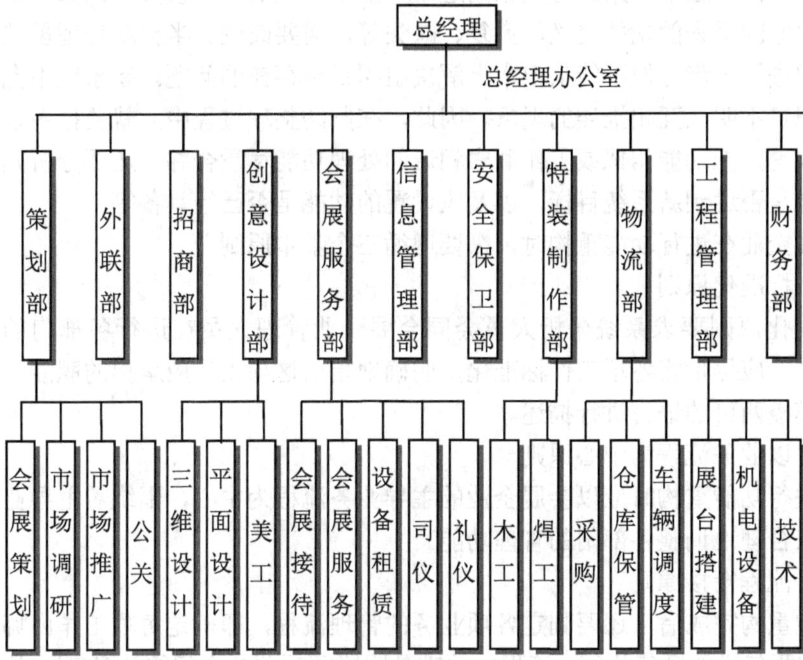

图 5-2　某会展企业组织结构图

5.4.2 会展企业管理功能分析

功能与组织是紧密相连的。功能，是指完成某项业务工作的能力。以组织结构图为背景分析清楚各部门的功能后，分层次将其归纳、整理，形成各层次的功能结构图；自上而下归纳、整理，形成以系统目标为核心的整个系统的功能结构图。

1.　会展企业管理功能分解概念

功能分解是会展企业在组织结构确定的基础上，把会展企业的各项任务分配到各个部门，即确定部门的基本功能。为了使部门的目标和行动更好地为企业目标服务，通过运用一系列的工具和方法，对各部门已经确定的基本功能和关键功能进行逐层分解，即把各部门的基本功能分解成一个个可以具体操作的独立的活动。相对其他企业而言，会展企业系统功能结构层次比较少，呈现扁平化的树状结构形式。

2.　会展企业管理功能重构

现行系统的许多处理功能多数由手工完成或利用文字处理软件、数据表格处理软件等公用办公软件进行半自动处理。手工处理速度慢，处理功能分得较细，环节多，甚至由于某些历史原因造成一些不合理的处理设置。比如：由于部门设置原因带来的功能交叉、重复、缺失等，需要改变。半自动处理虽然比手工处理进了一步，但不能从根本上解决组织目标存在的问题。新系统不允许再出现职责不明、互相推诿的现象。因此，在归纳整理过程中，就要把不合理的流程取消，把功能相似或工作顺序相近的处理功能尽量合并，还要分析归纳后的功能是否达到新系统目标，以及应设置的功能是否已经具备等。

会展企业在进行功能重构时，需要遵循三个基本原则：

(1) 标准化原则

标准化原则要求系统分析人员会同会展企业管理人员在进行各部门的功能重构时，应尽量将各项工作标准化，明确地指出这项工作应承担的职能，避免使用模棱两可的语言进行描述。

(2) 以业务流程为中心原则

在进行功能重构时应以会展企业的主导业务流程为中心，围绕着主导业务的流程来合理地调整各部门的管理功能。

(3) 流程衔接原则

功能重构完成后，还要制定各项业务的管理流程，即确定每项工作由哪些部门、按照怎样的顺序执行。流程的关键是明确各项业务之间的“接口”。只有当各部门的工作都能够明确地在管理的流程中体现出来时，才能说明功能重构是正确的；反之，则要考虑调整功能划分，以更好地衔接会展企业的管理流程。

在进行功能重构时，应遵循以下三个基本要求：

(1) 业务活动的独立性

会展企业各部门的功能经过重构后的各项业务活动都应该是相对独立、责任清晰的具体工作事项，不可把性质不同的业务活动混杂在一起。

(2) 业务活动的可操作性

会展企业各部门的功能经重构后得来的业务活动，应是可操作的具体活动，且应便于各部门之间业务活动的开展，从而提高各部门的工作效率。

(3) 业务活动的明确性

经过功能重构，各部门的责任、权力和工作范围应得到明确的规定，注意避免一项业务在各项功能中的重复列入、交叉、空白或脱节等现象，从而避免发生互相推诿的情况。

3. 会展企业管理功能结构图

每个系统都具有一定的功能，对调查资料进行整理，归纳出企业部门与业务层次的功能，用树型图的形式描绘出来，就是功能结构图。功能要依靠组织机构来具体实现。因此，在理想情况下，功能和组织应该是一致的。但是由于客观情况的复杂性，在现行系统中，功能结构和组织结构并不能一一对应，这就要求我们在进行调查时要认真分析，加以划分。图 5-3 给出了某会展企业招商管理功能结构图。

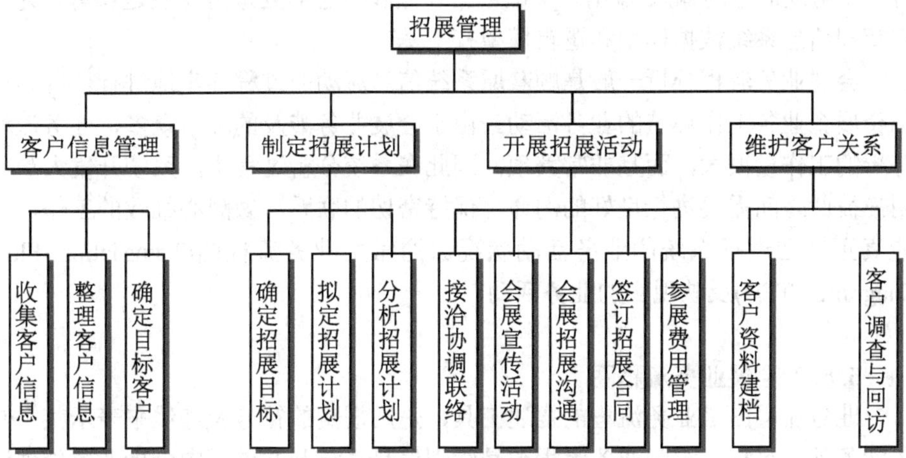

图 5-3　某会展企业招商管理功能结构图

5.5　会展业务流程分析

企业、组织的业务流程，是指企业或组织为完成某一项目标或任务，而进行的跨越时间和空间并在逻辑上相关的一系列活动的有序集合。或者说，业务流程就是企业完成其经营活动，为顾客创造有效的价值和服务并获得利润的各种有序的活动过程。因此，业务流程是业务的活动过程，是围绕企业组织部门及其实体并为实现企业、组织目标而进行的活动过程。这里的实体是指组织中的各种客观事物。

对系统的组织结构和功能进行分析后，还需要从实际业务流程的角度，将系统调查中有关该业务流程的资料整理出来，以作进一步的分析。通过业务流程分析可了解该业务的具体处理过程，发现和处理系统调查工作中的错误和疏漏，修改和删除业务中不合理的部分，从而在新系统基础上优化业务处理流程。在业务分析中，业务流程分析是非常重要的过程，其分析质量的好坏直接影响到会展管理信息系统开发设计的成功度，是关键性环节。

5.5.1 会展业务流程分析的任务与方法

会展业务流程分析是在会展管理功能分析的基础上将其细化，利用系统调查的资料将业务处理过程中每个步骤，用一个完整的图形将其连接起来。业务流程分析的主要任务是调查系统中各环节的管理业务活动，掌握管理业务的内容、作用及信息的输入/输出，掌握数据存储和信息的处理方法及过程等，为建立管理信息系统数据模型和逻辑模型打下基础。

会展业务流程分析一般是顺着原系统信息流动的过程逐步地进行，内容包括会展企业各工作环节的业务活动。由于会展业务涉及的环节众多，业务流程分析的工作量很大，而且非常繁琐，因此在系统分析过程中，系统开发人员与用户彼此之间需要进行良好的沟通，保持密切的联系，做耐心细致的工作，才能真正掌握现行系统的业务活动状况。通常用业务流程图(Transaction Flow Diagram，TFD)反映现实的业务活动。

5.5.2 会展业务流程图

业务流程图是业务流程的描述工具，是用规定的符号及连线来表示某个具体业务处理过程。绘制业务流程图是管理信息系统开发过程中分析业务处理过程的重要步骤，业务流程图基本上按照业务的实际处理步骤和过程进行绘制。

有关业务流程图的画法，目前尚不太统一。但若仔细分析，就会发现它们都是大同小异的，只是在一些具体的规定和所用的图形符号方面有些不同，而在准确明了地反映业务流程方面是非常一致的。

业务流程图是一种用尽可能少、尽可能简单的方法来描述业务处理过程的方法。由于它的符号简单明了，所以非常易于阅读和理解业务流程。但它的不足是对于一些专业性较强的业务处理细节缺乏足够的表现手段，它比较适用于反映事务处理类型的业务过程。

业务流程分析是在已经理出的业务功能的基础上将其细化，利用系统调查的资料将业务处理过程中的每个步骤用一个完整的图形表示出来。TFD 正是根据系统调查中所得到的资料，按业务实际处理过程，用给定的符号将它们绘制在同一张图上。绘制业务流程图是分析业务流程的重要步骤，因为在绘制流程图的过程中可以发现问题，分析不足，优化业务处理过程。TFD 的绘制并无严格的规则，绘制越简洁、明了，操作起来越方便，企业也越容易接受和落实；符号越多，流程图越复杂，用户越不易接受。也就是说，只需简明扼要地如实反映实际业务过程即可。

5.5.3 会展管理信息系统的业务流程

一项会展活动包含几十甚至上百个业务流程、几千个业务环节，在此列举几个在会展管理信息系统中业已运用的流程加以分析。

1. 招展业务流程

招展是指会展组展机构招揽国内外客商参加展会的过程。会展公司对外招展实际上就是营销工作的一部分，目的是对潜在客户推销展位，吸引目标参展商参展。

招展流程首先是收集和整理客户信息，这里的客户主要指目标参展商，组展机构需要根据市场调研结果以及数据库相关信息，对展会题材所涉及的各类企业进行资料的收集和整理，并对这些资料进行分析，形成展会潜在参展客户名单。组展机构为了拓展招展渠道，提高招展效率，提升招展成功率，可委托专业招展企业或有关机构进行代理招展。招展工作离不开会展宣传推广工作，招展成功与否，从某种程度上说，与宣传推广工作是否有效直接相关。会展宣传推广手段和方式较多，可根据展会的实际情况，选择一到几种宣传渠道进行大力推广，如选择在专业期刊上刊登文章、在大众媒体做广告宣传、在网络上发布会展信息等等。参展商在获取足够的会展信息之后，考虑是否参展，若决定参展，则需将参展申请表等文本资料反馈给组展机构，而组展机构需与参展商确认参展事宜，特别是确认展位，以免产生误会。在确认参展后，组展机构与参展商签订参展合同并告知有关付款事宜，包括付款时间、汇款账号、联系人等信息。组展机构收到参展企业的付款后，发放展位确认书及参展企业证件申请表，参展企业届时凭展位确认书等相关材料到会报到。招展业务流程如图 5-4。

2. 参展商参展业务流程

参展企业可通过电话、传真、网络或到组展机构现场办理参展报名手续。办理报名手续需填写参展申请表并递交相关报名材料，如企业营业执照复印件、企业中英文简介、企业产品图片、产品的中英文简介等。展会组委会收到参展企业的参展报名材料后，需对材料的真实性等问题进行审核，审核通过的企业才可进行展位选择。组展机构一般会根据参展企业的相关条件安排选位顺序，如中国义乌国际小商品博览会将展位安排顺序列为：（1）上届展会上已交参展定金的企业；（2）展会题材所在行业的龙头企业和品牌企业以及境外企业；（3）历届参展企业；（4）政府或商会、协会组织的企业；（5）新报名企业。选位结束后组展机构与参展企业需确认展位，然后通知参展企业付款，同时告知付款相关细节，如付款截止时间、组展机构账号、联系人、联系方式等。组展机构收到参展企业的付款后，签订参展合同，发放展位确认书及参展企业证件申请表，参展企业届时凭展位确认书等相关材料到会报到。参展商参展业务流程如图 5-5。

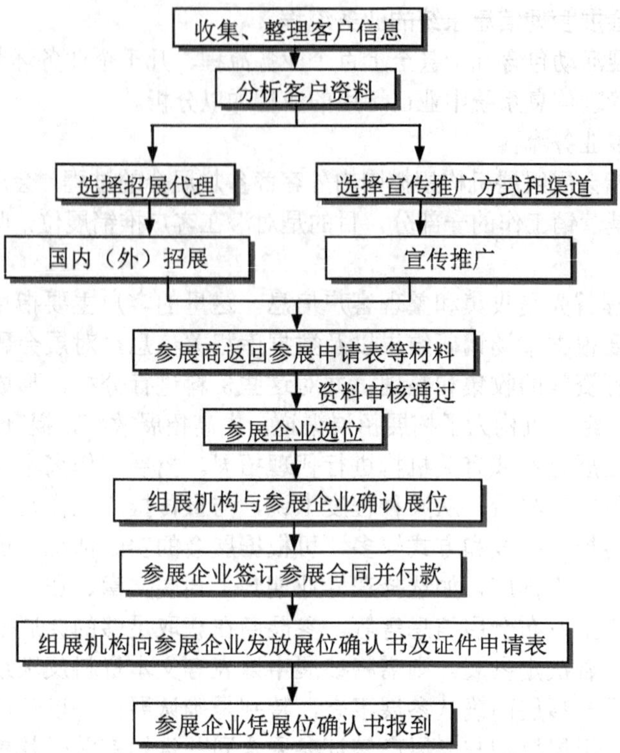

图 5-4　招展业务流程图

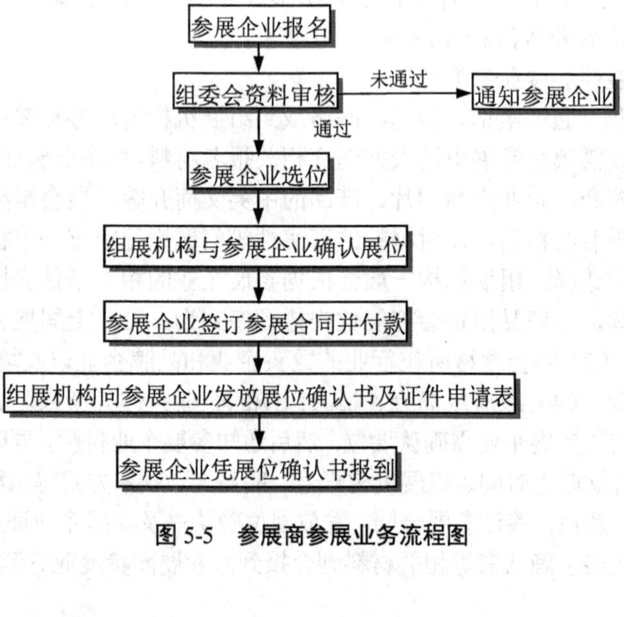

图 5-5　参展商参展业务流程图

3.　在线展位申请业务流程

参展商打开在线申请系统，如果是首次参加该展会，则需注册成该展会的会员，然后登录系统；如果是老参展商，则直接登录。进入系统后，首先确认本企业的资料是否正确，如有更改，则在系统中修改和补充企业资料以及产品信息，然后申请参展，确认填写的信息无误后，提交申请。系统收到企业的参展申请及其他相关资料后，提交组展机构审核。审核通过的参展商由系统按预先设定的规则分配展位，并由参展商确认。审核未通过的参展商，系统将有提示信息予以告知。签订参展合同后，通知参展企业付款，同时告知付款相关细节，如付款截止时间、组展机构账号、联系人、联系方式等。组展机构收到参展企业的付款后，发放领证通知，证书包括展位确认书及“参展企业证件申请表”等。参展企业届时凭展位确认书等相关材料到会报到。在线展位申请业务流程如图 5-6。

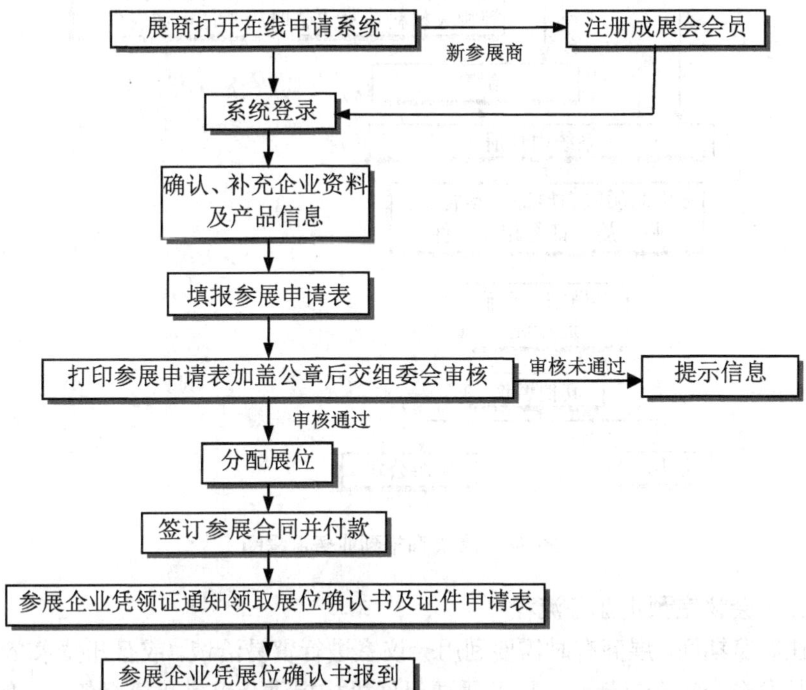

图 5-6　在线展位申请业务流程图

4.　参展企业报到业务流程

参展企业到会报到注册时需提交展位确认书或付款凭证等相关材料，如参展商需要增加服务，如修改楣板等，则需另外付费。特装展位参展商还需凭“特装设计及施工方案图纸审核意见表”等相关材料，办理特装展位施工的相关手续，并填写“临时施工证申请表”，缴纳临时施工管理费、特装保证金等相关费用。注册完成后，参展商即可领取布展证、参展证、临时施工证等相关证件。参展商在布展、参展、撤展过程中若有车辆进出展馆，需办理临时车辆通行证。参展企业在办理完上述手续后，可向组展机构指定的服务代理商咨询食宿、会展旅游、票务等相关事宜。参展商报到流程见图 5-7。

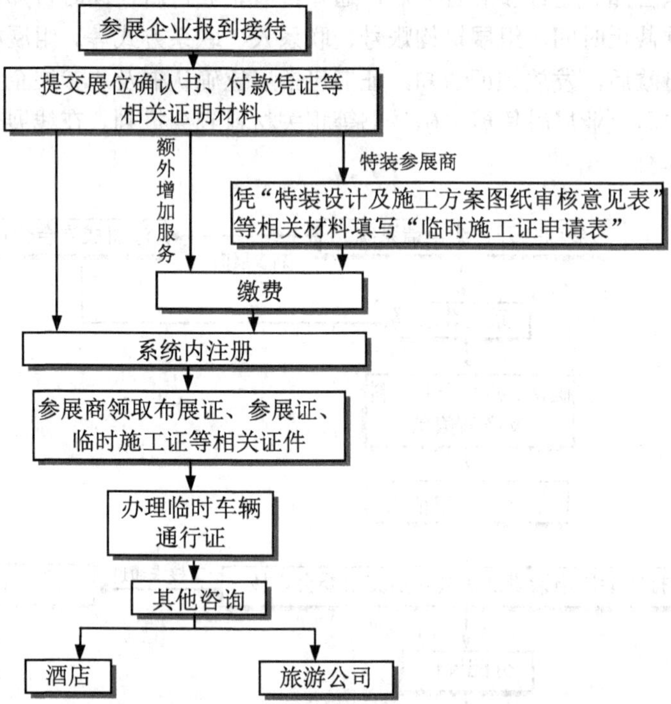

图 5-7 参展商报到业务流程图

5. 会议室预定业务流程

在展览期间，展商有时需要利用会议室进行贸易洽谈，或召开技术交流会、新产品发布会等会议活动，因此需要组展机构提供会议室租赁服务。一般情况下，展商可以先向组展机构咨询会议室的基本情况，如会议室的大小、位置、使用时间、基本设施、价格等，有目的地选择符合活动需要的会议室进行预定。展商确定所选会议室后，需填写“会议室预订申请表”，并提交组展机构。组展机构确认后，根据展商所填申请表，双方签订租赁合同。展商需在规定时间内将所需费用汇至组展机构指定账户，费用到账后，展商会议室预订成功，否则将被视为自动取消预定。会议室预定业务流程如图 5-8 所示。

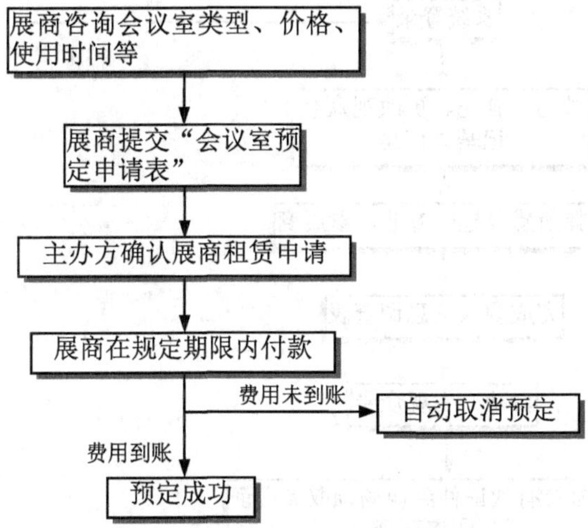

图 5-8　会议室预定业务流程图

6.　观众在线预约登记业务流程

观众在线预约登记主要是为了方便观众到展会现场后能迅速进入展馆，而省去排队填表、制证等事宜，同时也可以为观众与他所感兴趣的参展商进行预约，约定在展会的第几天什么时候参观该展位，并可告知参展商他对哪类产品和服务感兴趣，以便参展商提前作出安排。观众在线预约登记也使现场工作人员减少了观众信息现场录入的数量，而且由观众本人通过网络录入的个人信息既全面，准确度又高，可谓一举两得。

观众打开预约系统后，作为首次参加该展会的新观众，则需注册成展会的会员，才可登录系统。进入系统后，观众首先补充完整观众基本信息，如职业、所在行业、职务等信息，如信息有变化，也需在此更改。对于涉及分多个题材的展会，观众可以选择自己感兴趣的专业，并选择参展商进行预约，随后配合组展机构完成观众调查问卷，之后系统自动产生观众号。此号作为本次展会观众唯一标识号，观众可凭此号到展会现场向组展机构领取参观证；如配备打印设备，也可直接打印观众参观证（只限打印普通参观证，芯片类参观证必须到现场领取）。观众在线预约登记业务流程如图 5-9 所示。

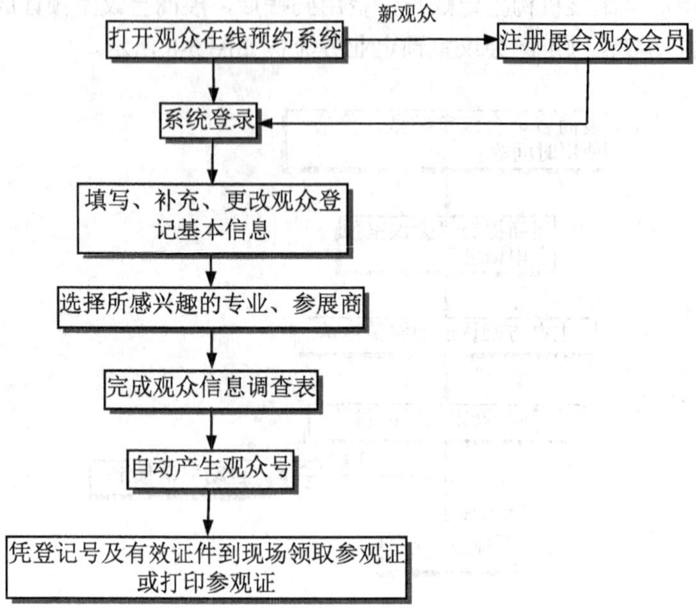

图 5-9 观众在线预约登记业务流程图

7. 现场展商服务业务流程

参展企业到展会参展，组展机构应尽力为参展商提供全面周到的服务。现场展商服务是展览会信息服务的内容之一，主要是从参展商的角度出发，尽可能为参展商提供所需的客户信息。

组展机构应在展览开幕前为参展商布置好计算机、读卡器等终端设备，并测试服务器连接是否正常。展览期间，观众持参观证到展台参观并刷卡，如展台未配备电脑等设备，则接待人员需要记录观众号，以便在当日展会结束后将观众号提交组展机构，由组展机构录入观众号，并生成当日该展台的观众信息及相关统计信息，由组展机构将相关信息反馈给参展商。展台如配备了电脑设备，则只需在线刷卡，并即时生成观众信息或统计信息。参展商只需将结果保存或打印即可。现场展商服务业务流程如图 5-10 所示。

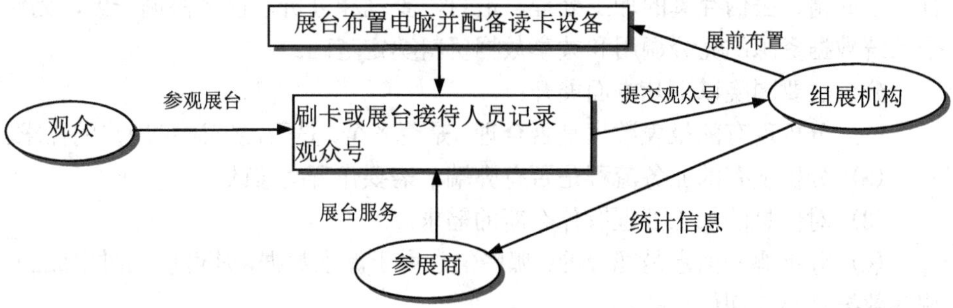

图 5-10　现场展商服务业务流程图

5.6　会展数据流程分析

业务流程分析中绘制的业务流程图，虽然能形象地表达管理过程中信息的流动和存储过程，但其中还包括如货物、产品、人员等物质要素。数据流程分析是把数据组织（或原系统）内部的流动情况抽象地独立出来，舍去具体组织机构、信息载体、处理工具、物资、材料等，单从数据流动过程来考查实际业务的数据处理模式。数据流程分析主要包括对信息的流动传递、处理、存储等分析。数据流程分析的目的是发现和解决数据流程中的问题。这些问题使数据流程不通畅，前后数据不匹配，数据处理过程不合理等。一个畅通的数据流程是今后新系统用以实现这个业务处理过程的基础。

5. 6. 1 数据的收集、分析和汇总

1.　数据收集

系统数据流程分析的基础是数据或资料的收集。数据收集和数据分析工作没有明显的界限，数据收集常伴以分析，而数据分析又常需要补充收集数据。收集的数据包括各部门的正式文件，如各种卡片、报表、各种会议记录；现行系统的说明文件，如各种流程图、程序；各部门外的数据来源，如上级文件、计算机公司的说明书、外单位的经验材料等。数据收集的类型包括各种报表的内容和各种统计数字。

2.　数据分析

上述调查过程中得到的大量原始凭证、统计表、报表及相应的调查表等原始资料，基本上是由调查人员按组织结构或业务过程收集的，往往只是局部地反映某项管理业务对数据的需求和现有的数据管理状况。这些数据资料必须进

行去粗取精、去伪存真的加工处理、汇总、整理和分析，使之协调一致，为整个系统数据资源的充分调用和共享数据资料奠定基础。

分析主要围绕以下几方面展开：

(1) 分析现有的报表数据是否合理，是否齐全，是否能够满足用户的需求。

(2) 分析现有的业务流程是否有弊端，需要作哪些修改。

(3) 对信息的加工处理有什么新的需求。

(4) 分析哪些信息是冗余的；哪些信息属于派生数据，是可以临时生成的；哪些数据是要长期保存的。

3. 数据汇总

数据的汇总是一个复杂的工作，应按如下步骤进行：

(1) 数据的来源分析。按业务过程自顶向下对每个数据项进行整理，从本到源，一直追溯到记录数据的原始单据或凭证，确保所有数据的完整性和正确性。例如对于最终生成的报表，应该认真检查报表中的每栏数据的来源，直到找到最初的原始统计数据为止。

(2) 整理数据的名称。由于数据的来源很多，很可能导致同一个意义的数据项使用不同的名称，或者虽然名称相同但是物理意义不同，因此必须对数据的名称进行整理。

(3) 确定数据的长度和精度。根据用户对数据的实际使用情况制定数据的长度和精度，当然还应考虑未来的发展情况，留有一定的余地。例如字符串可采用可变长字符串格式，既满足了将来扩展需要，又节省了空间。

(4) 对数据进行分类编码。对收集到的数据进行编码，如果数据本身有唯一的自然编码，就采用自然编码，如会员卡号、身份证号等。如果没有这种自然编码，就人为地采用一种编码方法，注意要统一，并且将编码原则写入文档。

(5) 将原始数据和最终数据分类整理出来。原始数据一般是新系统的数据库基表的主要内容；而最终数据是经过加工后的基本数据和各类导出数据的集合，反映了管理业务所需要的主要指标。

5.6.2 数据流程图

数据流程分析可以按照自顶向下、逐层分解、逐步细化的结构化分析方式进行，通过分层的数据流程图（Data Flow Diagram，DFD）来实现。DFD 是描述新系统数据输入、数据输出、数据存储及数据处理之间关系的一种强有力的工具，也是与用户进行紧密配合的有效媒介。通过这一阶段的数据流程分析，既可以将原系统的业务流程特点和用户需求展露无遗，分析系统的数据流向及其相互调用关系，又可为子系统划分打下基础。

数据流程图是进行数据流程分析的主要工具，也是描述系统逻辑模型的主要工具。数据流程图用几种基本符号反映了信息在系统中的流动、存储和处理。

1.　数据流程图的特性

(1) 抽象性。数据流程图不考虑具体的物理因素，如具体的组织结构、工作场所、物流、存储介质、具体的处理方法和技术手段等内容，只是抽象地反映信息的流动、加工、存储和使用的情况，使我们能抽象地总结出管理信息系统的任务，以及各项任务之间的顺序和关系，从信息处理的角度将一个复杂的实际系统抽象成一个逻辑模型。

(2) 概括性。数据流程图把系统对各种业务的处理过程联系起来，形成一个整体，从而给出系统的一个全貌。无论是手工操作部分还是计算机处理部分，都可以用它系统地表达出来。

2.　数据流程图的组成

数据流程图通常由四种基本符号组成，如图 5-11 所示。

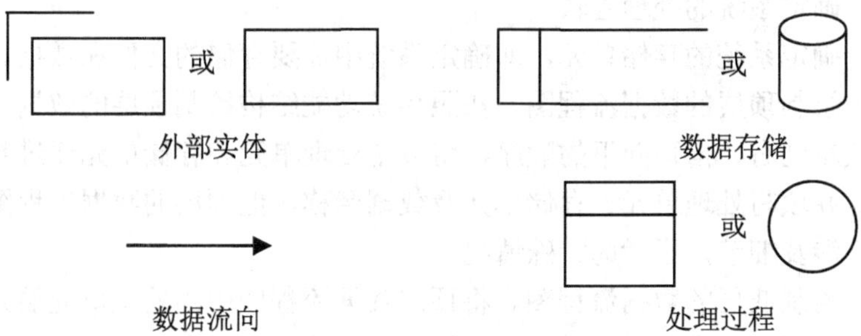

图 5-11　数据流程图基本符号

(1) 外部实体

外部实体是指本系统之外的人或部门及其他子系统，它们与本系统有信息传递关系，即向本系统发送数据或从本系统接收数据。在方框内要标注外部实体的名称。为了避免在一张数据流程图中线条的交叉，同一个外部实体可以出现若干次。

(2) 数据流向

数据流向即数据流的传输方向。数据流表示流动着的数据，它可以是一项数据，也可以是一组数据（如展位预定单据、付款文件等）。数据流实际意味着各种各样的信息传输，如数据的传递、抽取、存入等。通常在数据流符号的上方标明数据流的名称。

(3) 处理过程

处理过程是一个对输入数据流进行加工、变换和输出数据流的逻辑处理过程。如果将数据流比喻成工厂中的零部件传送带，数据存储是零部件的存储仓库，那么每一个加工工序就相当于数据流程图中的处理过程（功能）。一般用一个长方形来表示处理逻辑，图形下部填写处理的名称（如开发票、出库处理等），上部填写该处理的唯一标志。

(4) 数据存储

数据存储是指对数据记录文件的读写处理，同时标明储存数据的地方（如数据文件、文件夹、账本等）。通常用右边开口的长方形条表示，右部填写存储的数据和数据集的名字，左边填入该数据存储的标志。同外部实体一样，为了避免在一张数据流程图中出现线条交叉，同一个数据存储可以出现若干次。

3. 数据流程图的绘制

绘制数据流程图的一般步骤如下：

(1) 确定与本系统有关的外部实体，即确定与本系统有关的单位、部门和人员。

(2) 确定系统的处理逻辑。

(3) 确定系统的存储单元，即确定系统中需要存储的文件和数据。

(4) 绘制顶层的数据流程图。按照系统功能结构绘制顶层的数据流程图，即按照从左到右、自顶向下的顺序，将各个处理单元和存储单元通过数据流连接起来，并填写处理单元、存储单元及数据名称，但顶层的数据流程图是概要性的，不涉及细节，不考虑特殊情况。

(5) 绘制低层的数据流程图。将顶层数据流程图中的处理单元展开，扩展成多个子处理框，进行详细描述，并加入特殊情况的处理。低层数据流程图的绘制方法与顶层相似，这样逐层细化，直到对处理过程进行足够详细的描述为止，从而得到多个分层的数据流程图。

(6) 组织用户领导、管理人员和业务人员等各方面代表反复讨论、分析、比较，直到得到一个用户和开发人员都能理解的、满意的数据流程图。

4. 绘制数据流程图的注意事项

(1) 数据流程图的绘制一般由左至右进行。从左侧开始标出外部实体，然后画出由外部实体产生的数据流，再画出处理逻辑、数据流、数据存储等元素及其相互关系，最后在流程图的右侧画出接收信息的系统外部实体。

(2) 父图与子图的平衡。子图是对父图中处理逻辑的详细描述，因此父图中数据的输入和输出必须在子图中反映，即父图与子图必须平衡，或者说，父图与子图必须具备接口一致性。父图与子图的平衡要求是数据流守恒原则的体现，即对每一个数据处理功能来说，要保证分解前后的输入数据流和输出数据流的数目保持不变。

(3) 数据流至少有一端连接处理框。数据流不能直接从外部实体直接传送到数据存储，也不能从数据存储直接传送到外部实体。

(4) 数据存储输入 / 输出协调。数据存储必定有输入数据流和输出数据流，缺少任何一个则意味着遗漏了某些加工。

(5) 数据处理流入 / 流出协调。只有流入没有流出，则数据处理无需存在；只有流出没有流入的数据处理不可能满足。

(6) 合理命名、准确编号。对数据流程图的基本元素进行编号，这样有利于编写数据字典及方便系统设计人员和用户的阅读与理解。

5.6.3 会展管理信息系统的数据流程

1. 招展数据流程

从会展招展的业务流程的信息处理角度来看，可以将会展数据流程作以下描述：招商人员首先收集、整理展商信息，用展商信息表（数据存储）来存储参展商信息，包括公司名称、公司英文名称、国家、城市、公司地址、公司邮政编码、负责人、公司联系电话、公司传真、公司电子邮件、网址、企业性质等详细信息；从展商信息表中通过分析筛选出符合展会要求的潜在的展商；通过多种招展方式获得拟参展展商（数据流）的详细信息；根据数据存储参展申请表（包括公司名称、公司英文名称、国家、城市、公司地址、负责人、公司联系电话、公司注册资金、公司专业方向、人员规模、历年参展情况等信息）审核拟参展展商参展资格，若不通过则把不合格展商信息返还给招展人员，审核通过则把展商详细信息存入预参展展商（数据存储）；产生已审展商（数据流）主要信息；根据展位信息（数据存储），存储展会的全部展位详细情况，包括展位价格、预定情况等，选择可选展位，确定已审展商的展位号同时把展位号写入预参展展商（数据存储）；根据展位号查询到预参展展商、展位价格，签订参展合同，同时把参展商详细的信息存入正式参展展商（数据存储），并给出付款通知信息；收款后把收款信息写入正式参展展商，并把领证通知信息传送给参展商，参展商凭领证通知领取参展凭证。招展数据流程如图 5-12 所示。

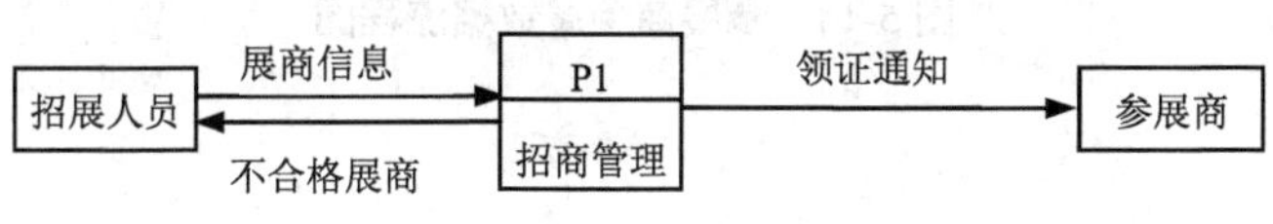

图 5-12　招展数据流程图

细化后的招展数据流程如图 5-13 所示。

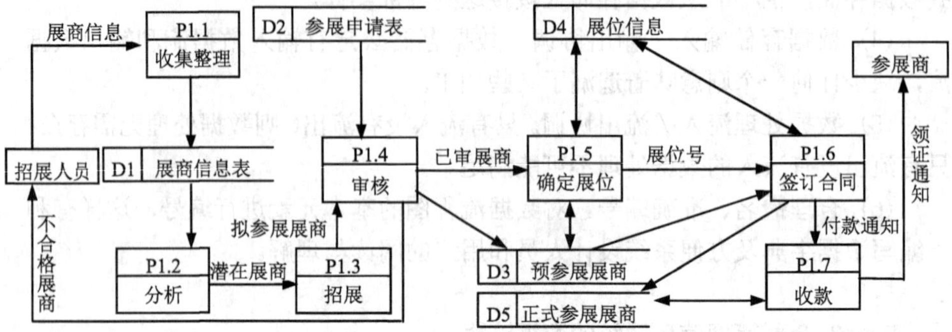

图 5-13　细化后的招展数据流程图

2.　参展商参展数据流程

参展商递交包括企业详细数据的参展申请资料信息，经过整理后产生拟参展展商详细信息；根据数据存储参展申请表审核拟参展展商参展资格，若不通过则把不合格展商信息返还给参展商，审核通过则把展商详细信息存入预参展展商（数据存储）；产生已审展商（数据流）主要信息；根据展位信息（数据存储），存储展会的全部展位详细情况，包括展位价格、预定情况等，选择可选展位，确定已审展商的展位号同时把展位号写入预参展展商（数据存储）；根据展位号查询到预参展展商、展位价格等信息，签订参展合同，同时把参展商的预定展位信息存入正式参展展商（数据存储）并给出付款通知信息；收款后把收款信息写入正式参展展商并把领证通知信息传送给参展商，参展商凭领证通知领取参展凭证。参展商参展数据流程如图 5-14 所示。

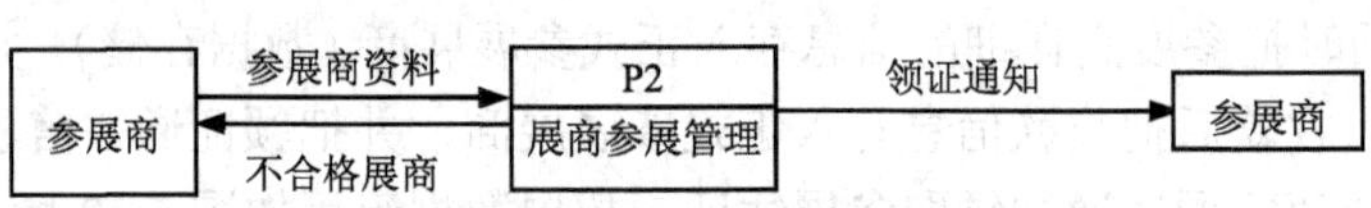

图 5-14　参展商参展数据流程图

细化后的参展商参展数据流程如图 5-15 所示。

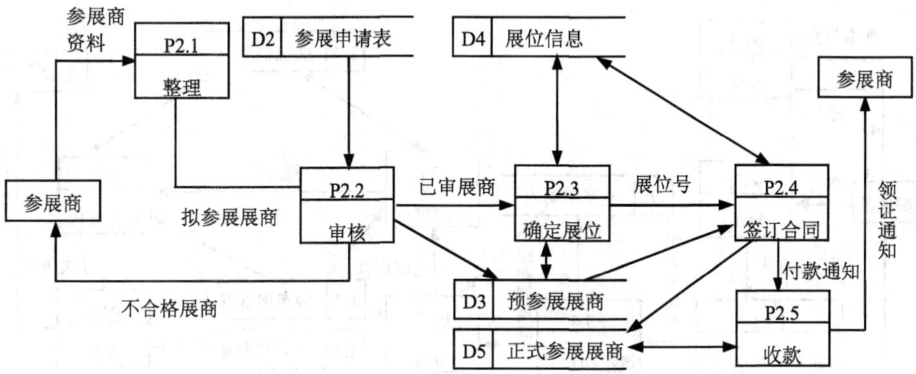

图 5-15　细化后的参展商参展数据流程图

3.　在线展位申请数据流程

参展商通过在线注册系统输入基本信息，取得在线账号；通过账号登入，在参展商基本信息的基础上补充展商的详细信息，产生详细的拟参展展商（数据流）信息；在线填报参展申请表，数据存入参展申请表（数据存储）；审核通过则把展商详细信息存入预参展展商（数据存储）；产生已审展商（数据流）主要信息；根据展位信息（数据存储），存储展会的全部展位详细情况，包括展位价格、预定情况等，选择可选展位，确定已审展商的展位号同时把展位号写入预参展展商（数据存储）；根据展位号查询到预参展展商信息、展位价格等信息，签订参展合同，同时把参展商的预定展位信息存入正式参展展商（数据存储）并给出付款通知信息；收款后把收款信息写入正式参展展商并把领证通知信息传送给参展商，参展商凭领证通知领取相关参展凭证。在线展位申请数据流程如图 5-16 所示。

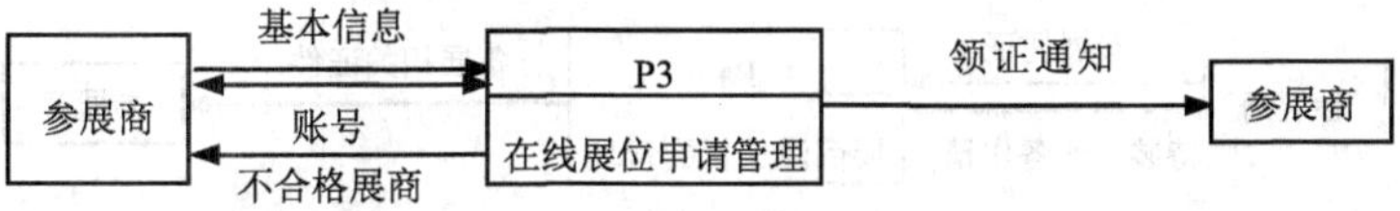

图 5-16　在线展位申请数据流程图

细化后的在线展位申请数据流程如图 5-17 所示。

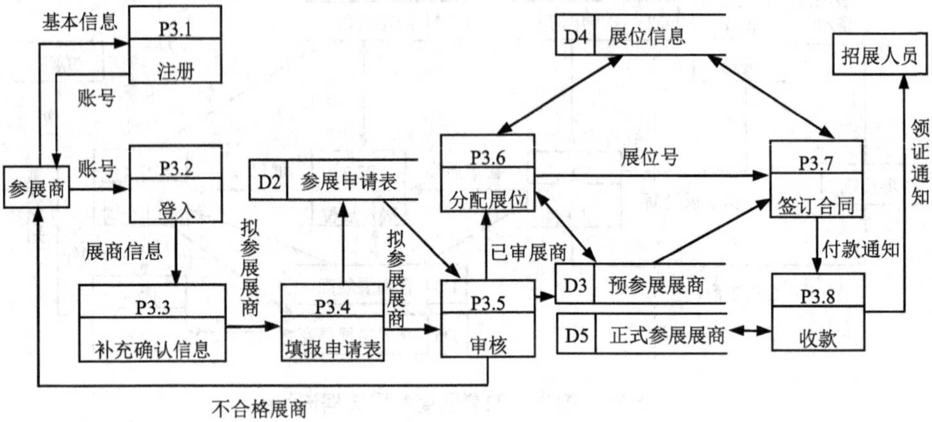

图 5-17 细化后的在线展位申请数据流程图

4. 参展商报到数据流程

根据参展商递交的参展凭证，查询、核对正式参展展商信息，若展商无服务申请、无特装要求，则进入注册处理；若有服务需求，进入服务处理，给出服务清单数据流；根据服务清单查询服务价目表（数据存储），收取相应的费用，把展商缴费的详细信息写入展商缴费表（数据存储），并给出收费凭证信息；特装处理根据展商特装申请进行核价，给出特装付款单，进入收款处理，缴费的详细信息同样写入展商缴费表；下一步进入报到注册处理过程，产生报到展商的详细信息，包括服务、特装信息；根据上一步的报到展商数据流信息进行制证领证处理过程，把各证件的信息存入到相关数据存储，产生备展相关证件数据流；最后把备展相关证件信息给参展商。参展商报到数据流程如图 5-18 所示。

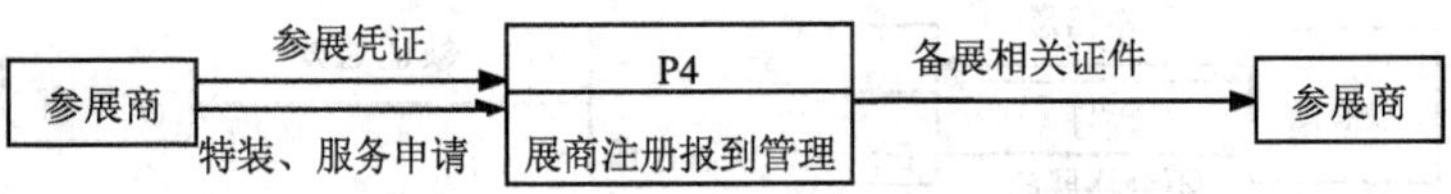

图 5-18 参展商报到数据流程图

细化后的参展商报到数据流程如图 5-19 所示。

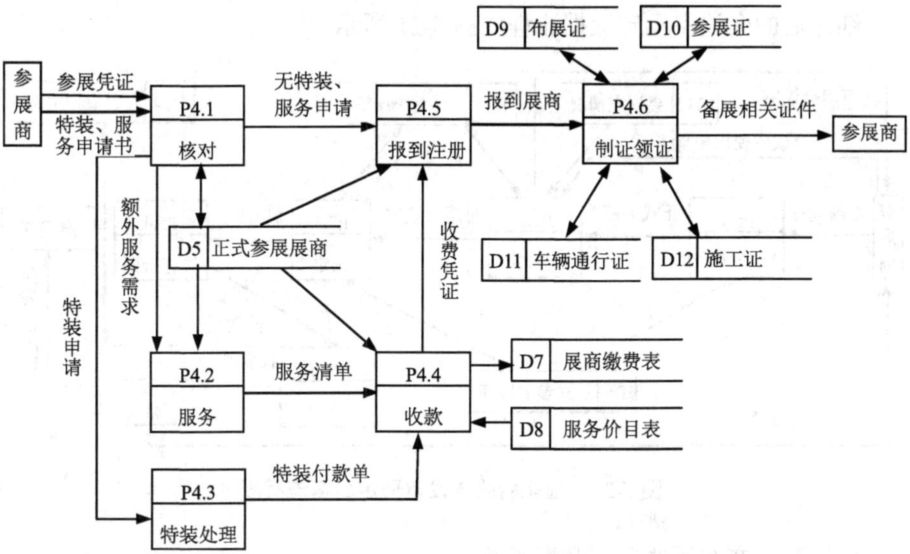

图 5-19　细化后的参展商报到数据流程图

5.　会议室预定数据流程

根据参展商的参展凭证信息，查询正式参展展商数据存储，验证处理后得到展商的详细信息；根据参展商递交的会议室使用申请信息，查询会议室情况和会议室预定表两个数据存储，经查询若未能满足使用申请则返回无可用会议室信息给参展商，否则把满足此展商申请的会议室信息传递给预定处理过程；把预定信息预写入会议室预定表并给出预定单信息；根据预定单进行签订合同处理，给出付款通知信息进行；凭付款通知信息收款处理后给出收款单数据流信息；确认处理过程根据收款单信息，若到期未收到预定款项则返回无效预定信息给参展商，若收到预定款则对会议室预定表中的相应信息予以确认，并把会议室使用证信息给参展商。会议室预定数据流程如图 5-20 所示。

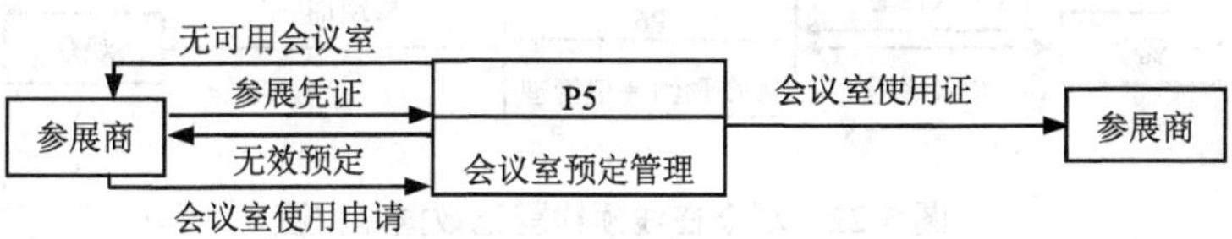

图 5-20 会议室预定数据流程图

细化后的会议室预定数据流程如图 5-21 所示。

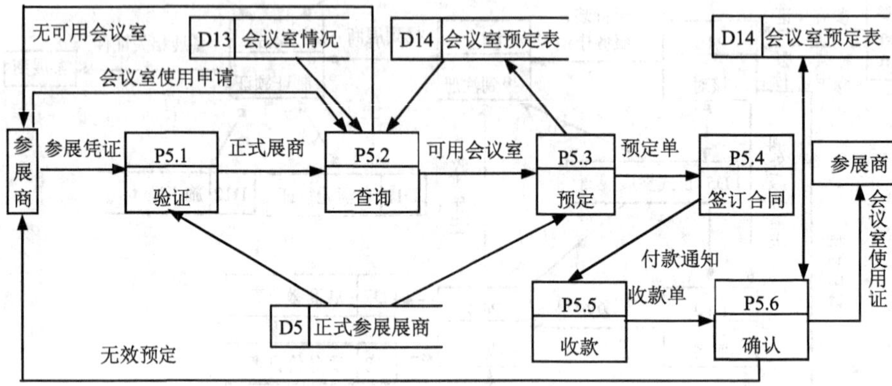

图 5-21 细化后的会议室预定数据流程图

6. 观众在线预约登记数据流程

观众在线可以输入个人信息进行展会观众注册，经注册，观众信息写入到观众信息表，并把注册账号信息返回给在线注册观众；注册观众凭注册账号信息进行登入处理，登入处理过程从观众信息表数据存储取出该观众信息传递给补充确认处理过程，补充确认处理过程把补充的个人信息写回到观众信息表数据存储，并把该观众个人信息传给预约处理过程；从正式参展展商数据存储中选择感兴趣的展商进行预约，并把预约信息写入观众预约数据存储；接着填报观众调查表，调查表信息存入观众调查表数据存储；填报处理完成后，给该观众分配观众号，同时把观众号写入观众信息表的相应观众的信息数据中；领证处理过程根据观众号进行观众参观证的信息处理，最后把参观证信息传给观众。观众在线预约登记数据流程如图 5-22 所示。

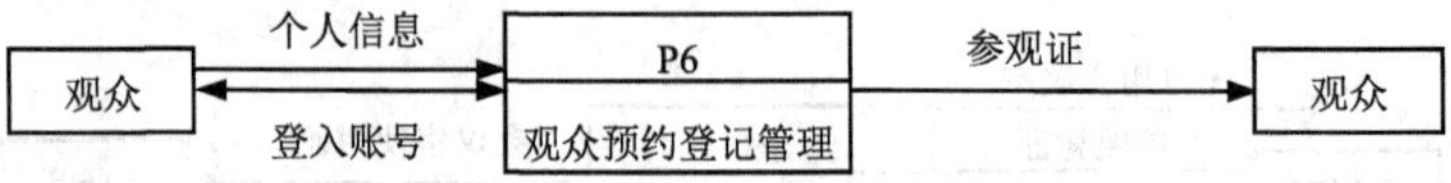

图 5-22 观众在线预约登记数据流程图

细化后的观众在线预约登记数据流程如图 5-23 所示。

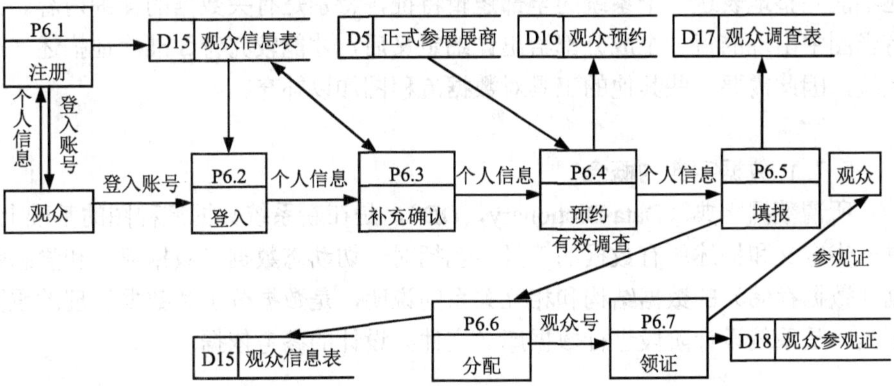

图 5-23　细化后的观众在线预约登记数据流程图

7.　现场展商服务数据流程

观众到感兴趣的参展商展台参观，记录处理过程记录下观众参观证信息和展位号并存入展位参观记录数据存储，每天展会活动结束后，把各展位的展位参观观众信息统计出来，并把展位参观观众信息传递给参展商。现场展商服务数据流程如图 5-24 所示。

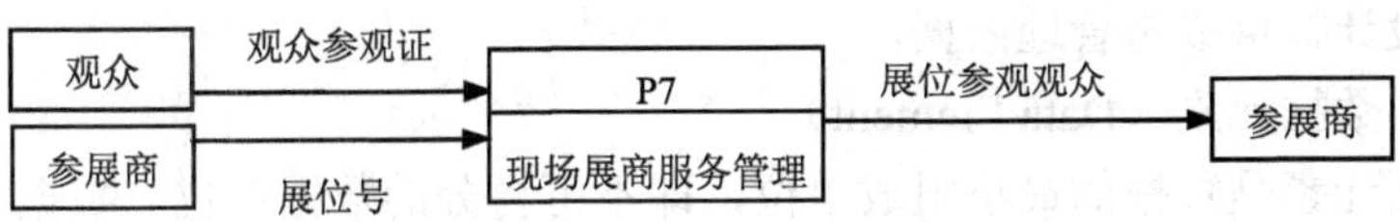

图 5-24　现场展商服务数据流程图

细化后的现场展商服务数据流程如图 5-25 所示。

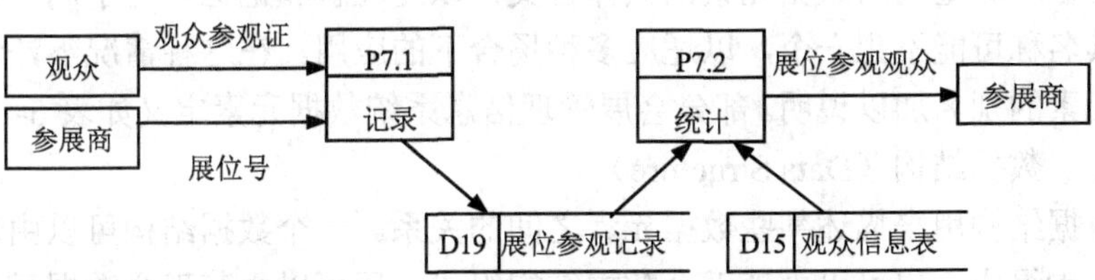

图 5-25　细化后的现场展商服务数据流程图

5.7 会展管理信息系统数据字典

数据流程图抽象地描述了系统数据处理的概貌，描述了系统的分解。但它还不能完整地表达一个系统的全部逻辑特征，特别是有关数据的详细内容。只有当图中出现的每一个成分都给出详细定义后，才能较完善、准确地描述一个系统，因此需要一些其他的工具对数据流程图加以补充。

5.7.1 数据字典的概念

所谓数据字典（Data Dictionary，DD），是在新系统数据流程图的基础上，进一步定义和描述所有数据的工具，包括对一切动态数据（数据流）和静态数据（数据存储）的数据结构和相互关系的说明，是数据分析和数据管理的重要工具，是系统设计阶段进行数据库（文件）设计的参考依据。

5.7.2 会展管理信息系统数据字典的内容

数据字典的作用就是对数据流程图上的每个成分给予定义和说明。数据字典描述的主要内容包括数据元素（数据项）、数据结构、数据流、数据存储、处理过程和外部实体等，其中数据元素是组成数据流的基本成分。

数据字典是数据流程图的辅助资料，对数据流程图起注解作用。数据流程图配以数据字典，就可以从图形和文字两个方面对系统的逻辑模型进行完整的描述。数据字典的建立能帮助系统分析师全面地确定用户的要求，而且为以后的系统设计提供参考管理依据。

1. 数据元素（Data Element）

数据元素是数据的最小组成单位，即不可再分的数据单位。数据字典中，每个数据元素需要描述的属性有名称、别名以及类型、长度和值域等。如展位编号、展位名称等。

每个数据元素的名称唯一地标识出这个数据元素，以区别于其他数据元素。名称应尽量反映数据元素的具体含义，以便理解和记忆。对于同一数据元素，其名称可能不止一个，以适应多种场合下的应用。在这种情况下，还要对数据元素的别名加以说明。部分会展管理信息系统数据元素定义如表 5-1 所示。

2. 数据结构（Data Structure）

数据结构用来描述某些数据元素之间的关系。一个数据结构可以由若干个数据元素组成，也可以由若干个数据结构组成，还可以由若干个数据元素和数据结构组成。

数据字典中需要对数据结构进行描述的属性有名称和编号、数据结构的组成、简述或备注等。数据结构的定义如表 5-2 所示。

表 5-1　数据元素定义

数据元素编号	数据元素名称	别　名	简　述	类型及宽度	取值范围
A0301	展位号	展位 ID	展会现场展位号	字符型，4 位	"0001"～"9999"
A0302	展馆	会展场馆	展会现场所在地	字符型，32 位	16 个汉字
A0303	楼层	场馆楼层	展会场馆楼层	字符型，4 位	"0001"～"9999"
A0304	价格	定价	展位定价	数值型，8 位	
A0305	成交价格	合同价	展位成交价	数值型，8 位	
A0306	面积	展位面积	现场展位面积	数值型，8 位	
A0307	公司名称	展商名称	参展商名称	字符型，32 位	16 个汉字
A0308	国家	国别	展商所在国家	字符型，24 位	12 个汉字
A0309	城市		展商所在城市	字符型，16 位	
A0310	工号		职工工号	数值型，8 位	
A0311	姓名		职工姓名	字符型，16 位	8 个汉字
A0312	部门		职工所在部门	字符型，10 位	
A0313	观众号	观众编号	观众序号	数值型，8 位	
A0314	姓名		观众姓名	字符型，16 位	8 个汉字

表 5-2　数据结构定义

编号	数据结构名	属性	简述
DS01	员工信息	工号、IC 卡号、姓名、性别、出生日期、工龄、级别、部门、职务、备注	组展机构员工信息
DS02	嘉宾	姓名、性别、所在公司、部门、职务、联系电话、手机、民族、接待要求、活动安排、入住宾馆、房间类型、房间号、备注	展会嘉宾信息
DS03	固定资产	资产编码、资产名称、购置时间、资产类型、价格、使用年限、规格、用途、保管人、验收人、数量、领用标志、备注	组展机构固定资产设备情况

3.　数据流

数据流由一个或一组固定的数据项组成。定义数据流时，不仅要说明数据流的名称、组成等，还应指明它的来源、去向和数据流量等。表 5-3 列出部分数据流定义。

表 5-3 数据流定义

数据流编号	数据流名称	简述	数据流来源	数据流去处	数据流组成	数据流量	高峰流量
F01	展商信息	参展商的基本信息	招展人员	P1.1 收集整理处理模块	公司名称、国家、公司地址、负责人、公司联系电话、公司传真、企业性质、经营产品项目等	20 份/时	30 份/时
F02	展位号	参展商确定的展位号	P1.5 确定展位处理模块	P1.6 签订合同处理模块	展商序号、展位号等	5 份/时	10 份/时
F03	付款通知	展商签订参展合同后付款通知	P1.6 签订合同处理模块	P1.7 收款处理模块	展商编号、展位号、成交价格等	5 份/时	10 份/时
F04	领证通知	通知参展商领取参展相关凭证等	P1.7 收款处理模块	参展商	展商编号、公司名称、证件类型、领取时间等	5 份/时	10 份/时
F05	参展凭证	正式参展的凭证	参展商	P4.1 核对处理模块	展商编号、展位号、凭证号、付款项目、价格等	5 份/时	20 份/时
F06	观众号	分配给观众的编号	P6.6 分配处理模块	P6.7 领证处理模块	观众号、姓名等	30 份/时	1000 份/时

4. 数据存储

数据存储指数据结构暂存或被永久保存的地方，在数据字典中，只能对数据存储从逻辑上加以简单描述，不涉及具体的设计和组织。在数据字典中定义的数据存储内容有编号及名称、流入流出的数据流、数据存储的组成、存取分析以及关键字说明等。部分会展管理信息系统的数据存储定义如表 5-4 所示。

表 5-4 数据存储定义

编号	名称	简述	数据存储组成	关键字	相关的处理
D1	展商信息表	存放基本的展商信息	序号、公司名称、国家、公司地址、负责人、公司联系电话、公司传真、企业性质、经营产品项目等	序号	P1.1、P1.2
D2	参展申请表	存放展商参展申请	序号、公司名称、国家、公司地址、负责人、公司联系电话、公司传真、企业性质、经营产品项目、公司注册资金、公司专业方向、人员规模、历年参展情况等	序号	P1.4

续表

编号	名称	简述	数据存储组成	关键字	相关的处理
D4	展位信息	展会展位情况表	展位号、所在展馆、楼层、价格、成交价格、规格、面积、展位类型、业务员、销售情况等	展位号	P1.5、P1.6
D8	服务价目表	组展机构提供的服务	编号、名称、价格、成交价格等	编号	P4.4
D10	参展证	存放展商参展证信息	编号、公司名称、展位号、颁发日期、终止日期等	编号	P4.6
D13	会议室情况	存放展会提供的会议室信息	会议室编号、会议室名称、面积、类型、规格、地点、价格等	会议室编号	P5.2
D14	会议室预定表	存放会议室预定信息	会议室编号、展商编号、预定日期、开始时间、结束时间、总价、付款情况等	会议室编号	P5.2、P5.3、P5.6
D15	观众信息表	存放观众信息	用户名、密码、观众号、姓名、所在部门、职务、职业、联系方式、手机号码、所在公司名称、国家、城市、公司地址、公司邮政编码、企业性质、品牌、经营规模、经营模式、经营产品项目、性别、个人地址、个人联系电话、个人传真、个人电子邮件、员工数目等	观众号	P6.1、P6.2、P6.3、P6.6
D19	展位参观记录	存放参观展位的观众情况	观众号、展位号、姓名、所在部门、职务、职业、联系方式、手机号码、所在公司名称等	展位号	P7.1、P7.2

5.　处理过程

对处理过程的描述有处理过程在数据流程图中的名称、编号，对处理过程的简单描述，该处理过程的输入数据流、输出数据流及来源与去向，其主要功能的简单描述。部分会展管理信息系统的处理过程定义如表 5-5 所示。

表 5-5　处理过程的定义

名称	编号	简述	输入的数据流	处理	输出的数据流	处理频率
收集整理	P1.1	收集整理展商信息	数据流展商信息	收集展商信息，整理成统一格式的展商数据	数据存储文件 D1 展商信息表	60 次/天
分析	P1.2	分析展商信息	数据存储文件 D1 展商信息表	分析展商信息，挑选出符合展会要求的潜在展商	数据流潜在展商	50 次/天

续表

名称	编号	简述	输入的数据流	处理	输出的数据流	处理频率
确定展位	P1.5	参展商挑选确定展位	数据流已审展商；数据存储文件 D4 展位信息；数据存储文件 D3 预参展展商	给已审展商确定展位号；展位号写入数据存储文件 D3 预参展展商和数据存储文件 D4 展位信息	数据流展位号；	对每家已审参展展商处理一次
服务	P4.2	处理参展商的服务需求	数据流额外服务需求；数据存储文件 D5 正式参展展商	整理、统计参展商的所有服务需求项目	数据流服务清单	对需要额外服务的参展商处理一次
收款	P4.4	收取服务或特装需求的款项	数据流服务清单、特装付款单；数据存储文件 D5 正式参展展商；数据存储文件 D8 服务价目表	按展商需求服务清单和服务价目表收取服务款项，或根据特装付款单收取款项；收费情况写入数据存储文件 D7 展商缴费表；产生数据流收费凭证	数据流收费凭证；数据存储文件 D7 展商缴费表	对需要额外服务或特装的参展商处理一次
验证	P5.1	验明是否是真实展商	数据流参展凭证；数据存储文件 D5 正式参展展商	根据参展凭证信息查验数据存储文件 D5 正式参展展商，给出数据流正式展商	数据流正式展商	对需要预定租用会议室的展商处理一至三次
预定	P5.3	预定会议室	数据流可用会议室；数据存储文件 D5 正式参展展商	把符合预定条件的会议室预定给展商；给出预定单，并记录预定信息	数据流预定单；数据存储文件 D14 会议室预定表	对符合预定条件的展商处理一次

6. 外部实体

对外部实体的描述包括外部实体的名称、对外部实体的简述及有关的数据流。一个信息系统的外部实体不应过多，否则会影响系统的独立性。

上述 6 个方面的定义构成了数据字典的全部内容，在实际应用中，常常将数据存储和处理过程的描述另立报告，而不在数据字典中描述。有时也省去一些内容，如外部实体的描述，但数据元素、数据结构和数据流必须列入数据字典中加以详细说明。

5.8　会展管理新系统逻辑方案的建立

通过系统调查，对现行系统的业务流程、数据流程、处理逻辑等进行深入的分析，并对原有系统进行大量的分析和优化，这个分析和优化的结果就是新系统拟采用的信息处理方案。因而对原系统分析之后就应该提出系统的建设方案，即建立新系统的逻辑模型。建立逻辑模型是系统分析中重要的任务之一，它是系统分析阶段的重要成果，也是下一个阶段工作的主要依据。

新系统的方案主要包括新系统的目标、新系统的业务处理流程、数据处理流程、新系统的总体功能结构及子系统的划分和功能结构等。

5.8.1 确定系统目标

系统目标是指达到系统目的所要完成的具体事项。在对现行系统作详细调查的基础上，根据详细调查结果对可行性分析报告中提出的系统目标进行再次考查，对项目的可行性和必要性重新进行考虑，并根据对系统建设的环境和条件的调查修正系统目标，使系统目标适应组织的管理需求和战略目标。系统目标主要包括：系统功能目标、系统技术目标和系统经济目标。

1.　系统功能目标

系统功能目标是指系统所能处理的特定业务和完成这些处理业务的质量，也就是系统能解决什么问题，以什么水平实现。

2.　系统技术目标

系统技术目标是指系统应当具有的技术性能和应达到的技术水平，通过一些技术指标，如系统运行效率、响应速度、存储能力、可靠性、灵活性、操作使用方便性及通用性等给出。

3.　系统经济目标

系统经济目标是指系统开发的预期投资费用和预期经济效益。预期投资费用可分别从研制阶段和运行维护投资两方面进行估算。预期经济效益则应从直接经济效益和间接经济效益两方面进行预测。直接经济效益可以用货币额来度量；间接经济效益不容易量化，主要从提高管理水平、优化管理方法、提高客户的满意度等方面考虑。

5.8.2 新系统信息处理方案

新系统的信息处理方案就是上述各项分析和优化的结果。

1.　确定新系统的业务流程

将业务流程分析的结果进行分析讨论，找出业务流程中仍不合理的地方，删去或合并多余或重复的处理过程，对业务流程中不合理的过程进行优化，分析优化后将带来的益处，最终确定新系统的业务流程。

2. 确定新系统的数据和数据流程

新系统的数据流程图是系统“做什么”的逻辑基础，在数据流程分析的过程中，已经对原系统的数据流程进行了分析与优化，在确定新系统的逻辑模型时，还应再次分析讨论。

与用户讨论数据指标体系是否全面合理、数据精度是否满足要求等有关内容，确认最终的数据指标体系和数据字典。对数据流程进行分析讨论，找出数据流程中仍不合理的地方，对数据流程中不合理的过程进行优化，分析优化后将带来的益处，最终确定新系统的数据流程。

3. 确定新系统的功能模型

确定新系统的功能模型就是对新系统进行子系统的划分。在进行组织结构与功能分析时，对系统必须具有的功能作详细的调查和分析，通过对子系统的划分，建立系统的功能模型。在确定新系统逻辑模型时，必须再次进行分析讨论，最后确定新系统总的功能模型。对于大系统来说，划分子系统的工作通常在系统规划阶段进行，常用的工具是U/C矩阵。

4. 确定新系统数据资源分布

在系统功能分析和子系统划分之后，应该确定数据资源在新系统中的存放位置，即哪些数据资源存储在本系统的内部设备上，哪些是存储在网络或主机上的。

5. 确定新系统中的管理模型

管理模型是系统在每个具体管理环节上所采用的管理方法的抽象，在计算机技术支持下，一些较复杂的现代管理方法的应用具有了实现的可能。系统分析中要根据数据流程图对每个处理过程进行认真分析，研究每个管理过程的信息处理特点，找出相适应的管理模型。

5.9 会展管理信息系统分析报告

系统分析报告又称系统分析说明书，是新系统分析阶段的成果。在系统分析报告中，除了包括新系统的逻辑模型及有关图表外，还要进行一定的文字说明。系统分析说明书主要内容是对现行系统进行分析，提出新系统的逻辑模型。

5.9.1 系统分析报告的概念

系统分析阶段的成果就是系统分析报告，它反映了这一阶段调查分析的全部情况，是下一步设计与实现系统的基础。系统分析报告不仅能够展示系统调查的结果，而且还能反映系统分析的结果—— 新系统逻辑方案。经过上述过程，我们已经完成了建立新系统逻辑模型的任务，即已经完成了整个系统分析阶段的工作。作为该阶段的一个工作成果，应提交一份完整的系统分析报告。

系统分析报告形成后，必须组织各方面的人员，即组织的领导、管理人员、专业技术人员、系统分析人员等一起对已经形成的逻辑方案进行论证，尽可能地发现其中的问题、误解和疏漏。对于问题、疏漏要及时纠正，对于有争论的问题要重新核实当初的原始调查资料或进一步地深入调查研究，对于重大的问题甚至可能需要调整或修改系统目标，重新进行系统分析。

系统分析报告一经确认并由用户认可接受后，就成为具有约束力的指导性文件，成为下一阶段系统设计工作的依据和今后验收目标系统的检验标准。

5.9.2 系统分析报告的内容

系统分析报告一般包括以下几个方面：

1.　系统概述

主要对会展组织的基本情况进行简单介绍，包括组织的结构，组织的工作过程和性质，外部环境，与其他单位之间的物质、信息交换关系以及研制系统的背景等。

2.　新系统目标及开发可行性

在系统初步调查和分析的基础上，根据系统现状和环境约束条件，确定新系统的名称、目标和主要功能，新系统拟采用的开发策略和开发方法，人力、资金及计划进度的安排，可行性分析结果等。

3.　现行系统状况

主要介绍详细调查的结果，包括以下两方面：

(1) 现行系统现状调查说明。通过现行系统的组织/业务联系表、业务流程图、数据流程图等图表，说明现行系统的目标、规模、主要功能、业务流程、数据存储和数据流，以及存在的薄弱环节。

(2) 系统需求说明。用户要求以及现行系统主要存在的问题等。

4.　新系统的逻辑设计

新系统的逻辑设计结果是系统分析报告的主体，具体包括以下几方面：

(1) 系统功能及分析。提出明确的功能目标，并与现行系统进行比较分析，重点要突出计算机处理的优越性。

(2) 系统逻辑模型。各个层次的数据流程图、数据字典和加工说明，以及在各个业务处理环节拟采用的管理模型。

(3) 其他特性要求。例如，系统的输入输出格式、启动和退出等。

(4) 遗留问题。根据目前条件，暂时不能满足的一些用户要求或设想，并提出今后解决的措施和途径。

5. 系统实施的初步计划

这部分内容通常包括与新系统相配套的管理制度、运行体制的建立，以及工作任务的分解、系统开发资源与时间进度估计、开发费用预算等。

在系统分析报告中，数据流程图、数据字典和加工说明这三部分是主体，是系统分析报告中必不可少的组成部分。而其他各部分内容，则应根据所开发目标系统的规模、性质等具体情况酌情选用，不必生搬硬套。总之，系统分析报告必须简明扼要，抓住本质，反映出目标系统的全貌和开发人员的设想。

系统分析报告描述了目标系统的逻辑模型，是开发人员进行系统设计和实施的基础；是用户和开发人员之间的协议或合同，为双方的交流和监督提供基础；是目标系统验收和评价的依据。因此，系统分析报告是系统开发过程中的一份重要文档。必须要求该文档完整、一致、精确且简明易懂，易于维护。

思考题

1. 系统分析的主要任务是什么？
2. 在详细调查阶段，如何获取系统的相关信息？应该采取什么方法？遵循什么原则？
3. 需求分析包含的内容是什么？其工作特点有哪些？
4. 什么是业务流程和数据流程？试以“在线展位申请”为例谈谈两者的区别和联系。
5. 什么是数据字典？会展管理信息系统的数据字典的内容有哪些？
6. 系统分析报告的内容包含什么？

第6章

会展管理信息系统的系统设计

学习目的

系统设计就是为实现系统分析提出的系统逻辑模型所作的各种技术考虑和设计。了解系统设计的任务，利用系统设计方法，给出会展管理信息系统的系统功能设计。

主要内容

系统设计主要解决系统“如何做”的问题，分为总体设计和详细设计。模块结构设计；系统平台设计；会展管理信息系统功能设计。

6.1 会展管理信息系统设计概述

经过系统分析，比较深入地了解了原会展系统的业务处理过程、数据流程、数据特征、处理功能、存在问题等，从而提出了系统的逻辑模型。从建立模型的角度来看，系统分析所提供的逻辑模型只解决了系统要“做什么”的问题。系统设计就是为实现系统分析提出的系统逻辑模型所作的各种技术考虑和设计。系统设计又称为系统的物理设计，即根据新系统的逻辑模型建立系统的物理模型，也即根据新系统逻辑功能的要求，考虑系统的规模和复杂程度等实际条件，进行若干具体设计，确定系统的实施方案。因此，系统设计是开发信息系统的最重要的环节之一。这一阶段工作的优劣，直接影响信息系统的性能、功能、效率和效益。

系统设计是开发管理信息系统的第二阶段，主要解决系统“如何做”的问题。通常可分为两个阶段：总体设计和详细设计。

总体设计又称为概要设计，是指在系统分析的基础上，对整个系统在系统模块结构设计（划分子系统）、机器设备（包括软、硬件设备）的配置、数据的存储规律以及整个系统实现规划等方面进行合理的安排。

系统的详细设计是系统总体设计的深入，是由总体到局部，再由局部到总体的反复优化过程。详细设计主要包括代码设计、界面设计、输入输出设计、数据库设计、处理过程设计、制定设计规范及编写系统设计报告等。系统详细设计本书不再赘述，请读者参阅管理信息系统相关书籍。

会展管理信息系统的设计与一般的 MIS 的设计方法一样，运用结构化程序设计技术，通过模块分解，把一个极复杂的系统划分成几个相对独立的子系统。这样大大方便了编程、调试、工程组织和管理，同时也提高了 MIS 的可靠性和可维护性。

6.1.1 系统设计任务

系统设计阶段的主要任务是：在科学、合理的设计和总体模型的基础上，尽可能提高系统的运行效率、可靠性、安全性和工作质量，充分利用并合理投入各类可以利用的人、财、物资源，使之获得较高的综合效益。

6.1.2 系统设计原则

会展管理信息系统是由会展管理实际功能需求所决定的，其设计不仅要符合 MIS 的理论体系，又要考虑会展行业的特殊性，在设计系统时必须时刻把握这一点。如会展系统在展会期间每天运行时间比较长，可靠性要求非常高；会展系统实时管理要求高；数据安全保护性能要好；会展系统信息集中管理，要求信息传递效率要高。基于这些特点，在系统设计时必须把握以下几点原则：

1. 合理性

合理性是指总体结构的合理性。总体结构的合理性是由系统结构和会展企业规模相对决定的，会展管理信息系统的总体结构要清晰、合理，不能片面追求复杂的功能需求。系统设计时要围绕实用、安全、可靠、高效的要求去制定系统的总体结构。

为了保证系统安全可靠，经常在系统结构上采用双机备价或双硬盘镜像的方法。在网络平台的选取上，多数采用 B/S（浏览器 / 服务器）结构，这是当前网络体系普遍采用的一种结构，已成为会展管理信息系统设计的一种发展趋势。

新技术必然要以较高的代价去获得，而市场上不可能都是大型的会展企业，更多的是中、小型的会展企业，其投入到会展计算机管理信息系统上的代价不可能太大。在系统的设计结构上针对性要强，对于大型的会展企业，服务器端就需要使用大型的数据库管理系统，而中、小型会展企业，尤其是小型会展企业，就无此必要，相应的投资就会减少。

2. 系统性

会展管理信息系统是作为一个整体存在的，整个系统的设计风格应一致，设计要规范，使用的计算机软件平台要尽量一致，系统采用的代码体系要统一，尽可能大地做到数据共享，使数据一次输入得到多次使用，而且人机界面的风格要一致等。

3. 适应性

适应性是指会展管理信息系统对环境的变化有很强的适应能力，系统修改、维护方便。系统应尽量采用模块化结构，提高各部分的独立性，尽量减少各子系统之间的依赖性，要做到既便于修改，又易于增加新的功能。会展管理信息系统可以由各种不同要求的处理功能模块组合而成，采用模块式结构以后，可以根据会展企业的具体情况，集合成不同形式和不同要求的会展管理信息系统。

4. 可靠性

可靠性是指会展管理信息系统在运行过程中抵御干扰、保障正常工作的能力。可靠性是系统正常运行的保证，它包括对错误数据的检错和纠错能力、对错误操作和外界干扰的抵御能力、系统的自恢复能力、数据在各会展功能模块之间传输的过程中的完整性及正确性等。

5. 安全性

会展管理信息系统的安全性指的是系统要设置安全保护措施，防止信息的泄露和破坏，特别是对观众和参展商的资料信息的安全保护尤为重要。安全性和可靠性既有联系又有区别，联系是指它们都是系统中的一些设置，防止信息的泄露和破坏；区别是可靠性主要防止系统产生不准确的信息，而安全性是防止已生成的信息被泄露和破坏。

6. 经济性

会展管理信息系统的经济性指在满足系统需求的前提下，尽可能减少系统的开销。一方面在硬件投资上不能盲目追求技术上的先进，而应以满足应用需要为前提；另一方面，系统设计中应尽量避免不必要的复杂化，各模块应尽量简洁，以便缩短处理流程、减少处理费用。

7. 高效性

会展管理信息系统的高效性是指系统的运行效率，系统的运行效率包括：吞吐能力，即单位时间内能处理的事务的个数；处理速度，即处理单个事务的平均时间；响应时间，即从发出处理请求到给出应答结果所需要的时间。在展会进行期间每天会有大量的观众进场参观，瞬时的人流量非常大，验证压力非常高，这就要求系统具有快速的响应时间来处理观众的入场验证管理。

系统设计必须根据实际需要和可能性进行综合分析，选择其中的最重要原则作为优先实现的设计指标。例如，财务系统的设计首先应该考虑的是可靠性，一个大规模的系统首先应该关注的是系统性，经常进行输入、输出和查询的系统可能首先要考虑系统的效率。而且这些原则有时是相互矛盾的，例如，在提高系统的可靠性时，往往以降低系统的效率为代价。

6.2 会展管理信息系统总体设计

系统总体设计又称系统初步设计或系统概要设计。总体设计的核心任务是，完成系统模块结构设计，即在目标系统逻辑模型的基础上，把系统功能划分为若干子系统，将子系统分解成功能单一、彼此相对独立的模块，形成具有层次关系的模块结构，包括系统模块的组成、模块的功能和模块间的相互关系。总体设计的任务还包括信息系统平台设计（机器设备的配置包括硬件和软件的配置、网络结构设计、计算机处理方式等）。

6.2.1 系统模块结构设计

系统模块结构设计的主要任务就是应用结构化设计方法，将整个系统合理地划分成各个功能模块，正确地处理模块之间与模块内部的联系以及它们之间的调用关系和数据联系，定义各模块的内部结构等。

1. 系统模块结构设计应遵循的主要原则

(1) 分解—协调原则

整个软件系统是一个整体，具有整体目标和功能，但这些目标和功能的实现又是相互联系的各个组成部分共同工作的结果，在处理过程中应根据系统总体要求协调各部分的关系。

(2) 模块化原则

功能结构设计的基础是模块化，通过一系列方法和技术将整个系统分解成相对独立的若干模块，通过对模块的设计和模块之间关系的协调来实现整个信息系统的功能。

(3) 自顶向下的原则

首先抓住系统总的功能目标，然后逐层分解，即先确定上层模块的功能，再确定下层模块的功能。

(4) 一致性原则

要保证整个软件设计过程中具有统一的规范、统一的标准、统一的文件模式等。

(5) 面向用户的原则

每个模块必须功能明确、接口明确、易于用户理解，坚决消除多重功能和无用接口。

2.　结构化设计思想

结构化系统设计方法（Structured Design，SD）是运用一套标准的设计准则和工具，采用模块化的方法进行系统结构设计，将一个信息系统的结构，分解成由许多按层次结构联系的功能结构图，即模块结构图。该方法提出一种用于设计模块结构图的方法，还有一组对模块结构进行评价的标准及进行优化的方法。这种方法是系统设计使用最广的一种设计方法，可与分析阶段的结构化分析方法与实施阶段的结构化程序设计方法前后衔接使用。

结构化设计方法的基本思想是使系统模块化，即把一个系统自上而下逐步分解为若干个彼此独立而又有一定联系的组成部分，这些组成部分称为模块。对于任何一个系统，都可以按功能逐步由上向下，由抽象到具体，逐层将其分解为一个多层次的、由具有相对独立功能的模块所组成的系统。在这一基本思想的指导下，设计人员以系统的逻辑模型为基础，并借助于一套标准的设计准则和图表等工具，逐层地将系统分解成多个大小适当、功能单一、具有一定独立性的模块，把一个复杂的系统转换成易于实现、易于维护的模块化结构系统。

结构化方法强调把一个系统设计成具有层次的模块化结构，我们希望获得这样一种系统：每个模块完成一个相对独立的特定功能；模块之间的关联和依赖程度尽量小；接口简单。

通常使用的设计工具主要有：系统流程图，HIPO(分层和输入—处理—输出)技术，控制结构图，模块结构图等。

3.　系统模块化

(1) 模块

所谓模块（Module），是指可以分解、组合及更换的单元，是组成系统、易于处理的基本单位。在管理信息系统中，任何一个处理功能都可以被看做一个模块。模块可以理解为能被调用的“子程序”，它具有输入和输出、逻辑功能、运行程序和内部数据四种属性。

(2) 模块化

模块化就是把系统划分为若干个模块，每个模块完成一个特定的功能，然后将这些模块汇集起来组成一个整体，完成指定功能的一种方法。采用模块化设计原理可以使整个系统设计简易，结构清晰，可读性、可维护性强，提高系统的可行性，同时也有助于会展管理信息系统开发和组织管理。

(3) 模块划分原则

a.模块要具有相对独立性

模块的划分必须使模块内部功能、信息等各方面的凝聚性较好。在实际中都希望每个模块或子系统相对独立，尽量减少各种不必要的数据、调用和控制联系，并将联系比较密切、功能近似的模块相对集中，这对以后的搜索、查询、调试、调用都比较方便。

b.要使模块之间数据的依赖性尽量小

模块之间的联系要尽量减少，接口要简单、明确。一个内部联系强的模块对外部的联系必然相对很少，所以划分时应将联系较多的都划入模块内部。相对集中的部分均已划入各个模块的内部，剩余的一些分散的、跨度比较大的联系，就成为这些模块之间的联系和接口。这样划分的模块，将来调试、维护和运行都非常方便。

c.模块划分的结果应使数据冗余较小

如果忽视这个问题，则可能引起相关的功能数据分布在各个不同的模块中，大量的原始数据需要调用，大量的中间结果需要保存和传递，大量计算工作将重复进行，从而使得程序结构紊乱。数据冗余不但给软件编制工作带来很大的困难，而且系统的工作效率也大大降低了。

d.模块的设置应考虑今后管理发展的需要

模块的设置仅依靠上述系统分析的结果是不够的，因为现存的系统由于这样或那样的原因，很可能没有考虑到一些高层次管理决策的要求。为了适应现代管理的发展，对于老系统的这些缺陷，在新系统的研制过程中应设法弥补。只有这样，才能使系统不但能够更准确、更合理地完成现存系统的业务，而且还可以支持更高层次、更深一步的管理决策。

e.模块的划分应便于系统分阶段实现

信息系统的开发是一项较大的工程，它的实现一般都要分期、分步进行。所以模块的划分应该考虑到这种要求，以适应这种分期、分步的实施。另外，模块的划分还必须兼顾组织机构的要求，以便系统实现后能够符合现有的情况和人们的习惯，更好地运行。

f.模块的划分应考虑到各类资源的充分利用

一个适当的系统模块划分应该既考虑到有利于各种设备资源在开发过程中的搭配使用，又考虑到各类信息资源的合理分布和充分使用，以减少系统对网络资源的过分依赖，减少输入、输出、通信等设备压力。

(4) 模块间的联系

结构化设计的基本思想，就是把系统设计成由相对独立、功能单一的模块组成的层次结构。为了衡量模块结构设计是否合理，提出了模块间的耦合（Coupling）与模块的内聚（Cohesion）两个概念。耦合衡量不同模块彼此间互相依赖的紧密程度；内聚衡量一个模块内部各个元素彼此结合的紧密程度。

a.耦合

耦合是对一个软件结构内不同模块之间互联程度的度量。设计和评价模块结构的一个重要原则是：尽可能地降低模块间的耦合度，从而提高模块的独立性。模块间的耦合度越低，表明模块间的联结越少，模块的独立性越好，模块间的互相影响就越小，模块的运行就很少受到其他模块运行的影响，模块的修改与维护工作也不会影响其他模块。耦合度低的模块结构设计，系统的复杂性降低，系统易于理解，易于修改与维护。模块间的耦合主要有四种形式：数据耦合、控制耦合、公共环境耦合、内容耦合。耦合是影响软件复杂程度的一个因素，在设计时应该采取以下原则：尽量使用数据耦合，少用控制耦合，限制公共环境耦合的范围，完全不用内容耦合。

b.内聚

内聚标志着一个模块内各个元素彼此结合的紧密程度，表示模块功能的专一化程度。模块内各组成部分的凝聚程度越强，模块的独立性越好。在设计模块时应尽可能做到系统中的每个模块内部都有很强的聚合度。内聚按程度从高到低可分为：功能内聚、顺序内聚、数据内聚、过程内聚、时间内聚、逻辑内聚、偶然内聚。

内聚程度的高低标志着模块构成的质量，在模块分解时应尽量使其内聚程度较高，其中功能内聚最理想。

耦合和内聚从两个方面描述了模块设计的质量，是两个相辅相成的标准。通常，提高模块的内聚程度，必然降低模块间的耦合度。

6.2.2 系统平台设计

会展管理信息系统是以信息技术为基础的人机系统，会展管理信息系统的平台是管理信息系统开发和应用的基础，它对会展管理信息系统的功能和性能影响很大。平台设计包括计算机软硬件的选择、网络系统的设计、数据库管理系统的选择等。系统平台设计要根据会展管理信息系统的规模目标、应用环境、功能需要等多方面因素进行综合评价以确定最终的选型设计。合理地选择和配置这一系统平台，可以使我们以最小的代价获取最大的效益。下面从计算机处理方式、计算机软硬件配置、计算机网络、数据库管理系统的选择和设计等方面进行简要的讨论。

1. 计算机处理方式设计

计算机处理方式是根据会展系统功能和业务特点以及性能／价格比而选择的处理模式。计算机处理方式有批处理、联机实时处理、联机成批处理及分布处理等多种。在实际中，根据应用环境和功能需要，采用混合计算机处理方式以获得最佳性能／价格比。

(1) 批处理

将准备处理的业务数据，先由人工收集、整理并录入到一定的介质（磁带、磁盘、光盘等）上，然后将一批数据集中起来交给计算机进行顺序处理，这种方式叫做批处理。这种集中处理方式成本较低，计算机使用效率较高。但是使用这种方式时，许多业务工作需要人工整理、管理，并且存在着信息滞后问题，不能及时地得到有关业务决策信息。

(2) 联机实时处理

联机实时处理是指每一项随时发生的业务信息都可以及时输入到计算机里，并立即进行处理，同时将计算机处理结果及时反馈给有关业务人员。这种方式能够及时得到有关信息，提供决策信息。但相对来说，系统实施成本较高，除了对硬件、软件有特殊要求外，在系统维护、安全、恢复方面也需要采取相应措施。

(3) 联机成批处理

这种处理方式介于以上两种方式之间。业务数据通过用户终端实时或分批输入，在一定的时间内进行集中批处理。这种方式比批处理方式费用高，但比实时系统费用低得多。这种方式具有较快的信息提供速度，能均衡计算机使用负荷，提高信息处理的准确程度和主文件的安全性。

(4) 分布式系统

分布式系统的思想是将整个系统分成若干个在地理上分散设置、在逻辑上具有独立处理能力的子系统，这些子系统在统一的工作规范、技术要求和协议指导下进行工作、通信和控制，它们相互联系且资源共享。

这种方式的特点是集中管理、分散使用、容易适应环境，从而使系统的灵活性增强，可靠性增加，不会因为某一机器发生故障而影响整个系统的运行。这种方式特别适合于企、事业单位的管理机构。随着计算机网络和通信技术的发展，它将成为计算机处理方式的主流。

2. 计算机硬件配置

计算机硬件的配置取决于数据的处理方式和要运行的软件。若数据处理是集中式的，则采用单主机多终端模式，以大型机或高性能小型机为主机，使系统具有较好的性能。如果一个系统的处理方式是分布式的，则采用微机的网络将更能有效发挥系统的性能。

计算机硬件配置同时也应考虑数据处理的存储设备，包括硬盘、软盘、磁带和光盘的选择和配置；考虑人机接口设备，常用的有显示器、键盘、鼠标、条形码扫描器和打印机等设备的选择和配置。

目前，由于微机在性能上提高很快，价格相对较低，对于会展企业来说，选择以微机作为硬件支撑环境的网络系统较为适宜。

3. 计算机网络系统设计

计算机网络是计算机技术与通信技术相结合发展的产物。现代化的 MIS 是复杂的大系统，各子系统之间需要进行信息交换和资源共享。可以说，现代管理信息系统的重要特征是应用计算机网络和数据库管理系统。计算机网络系统的性能直接影响 MIS 的功能和应用。下面谈谈在计算机网络设计中应考虑的几个问题。

(1) 中小型主机方案与微机网络方案的选取

中小型主机方案是采用主机—终端方式实现系统功能，这种方案是将所有的信息处理都集中在主机上，终端只是信息的输入和显示，不进行有关信息处理。微机网络方案是采用多台微机，将其连接成网络，共同协作完成信息的处理。对这两种方案的选取是在实施会展管理信息系统时首先必须考虑的问题。

当今，微机网络技术发展很成熟，单台微机的处理能力也很强，利用微机网络既可以实现管理事务的分布式处理，又可通过数据服务器实现各部门之间的信息共享，它的事务处理结构与会展企业的分级分布式管理机构十分相似，因此它是实现会展管理信息系统的一种很好的网络环境。此外，微机网络还具有性能 / 价格比高，使用、维护方便等特点。

中小型计算机的事务处理能力显然比微机强得多，如果把它作为主机，可充分发挥其速度快、处理能力强的特点，集中处理那些运算量很大、很复杂的问题。从这一点看，微机网络是无法取代中小型计算机的。所以说，究竟采用哪一种方案或两种都采用，取决于系统的应用环境、功能需要以及问题的复杂程度。

(2) 网络拓扑结构设计

网络拓扑结构一般有总线、星状、环状、混合状等。在网络选择上应根据应用系统的地域分布、信息流量进行综合考虑。一般来说，应尽量将信息流量最大的应用放在同一网段上。

(3) 网络的逻辑设计

通常首先按软件将系统从逻辑上分为各个分系统或子系统，然后按需要配备设备，如主服务器、主交换机、分系统交换机、子系统集线器（Hub）、通信服务器、路由器和调制解调器等，并考虑各设备之间的连接结构。

(4) 网络操作系统

目前，流行的网络操作系统有 UNIX、Linux、Netware、Windows 2003 等。UNIX 历史最长，是唯一能够适用于所有应用平台的网络操作系统；Netware 网络操作系统适用于文件服务器/工作站模式，市场占有率越来越小；Windows 2003 由于其 Windows 软件平台的集成能力，随着 Windows 操作系统的发展和客户机/服务器模式向浏览器/服务器模式延伸，无疑是有前途的网络操作系统。

以上只对计算机网络设计有关主要问题进行了简单的说明，网络设计中还有网络协议、网络管理、远程用户等问题，在此不多讨论。在具体设计选型时要综合平衡，使系统性能 / 价格比最佳。

4. 数据库管理系统的选择

会展管理信息系统是以数据库系统为基础的，一个好的数据库管理系统对会展管理信息系统的应用有着举足轻重的影响。在数据库管理系统的选择上，主要考虑：数据库的性能；数据库管理系统的系统平台；数据库管理系统的安全保密性能；数据的类型。

目前，市场上数据库管理系统较多，流行的有 Oracle、DB2、Sybase、SQL Server、Informix、FoxPro 等。Oracle、Sybase、DB2、MySQL 均是大型数据库管理系统，Oracle、DB2 运行于客户—服务器模式，是开发大型 MIS 的首选；Microsoft 推出的 Visual FoxPro 在小型 MIS 中最为流行；Informix、SQL Server 则适用于中型 MIS 的开发。

5. 应用软件的选择

根据应用需求开发会展管理信息系统是系统开发的一般情况，这样开发的系统最容易满足用户的特殊管理要求。但随着计算机产业的发展，也出现了许多商品化应用软件，这些软件技术成熟、设计规范、管理思想先进，直接应用这些商品化软件既可以节省投资，又能够规范管理过程、加快系统应用的进度，这时，就不一定要重新开发，而可以选用这些成熟的商品化软件。这时，系统设计人员就面临着应用软件的选择问题。

选择应用软件应考虑以下几个方面的问题：

(1) 软件是否能够满足用户的需求？根据系统分析的结果，在软件功能上应注意以下问题：

- 系统必须处理哪些事件和数据?软件能否满足数据表示的需要，如记录长度、文件最大长度等？
- 系统必须能够产生哪些报告、报表、文档或其他输出？
- 系统要储存的数据量及事件数如何?
- 系统必须满足哪些查询需求?

◆ 系统有哪些不足之处？如何解决？

(2) 软件是否具有足够的灵活性？由于管理需求的不确定性，系统应用环境不可避免地要经常发生变化，因此，应用软件要有足够的灵活性，以适应应用对软件的输入、输出的要求。

(3) 软件是否能够获得长期、稳定的技术支持？对于商品化软件，稳定的技术支持是必需的。这一方面是为了保证软件能够满足需求的变化，另一方面是便于今后随着系统平台的升级而不断升级。

总之，在进行会展管理信息系统平台设计时，应对以上几个方面的问题从使用性能和价格等方面进行认真分析，提供多个物理系统设计方案，通过对各个设计方案进行分析、比较，选择性价比最高的设计方案。

6.3 会展管理信息系统功能设计

6.3.1 会展管理信息系统总体结构

会展管理信息系统可以以客户关系管理为核心，帮助会展企业将信息系统、观众、参展商和服务供应商、合作伙伴等融合到一个公共信息平台上，并将客户信息流引入会展运营管理中，在业务实施过程中实现信息有序流转，最终达到科学管理、资源共享，并为企业提供信息化决策支持。

会展管理信息系统总体结构可作如下设计，包括会展运营管理系统、客户关系管理系统、决策支持系统三大子系统，如图 6-1。其中，会展运营管理系统中包含会展业务管理系统、会展现场管理系统、会展门户网站系统及会展企业办公系统；客户关系管理系统包含参展商管理、专业观众管理、合作伙伴管理及服务供应商管理；决策支持系统包括会展决策模型管理与会展决策分析。

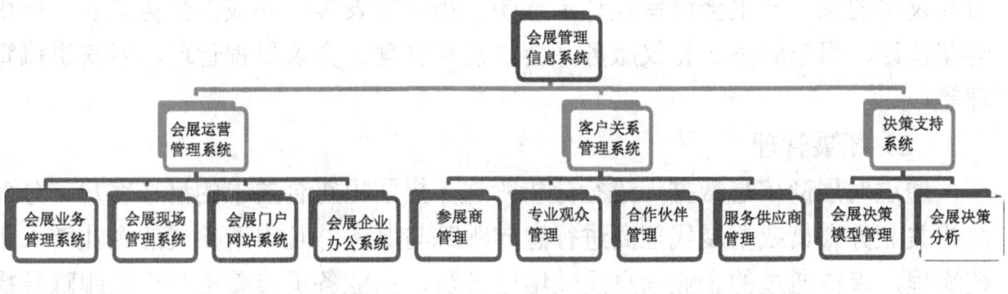

图 6-1　会展管理信息系统总体结构图

6.3.2 会展运营管理系统

会展运营管理系统是主要解决会展企业日常办公信息化及业务管理信息化的子系统，其功能较为庞大，如图 6-2 可分为会展业务层管理、会展现场管理、会展门户网站、会展企业办公系统几大部分。其中，会展现场管理的功能本应属于业务层的内容，但因其业务发生时段比较集中，现场的工作也比较重要，在此作为一个独立的模块列出。

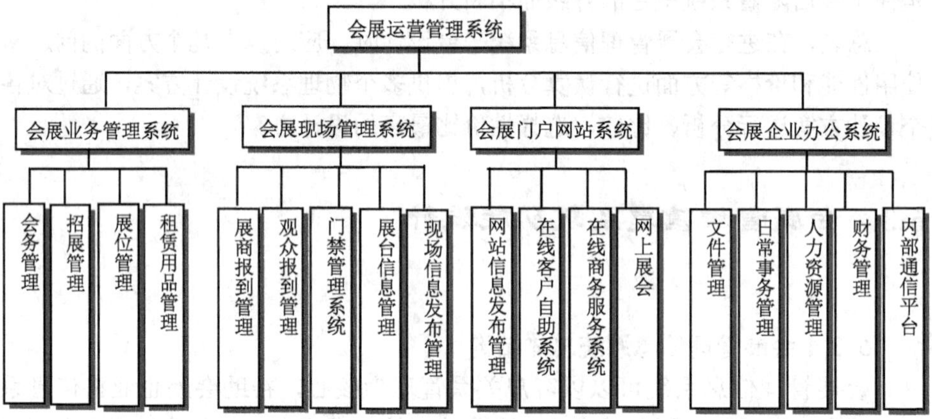

图 6-2　会展运营管理系统

1.　会展业务管理系统

会展业务管理模块是为了作好展会组织服务和招商的规范化管理，是会展企业信息化处理的主要部分，其功能包括会务管理、招展管理、展位管理、租赁用品管理。

（1）会务管理

会务管理需要系统对会务工作进行管理，包括对会议室的管理，根据客户对会议室的预订产生会议室预订示意图和预订报表等，并根据会务需要，提供鲜花预订、租车服务、礼仪服务、会议嘉宾管理、会议日程管理、嘉宾讲稿管理等。

（2）招展管理

通过对展商信息数据库进行分析筛选，提取出符合要求的潜在客户，分配给相关业务人员或招展代理商进行意向跟踪与服务，凡申请参展的企业转入审核流程，审核通过的企业信息反馈给业务员，由业务员接着进行合同跟踪并提供其他服务。

（3）展位管理

展位管理能够帮助组展企业在招展过程中更直观、更有效地销售展位。在展位管理模块中，可以利用 GIS 技术，生成直观的展位图，清晰地方便地显示展位的分布情况，如在展馆的每一楼层布置了多少展位，展位是如何划分的，每个展位的展位号是多少等。在招展过程中，凡是已被销售的展位或是已经预订的展位，都可以在展位图上注以不同的标记，并根据招展的实际情况进行变更操作。在展位图上直接分配展商，即展商与展位形成对应，这种对应可以是一对一，也可以是多对一，也就是一个展商可以被分配一个展位，也可以分配多个展位。每个展位除了与展位号、展商对应外，还与其销售状态、回款状态、代理状态等与该展位相关的情况对应。展位管理还包括对展位数、展位价格的自动计算功能。

（4）租赁用品管理

租赁用品管理指对参展商提供的办公器具、设施设备的租赁服务提供管理。包括租赁用品清单（含名称、价格、单位、标准配置数量、特装配置数据）的生成、基于一定权限的更改等，并对关联价格（如参展费用、合同价格）作同步修改。

2. 会展现场管理系统

越来越多的会展组办者认识到现场管理的重要性，现场是参与者直接体验组织者服务水平和能力的舞台。现场需要应对和处理庞杂的事务，不容许有任何错误和误差，否则会对会展项目造成不良影响。

会展现场管理系统的功能是为会展组办方提供现代化的会展活动的现场服务，帮助组展企业科学地处理展商报到、现场观众登记和现场信息发布等管理工作。主要包括参展商报到管理、观众报到管理、门禁管理系统、展台管理、现场信息发布管理五大模块。

（1）参展商报到管理

由于参展商的信息都是展前登记的，参展商到会报到时只须凭展位确认书或付款凭证等相关材料进行注册，在注册之前系统根据展商信息提示是否还有款项未支付，工作人员根据系统提示通知展商办理相关付款手续，当展商手续办妥后，系统进行注册，并根据展商实际情况生成布展证、参展证、临时施工证等相关证件。

（2）观众报到管理

现场报到的观众分现场登记观众与非现场登记观众。

非现场登记观众是指那些展前通过组展商网站或展会专用网站进行在线登记并通过审核的观众，以及通过电话、E-mail 等渠道已经与组展商取得联系并登记在册的观众。这类观众到场后，系统只要凭登记时产生的观众号生成参观证即可，对已经在线打印了参观证的观众只要扫描确认即可入场。

现场登记是在观众入场之前收集关于他们的信息的过程，对于那些未进行预登记的观众，需要在现场进行登记，系统提供现场观众信息采集平台。而对于那些虽未事先登记，但参加过历届展会的观众，系统能根据姓名等关键字段进行搜索，在获取该观众的信息后进行核对并更新相关信息，即可生成参观证。

（3）门禁管理系统

门禁管理系统主要承载着展览会现场的买家信息收集和整理的工作，提供基于手持 PDA 和固定闸机的两种不同方式的门禁管理系统，实现对观众进出馆权限的控制和对观众行为信息的采集。通过门禁管理系统能够有效准确地收集观众数据并形成为观众数据管理平台提供支持的重要信息。

（4）展台信息管理

展台信息管理是主办方对参展商提供的现场信息化服务。

通过在展台预先布置读卡器、PDA 等终端设备，读取到展台参观的观众信息，每日可生成展台参观报告，到整个展会结束时，再生成涵盖整个展期的展台观众参观报告。报告中既有观众参观该展台的每日统计数据和总计数据，又有这些观众的详细信息，再加上观众的行为数据分析，这组信息是参展商最为关注的信息。参展商通过这组数据，获知哪些观众对自己的产品感兴趣，这些观众来自什么地区、什么行业、如何联系等，从而作为本企业需要重点关注、及时回访的客户。

（5）现场信息发布管理

会展现场信息发布系统一般可分为多媒体信息发布平台和触摸式自助查询平台及短信发布平台三种。

多媒体信息发布平台可以采取集中控制、统一管理的方式将音视频信号、图片和滚动字幕等多媒体信息通过网络平台传输到显示终端，以高清数字信号播出，能够有效覆盖楼宇大堂、会议室、办公室、会客区、电梯间、通道等人流密集场所。这种发布方式可以用于参展商的产品广告播放、会展相关活动安排、展会通知等展会相关资讯。

触摸式自助查询平台主要为观众及参展商提供现场信息自助查询服务，内容可以包括展位分布图、展馆开放时间、展会相关活动安排、票务资讯、场馆路线、城市交通路线以及旅游路线等，并可设置观众调查项目。当然由于触摸式操作方式的局限性，调查的题型仅限于选择题。

短信发布平台依赖门禁系统的入馆观众及参展商数据，提取他们的手机信息，批量发送展会相关资讯。

3. 会展门户网站系统

互联网正以其强大的突破时空限制的资讯传播能力、方便快捷的即时商务服务功能，成为公众获取资讯和服务的重要途径。会展门户网站是会展项目在网上的窗口，一个会展项目如果不能充分利用互联网技术来提升其综合竞争能力，为自己的客户提供更快捷的优质服务，将很难在如此激烈的竞争中生存。一个功能完备的会展网上信息化平台，不仅代表着会展项目的品牌形象和管理需求，更代表着会展项目和会展企业的综合竞争力以及以客户为中心的服务水平。会展门户网站系统一方面保证网上服务需求及时送达企业内部业务系统，同时亦能减轻内部员工的部分工作量，通过内部业务系统处理来自互联网的需求，从而大大拓展客户来源和提高客户参与度与满意度。

会展门户网站的功能包括网站信息发布管理、在线客户自助系统、在线商务服务系统、网上展会四大模块。

（1）网站信息发布管理

会展企业通过网站信息发布平台将展会相关的信息及时准确地在互联网上发布，使浏览者全面了解展会概况和展会动向，通过互联网下载和打印相关的表单资源，使参展商、观众、组展商、服务供应商等进行实时顺畅的沟通。

网站信息发布平台不但提供强大的信息发布功能，还提供电子邮件群发功能。系统可根据展商和观众数据库，提取潜在客户信息（E-mail 地址）进行宣传推广，定时向这些客户批量发送展会宣传资料、展会动态、参展指南、参展商及观众邀请函等。

（2）在线客户自助系统

在线客户自助功能为参展商、观众及各类服务商或合作伙伴等提供在线自助服务，这是一个全天候、全球服务入口。客户或潜在客户在打开网站后，通过注册、登录操作，更改或填写客户信息表，完成客户信息采集，通过网络平台自助递交申请，当参展商提交的申请获批后，即可进行在线展位选择等操作，而观众注册登录后可获取观众参观号，并可在线打印参观证。在线客户自助系统使企业对客户的服务空间拓展到互联网上，让客户无时无处不感觉到服务的存在。

利用网络对参展商和观众及服务供应商等客户开展网上调查，也是在线客户自助系统的一大功能。网络调查的优势在于被调查者接受调查的时空限制小，可以从容地回答问题，调查结果较为可靠；再加上网络覆盖面广这一优势，组办方可以获取大量被调查者的调查信息，这是传统的调查方式所不能比拟的。

（3）在线商务服务系统

组办方可以与服务供应商联手，在网上提供在线商务服务。如参展商和观众可以通过在线商务服务系统，在网上预订酒店、机票，还可以咨询旅游线路、市内交通等相关问题。展商还可通过该平台，与展台搭建商、展品运输商商谈展台搭建、展品运输等事宜，让客户在展前对参展的相关事宜做好安排，从容赴展。

（4）网上展会

近年来，我国会展业进入快速发展时期，但也不可否认会展业也面临着发展瓶颈，展会的数量与日俱增，过度开垦导致展会泛滥，利润下降。同时地域限制、时效限制是展会发挥其作用的最大客观局限。

随着信息技术、电子商务的发展，网上展览应运而生。对于会展业来说，网上展会可以最大限度地发挥展会的作用，尽可能减少因时空局限带来的不利因素，同时保持其直观、互动的特点。

网上展览模块提供网上展厅、展位管理功能，组办方可根据实体展的展位销售信息，直接与网上展览的展位相对应，让观众通过网上浏览展台，熟悉实体展的展位安排情况，以便有针对性地参加实体展。

对应每一个展台，网上展览系统提供该展台的企业信息、产品信息等服务，观众可以自由浏览展台信息。参展商也可通过网上展览系统获取浏览过本展台的观众信息，以便与其作进一步的沟通交流，或在展后对客户进行跟踪回访。

在网上展览系统中，观众可根据自身的商务需求，通过网站提供的贸易配对功能，找到适合的参展商进行在线商务洽谈，或与参展商进行预约，在展览会现场进行进一步的沟通交流。对于那些通过网上展览直接达成交易的双方，通过网站提供电子商务平台，完成签订合同甚至是网上付款等事宜。

4. 会展企业办公系统

会展企业办公系统的核心问题是帮助会展企业提高日常的办公效率，以先进成熟的计算机和通信技术为主要手段，建立一个覆盖会展企业各部门的办公信息系统，通过网络技术，提供企业内容及企业与外界之间的信息交换，实现办公现代化、信息资源化、传输网络化和决策科学化。

会展企业办公系统包括企业的文件管理、日常事务管理、人力资源管理、财务管理及内部通信平台五大模块。

（1）文件管理

文件管理功能一方面实现收文处理和发文处理的电子化，提高公文处理的效率；另外对文件的存放、阅读和查找进行有效的组织与控制，并提供快捷的检索工具。通过访问权限控制，提供针对文件库、文件夹和文件的访问权限控制，确保文件访问与操作的安全。对于办公中形成的各类文件可直接归档，并按档案管理规范进行管理和利用，实现文档管理的一体化。

（2）日常事务管理

日常事务管理是把企业日常办公事务信息化，有效提高办公效率。

网上审批：工作报告、工作请示、采购申请、出差申请、报销、请假等日常工作流程都可以通过网上办理和审批。

工作监控：管理层可对各项工作的进展情况进行实时监控，了解员工的工作进展情况，并可进行催办。

会议管理：对内部会议的全过程进行管理，由会议计划和会议纪要两部分组成。会议计划包括：计划拟定、计划审批、通知和会议安排查询。会议纪要包括：纪要拟稿、核稿、审批和纪要文件管理与查询。

工作安排：提供个人日程、共享日程和日程提醒等功能，使用户能够更有效地安排自己的工作时间。

活动安排：提供领导活动计划拟定与审批、日程安排的查询等功能。

车辆管理：提供车辆资料登记、车辆状态网上实时查询、用车申请、用车审批、车辆与司机调度等功能。

资源管理：提供单位内各类可共享资源分类与登记、实物资源的库存和可领用信息查询、资源预约申请、审批与调度等功能，实现网上资源管理并提高资源利用率。

（3）人力资源管理

人力资源管理提供员工人事档案、劳动合同、劳动工资、奖惩记录及培训记录等管理功能，方便进行查询和报表输出。

（4）财务管理

财务管理的最高层次是业务和财务的完美结合，即财务和业务的一体化。实现财务系统与销售、供应、生产等系统的数据共享，统一管理，实现生产经营全过程的信息流、物流、资金流的集成和数据共享，保障企业财务管理工作规范化、高效化。以财务管理为核心，以成本控制为重点，建立产、购、销、存一体化的内部财务信息系统，做到“信息集成、过程集成、功能集成”和数据共享，真正为决策服务。

由于传统流程的束缚，同一笔业务存在多个信息入口，员工信息录入处理工作的重复低效劳动造成信息的不对称及信息孤岛。在新的企业信息化管理思想指导下，需要对传统的信息处理流程进行变革：当业务事件发生时，各业务子系统按照业务规则进行处理的同时，按照信息规则生成会计凭证（如果是处理销售发票，那么根据销售发票和自动转账分录模板自动生成会计凭证），并将结果放在数据库中；企业各部门业务人员都可以通过报告工具自动输出所需要的结果，如财务人员通过报告工具，按照管理需要或财会语言自动输出所需的信息。

财务管理模块按照新的管理信息系统的设计思路，对财务事务进行信息化管理。财务管理可以由财务核算和成本核算两部分组成。

财务核算主要对凭证、明细账、日记账、余额表及银行对账单进行管理，完成余额表、总账、明细账及日记账的输出，并打印出各种报表。

成本核算包括各种费用单据的管理、结算单的核算、往来账的管理、各项成本的管理和各种间接费用在成本项目中的分摊，并制作凭证，查询输出成本情况及往来账目情况。

（5）内部通信平台

内部通信平台是一个能够使企业内部各部门员工通过网络平台实现网上通信的功能模块。企业内部人员可以通过平台提供的电子邮件系统实现发送、转发、群发等功能；平台还设置在线即时交流功能，系统内嵌即时交流系统，为企业内部员工提供一个实时交流和留言的平台。内部通信平台中的手机短信功能可以以短信形式将通知发送到非在线用户手机中，确保重要事件的及时通知；另外，可以在电子公告板上发布各种公共信息如公告、通知或启事等。总之，内部通信平台可以架起企业各部门之间、各员工之间的信息交流桥梁，有利于企业文化的快速传播。

6.3.3 会展客户关系管理

会展企业实施客户关系管理不是为了单纯地以客户为中心，而是要通过这一手段取得最大化利润。会展企业实施客户关系管理，是采取一种与客户互动的方式，了解客户的需求，满足客户需求，保持客户关系，创造客户忠诚，最终获得客户的长期价值。在这个过程中，会展客户关系管理作为一种管理策略，存在于会展企业的各个业务流程中。

会展客户关系管理首先是一种“以客户为中心”的管理理念；其次是一套CRM系统，这个系统将“以客户为中心”的思想变成一个操作性很强的IT系统，并可集成会展企业的招展、招商、客户服务等业务流程。

会展客户关系管理包含参展商管理、专业观众管理、服务供应商管理及合作伙伴管理四大模块，如图6-3所示。由于会展CRM的信息流覆盖整个业务流程，其基本功能不仅包括客户基本信息的采集、查询及相关服务的管理，还包括销售管理、营销管理等运营环节中的一些功能。为使整个会展管理信息系统视图更为清晰，在此将会展客户关系管理作为一个独立的子系统进行分析。需要指出的是，不管是在运营环节还是在客户关系管理模块，对客户的操作数据都将进入统一的客房数据库。

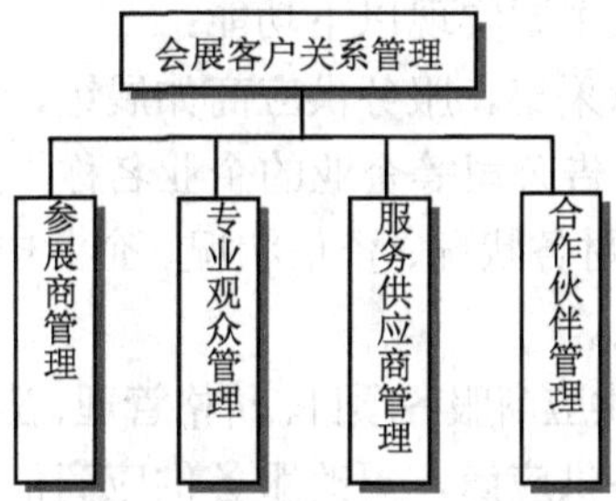

图 6-3　会展客户关系管理

1. 参展商管理

参展商管理模块主要实现以下功能：

参展商基本信息采集。采集录入参展企业的详细信息，如企业中英文名称、企业地址、邮编、企业性质、企业所属行业、企业规模、企业产品、企业电话、传真、网址、E-mail、企业负责人、参加本次展会的负责人姓名和职务等。

参展商分类。按展会的题材及展会的展区展位划分情况，对参展商进行分类。

参展商参展申请审批。对拟参展本次展会的参展商提交的申请按组委会对参展企业的要求进行审批。审批结束将审批情况返回业务员，由业务员对参展商进行下一阶段的跟踪服务。

参展商信息查询。按展商名称、产品性质、企业性质、历届参展情况等关键属性对展商进行分类查询，并生成查询清单以便查看或打印、批量打印展商信封、发送邀请函等。

其他功能。增删参展商、参展商组团设置、潜在展商与现实展商的转换等。

2. 专业观众管理

专业观众管理模块主要有以下功能：

专业观众基本信息采集。专业观众姓名和性别，所属公司名称、地址、邮编、网址，专业观众的职务、电话，传真、E-mail 等。

专业观众调查管理。调查问卷的题目设置及打印、问卷回收整理（对于纸质问卷逐份录入、对于网上问卷剔除无效问卷）、问卷结果统计。

专业观众信息查询。通过门禁数据查询每日入馆观众清单、所有入馆观众清单、入场情况统计，按职业、所属企业性质、国籍、地区等关键属性进行查询统计，并存入查询清单及统计报表；批量打印观众邀请函，邮件发送观众邀请函，生成观众条码等。

其他功能。增删专业观众，更改专业观众信息等。

3. 服务供应商管理

服务供应商管理模块主要实现以下功能：

服务供应商基本信息采集。服务供应商如展馆、承建商、运输代理商、旅游代理商、宾馆餐饮、广告公司等企业的企业名称、企业地址、邮编、企业性质、企业所属行业、企业财务状况、资信状况、企业电话、传真、网址、E-mail、企业负责人、业务联系人。

服务清单管理。服务供应商服务项目、价格管理、应收应付状况、交易记录等。

其他功能。增删服务供应商，更改服务供应商信息等。

4. 合作伙伴管理

合作伙伴包括主办单位、协办单位、支持单位、媒体、赞助商等。对合作伙伴的管理包括：

合作伙伴信息采集。如媒体等。

媒体单位基本信息。如名称、参会人员姓名和性别、地址、邮编、电话、传真、邮箱等。

媒体单位性质。如日报、周刊或月刊、网络媒体、新闻代理、电台、电视台、出版社等。

媒体身份证明登记。如记者证等。

其他功能。如合作伙伴的增删、信息更改等。

6.3.4 会展决策支持系统

会展业自身发展和对应用信息管理系统的使用，使得会展企业对经营管理数据有了相当的沉淀和积累，会展决策支持系统就是利用人的智慧对这些信息管理系统数据进行挖掘和处理，获取关键信息来帮助决策层依据可靠的分析数据作出决策。会展决策支持系统包括会展决策模型管理与会展决策分析两部分，如图 6-4 所示。

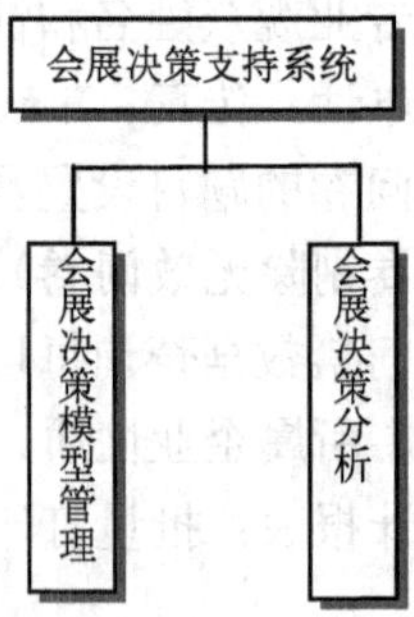

图 6-4 会展决策支持系统

1.　会展决策模型管理

会展决策模型设计要充分考虑到会展行业的特点及会展企业的运营模式，在对会展企业所积累的数据作详细考察的基础上，依据已有的数据及企业的经营决策需求，运用相关计量分析方法作模型定义与设计，并根据模型的预测结果与实际情况的对比，对模型进行反复修正，以实现预设的模型目标。会展决策模型包括比率法模型、季节分析模型、加权平均模型、指数平滑模型、平均法模型、周期分析模型等。

2.　会展决策分析

会展决策者根据决策需求，通过选择模型库中已经设计好的会展决策模型，并按决策的时间序列调用数据库中相关数据，通过模型对会展数据进行处理，获得预测结果，对预测结果作进一步的分析，并输出预测分析报告。会展决策分析主要应用于会展规模分析、展览时间分析、展商分析、观众分析和展览经济效益分析等方面。

思考题

1. 会展管理信息系统设计时需要遵循的原则是什么？
2. 会展管理信息系统总体设计的核心任务是什么？
3. 简述会展管理信息系统总体结构。
4. 如何理解会展运营管理系统与会展客户关系管理两大子系统之间的数据关联性？

第7章

会展管理信息系统的实施和管理

学习目的

通过本章学习，了解会展管理信息系统实施阶段的任务和主要活动；了解会展管理信息系统运行、维护、控制的相关内容和目标。

主要内容

会展管理信息系统实施阶段的主要活动；新旧系统切换；系统运行管理；系统维护管理的任务和内容。

7.1 会展管理信息系统的实施

在系统分析与系统设计的阶段，开发人员为新系统设计了它的逻辑模型和物理模型。系统实施阶段的目标就是把系统设计的物理模型转换成可实际运行的新系统。

7.1.1 会展管理信息系统实施概述

系统实施阶段是成功地实现新系统、赢得用户对新系统信任的关键阶段。系统实施阶段，涉及大量的人力、物力，花费时间也比较长，实施过程中有大量的组织协调工作，需要管理人员进行全面安排，所以这个阶段必须有周密的计划和安排。

1. 会展管理信息系统实施阶段的任务

系统设计完成后，就可以进入新系统开发的实施阶段。系统实施阶段的主要目标是将新系统的物理方案转换成可执行的应用软件系统，其任务主要包含实现、运行和维护管理信息系统项目而进行的一系列活动。其中包含物理系统的实施、程序设计、系统调试、项目管理、人员培训、数据准备与录入、系统转换或导入及系统维护等。系统实施阶段是新系统开发过程中的最后一个阶段，也是任务最繁重的一个阶段。在此阶段系统开发人员不仅要完成系统的具体实施，而且还需要将系统正确地导入到用户的管理环境，使用户能够顺利地接收、使用系统。

在系统分析和系统设计阶段，系统开发工作主要集中在逻辑、功能和技术设计上，工作成果是以各种系统分析与设计文档来体现的。系统实施阶段要继承此前各阶段的工作，将图纸上的设计转化成为实际的物理系统。因此，系统实施工作必须在系统分析和系统设计工作完成后，严格按照系统开发文档进行。系统实施工作是以系统设计文档资料为依据的。系统开发者只有通过系统开发文档，对系统目标、系统总体设计、系统物理配置与计算模式设计、代码设计、数据库设计、系统输入输出设计等有了明确理解和认识之后，才能开始系统实施工作。

2.　会展管理信息系统实施阶段的领导

一般而言，管理信息系统的规模越大，实施阶段的任务就越复杂。因为系统实施不仅仅是技术上系统的实现问题，而且还牵涉各个方面的协调运作。随着系统的实施，可能导致组织结构、管理体制、业务流程等方面的变化。为保证系统顺利实现，需要投入大量的人力、财力和物力，因此，系统实施阶段的组织与管理工作非常重要。系统实施领导工作应有专门的领导小组，小组的组长必须是组织的最高管理者。在系统正式开始实施之前，由领导小组和实施专家制定出周密的系统实施计划，确定系统实施的方法、步骤、所需的时间和费用，并且及时监督计划的执行，经常检查计划完成情况，分析实施滞后原因并及时调整计划，做到既有计划又有检查，以保证系统实施工作的顺利进行。

3.　会展管理信息系统实施阶段的主要活动

系统实施的一系列活动可以分为四个阶段：第一个阶段是由系统设计文档到物理系统的实现系统阶段，包括物理系统的实施、制定程序设计标准和程序设计等活动。第二个阶段是对物理系统进行测试的系统测试阶段。第三个阶段是系统试运行阶段，系统的试运行是系统测试的延续，系统实际运行是对系统最好的检验和测试方式。系统在正确试运行一段时间后，才可以正式投入运行，此时就进入了系统实施的第四个阶段——系统正式运行阶段。在系统的运行阶段，将进一步考查系统工作质量及系统产生的效益，这就需要对系统进行必要的维护和管理。

会展管理信息系统实施阶段的主要活动有以下几个方面：

(1)　物理系统的实施

包括计算机及网络产品的购置和机房的建立。根据系统设计阶段所确定的系统物理配置，选择合适的计算机及网络产品。目前市场上众多厂家、型号的计算机和网络产品为物理系统的实施提供了广阔的选择余地。购置计算机和网络产品的基本原则是能够满足管理信息系统的设计要求，并且具有合理的性能价格比和良好的可扩充性与兼容性。购置好计算机及网络产品后，就要按照安全、规范和实用的原则，建立计算机机房，安装和调试设备。

(2) 建立数据库

数据库是管理信息系统的一个基本组成。建立系统数据库的工作分为两个阶段，即建立数据库结构和加载基本数据。在系统分析和系统设计阶段，已经完成了数据与数据流程分析、数据库的设计工作。系统实施阶段在前期规范的工作基础上，就能够很快地建立一个大型的数据库结构。

完成数据库的结构实施后，需要为数据库加载必要的基础数据。系统的运行不仅需要输入管理过程中所发生的业务数据，而且还需要输入大量的基础数据。这就要组织大量的人员收集整理各种基础数据，核对无误后输入到数据库中。

(3) 程序设计

在系统设计阶段，各个会展管理功能模块的设计方案已经基本成型。程序设计，就是根据模块设计说明书，选择合适的程序设计语言书写源程序以完成系统的功能。

(4) 系统测试

系统测试是保证系统顺利运行的必不可少的步骤，运用一定的测试方法对初步实现的系统进行由模块到子系统，再到整个系统的逐级测试和全面测试，以排除错误，完善功能。

(5) 人员培训

会展管理信息系统的正常运转离不开高素质的员工队伍。人员培训是保证会展管理信息系统实施成功的一个重要步骤。人员培训工作一般与程序设计和测试工作同步进行。

(6) 系统转换

系统转换是指以新开发的系统替换旧的系统，并使之投入使用的过程。新系统投入运行时必须做好与现行系统的转换工作，以保证组织业务不受影响。

(7) 系统维护

在系统运行过程中可能会发现一些在系统测试过程中所没有发现的问题，用户可能会发现需要增加一些在系统需求过程中没有提及的功能，此时需要对系统进行一些必要的维护，才能保证系统能够正常运行或发挥更大的作用。

7.1.2 程序设计

程序设计是系统实施中非常重要的一步。程序设计工作是依据系统设计说明书中模块处理过程的描述，选择合适的计算机语言，编制出正确、清晰、容易维护、容易理解、工作效率高的程序。

1. 程序设计的任务与基本要求

程序设计的任务是为新系统编写程序，即把详细设计的结果转换成某种计算机编程语言写成的程序。该阶段相当于机械工程中图纸设计完成后的“制造”阶段，程序设计的好坏直接关系到能否有效地利用电子计算机来圆满地达到预期目的。

高质量的程序，必须符合以下基本要求：

(1) 程序的功能必须按照规定的要求，正确地满足预期的需要。

(2) 程序的内容清晰、明了，便于阅读和理解。

(3) 程序的结构严谨、简捷，算法和语句选用合理，执行速度快，节省机时。

(4) 程序和数据的存储、调用安排得当，节省存储空间。

(5) 程序的适应性强。程序交付使用后，若因应用问题或外界环境发生变化，调整和修改程序比较简便易行。

2. 程序设计方法

使用现有软件工具不但可以减轻开发的工作量，而且可以使系统开发过程规范，功能强，易于修改和维护。主要的程序设计方法有：

(1) 结构化程序设计方法。

(2) 原型式的程序开发方法。

(3) 面向对象程序设计方法。

3. 程序设计语言的选择

在程序设计之前，从系统开发的角度考虑选用哪种语言来编程是很重要的。一种合适的程序设计语言能使得根据设计去完成编程时困难最少，可以减少所需要的程序调试量，并且可以得到更容易阅读和维护的程序。

4. 衡量编程工作质量的指标

从目前的技术发展来看，衡量编程工作的指标大致可分为五个方面：

(1) 可靠性

它可分解为两个方面的内容：一是程序或系统的安全可靠性，如数据存取的安全可靠性、通信的安全可靠性、操作权限的安全可靠性；另一个方面是程序运行的可靠性，这一点只能靠程序调试时严格把关来保证编程工作质量。

(2) 实用性

一般从用户的角度来审查，它是指系统各部分是否都非常方便、实用。它是系统今后能否投入实际运行的重要保证。

(3) 规范性

即系统的划分、书写格式、变量的命名等，都是按统一规范进行的。这对于今后程序的阅读、修改和维护都是十分必要的。

(4) 可读性

即程序很清晰，没有太多繁杂的技巧，能够让他人容易读懂。它在大规模过程化开发软件中非常重要。

(5) 可维护性

即程序各部分相互独立，没有调用子程序以外的其他数据关联。也就是说，不会发生那种在维护时“牵一发而动全身”的连锁反应。

7.1.3 系统测试

系统设计任务完成后，首要的工作是对系统设计进行检验，即进行系统测试，然后将新系统付诸使用。任何产品都需要经过测试，确保其符合质量要求，并能满足用户的需求。系统测试是会展管理信息系统开发中的一个重要环节。

1. 系统测试目的

系统进行测试是保证系统质量的关键步骤。统计资料表明，对于一些较大规模的系统来说，系统测试的工作量往往占程序系统编制开发总工作量的40%以上。测试的目的在于发现其中的错误并及时纠正，所以在测试时应想方设法使程序的各个部分都投入运行，力图找出所有错误。错误多少与程序质量有关。

2. 系统测试的内容和步骤

系统测试可分为单元测试、组装测试、确认测试、系统测试和验收测试五个阶段。

(1) 单元测试

单元测试主要是以模块为单位进行测试，即测试已设计出的单个模块的正确性。

(2) 组装测试

在每个模块完成单元测试后，需按照设计时作出的结构图，把它们连接起来，进行组装测试。

(3) 确认测试

组装测试完成后，在各模块接口无错误并满足软件设计要求的基础上，还需进行确认测试。

(4) 系统测试

在软件完成确认测试后，应对它与其他相关的部分或全部软硬件组成的系统进行综合测试。系统测试的内容应包括对各子系统或分系统之间的接口正确性的检查和对系统的功能、性能的测试。

(5) 验收测试

系统测试完成，且系统试运行了预定的时间后，企业应进行验收测试，确认已开发的软件能否达到验收标准，包括对有关的文档资料的审查验收和对程序的测试验收。对于一些关键性的软件还必须按照合同进行一些严格的特殊测试，如强化测试和性能降级执行方式测试等。验收测试应在软件投入运行后所处的实际工作环境中进行。

3. 测试方法

测试包括三方面，即设计“测试用例”、执行被测程序和分析执行结果并发现错误。设计测试用例是开始程序测试的第一步，也是有效地完成测试工作的关键。按照设计测试用例时是否涉及程序的内部结构，可以分为白盒测试和黑盒测试两种方法。

白盒测试时，测试者对被测试程序的内部结构是清楚的。他从程序的逻辑结构入手，按照一定的原则来设计测试用例和设定测试数据。由于被测程序的结构对测试者是透明的，因此有些书本又称这类测试为玻璃盒测试或结构测试。

黑盒测试的情况正好相反。此时，测试者把被测程序看成一个黑盒，完全用不着关心程序的内部结构。设计测试用例时，仅以程序的外部功能为根据。一方面检查程序能否完成一切应做的事情，另一方面要考查它能否拒绝一切不应该做的事情。由于黑盒测试着重于检查程序的功能，所以也称为功能测试。

7.1.4 人员培训

在系统实施过程中，人员因素也是系统实施成功的关键因素之一。尤其是人员的组织与技术培训，直接影响系统的顺利运行。

1. 人员对系统实施的影响

系统实施需要较多的专业面广的人员，所以需要提前物色和储备。从用户的角度，由于采用新技术、新思想和新的管理手段，因此不是件容易实现的事情，必须由企业全体人员配合完成。如果系统开发成功，用户不使用或不能很好地使用，就难以发挥会展管理信息系统的作用。从这个角度讲，培训会展管理信息系统用户是一项非常重要的工作。培训既可以单个进行，也可以按小组进行。培训包含教育和训练。

2. 培训的目标

培训中的教育侧重于哲理和概念，讨论系统的原理和运行机制，以及如何运用会展管理信息系统解决业务中发生的问题。培训中的训练侧重于应用方法，是一种面向软件的培训，一般安排在教育之后。

会展管理信息系统是一种规范化的系统，要求各级管理人员有严肃的工作作风，要求各个岗位和人员都要用严谨的态度对待各种信息。系统中，每一项数据、名词和术语都有严密的定义，每一项事务处理都有严格的程序。它要求每个人不仅要知道本岗位的工作要求，也要了解本岗位的工作质量对其他岗位工作的影响，要求工作人员都要从全局和系统的观点理解和做好本职工作。只有各岗位人员对会展管理信息系统有了系统的理解和统一的认识，明白实施系统的必要性和目标效益，实施中才能齐心协力。为此，必须十分重视和突出培训工作。

培训工作要防止单纯讲解软件和技术问题而忽视观念更新和行为规范方面的教育。重视对人员的培训，实质上是把提高人的素质、调动人的积极性作为搞好信息管理的首要工作。会展管理信息系统只有在人们学会运用它时才能真正发挥作用。

3. 培训方法与内容

培养会展企业自己的软、硬件技术队伍是系统有效运行的重要条件。在会展管理信息系统实施过程中，培训是十分重要的环节。培训工作要贯穿实施的全过程，要分层次不断深化。其内容包括信息系统理论培训、计算机和网络知识培训、应用软件使用培训等。人员包括领导层培训、项目工作组培训、计算机专业人员培训和业务管理人员培训等。

针对不同的对象，培训可分为以下方面：

(1) 对会展管理信息系统理念的培训。在完成项目分析，初步决定开发会展管理信息系统之后，需要对企业高层领导及会展管理信息系统开发项目组人员进行信息系统应用理念的培训，这是会展管理信息系统应用成功的思想基础。培训的目的是让他们形成共识，理解会展管理信息系统的开发离不开高层领导的支持，并让他们对会展管理信息系统有一个正确的预期。

(2) 对项目小组的培训。包括项目管理的培训、实施方法的培训、系统功能的培训。会展管理信息系统开发对企业来说是一个大项目，成功的信息系统的实施离不开成功的项目管理，所以项目小组必须了解项目管理的一般概念和方法。

(3) 对操作人员软件操作的培训。对操作人员的培训就是让操作人员掌握会展管理信息系统的操作技术和简单的维护方法。

(4) 对技术人员的培训。包括系统管理员的培训、开发人员的培训等。

(5) 对新流程的培训。信息系统的实施往往对原有的业务流程进行了改进，信息系统完成后，员工都面临着全新的业务流程，对新流程的培训非常重要。

(6) 对数据分析的培训。会展管理信息系统正常运行后，会有很多有用的数据。如果这些数据不能很好地利用，就不会发挥会展管理信息系统应有的作用。必须培训业务人员如何分析和利用数据，为企业决策提供依据。

为了进行培训，会展企业应当建立一支培训教师队伍。本企业的培训教师，由于熟悉企业情况，可以对比现行管理，说明新建立的系统如何解决现有系统解决不了的问题。现身说法更容易被企业人员所接受。培训可以用不同的方式从不同的角度反复讲解和讨论。接受过培训的人员其工作岗位应当稳定，培训后要立即投入实施工作。

7.1.5 系统切换

在完成系统测试工作以后，即可将其交付使用。所谓交付使用是新系统与旧系统的交替，旧系统停止使用，新系统投入运行。整个交付过程也可以称为系统切换过程，在这个过程中要选择切换的方式，完成数据的转换等工作。

1. 系统切换前的准备工作

在完成系统切换任务之前必须预先做好大量的准备工作，这样才能保证切换工作的顺利进行。准备工作可以从数据准备、系统初始化、文档准备等几个方面进行。

(1) 数据准备

数据准备是系统切换工作中的一项十分艰巨的任务。如果新系统是在手工管理基础上建立起来的话，那么就要将手工处理的数据如各类单证、报表、账册、卡片等按照新系统的规则进行分类并集中在一起，然后组织人力进行数据的录入工作，将这些纸介质中存放的数据转换成机内信息。由于系统运行需要的可能是一年、几年甚至更长的时间段内的数据，因此数据的录入过程所耗费的人力、时间是巨大的，相应地也必须耗费一定的财力，必须做好录入计划，以便合理安排人力、规定录入进度、检查录入质量，进而保证系统的正常运行。

如果新系统是在已有的计算机信息系统上开发的，那么就要通过合并、更新、转换等方法，将原系统的数据转换到新系统中来。这种转换工作也是十分复杂而耗时的，有时要涉及数据库的改组或重建。

(2) 系统初始化

系统初始化是新系统投入运行之前必须完成的另一个工作。所谓系统初始化，是指对系统的运行环境和资源进行设置，对系统运行和控制参数进行设定、数据加载，以及对系统与业务工作进行同步调整等。

会展管理信息系统的初始化需要完成以下工作：

建立展会项目信息、建立用户组和用户、为用户分配操作权限、配置招展的基础数据、初始化展位图、配置服务商数据、设置收费账号、设置报表通知样式、建立审核机制、设定数据传输安全机制和敏感数据保护与过滤机制等。

(3) 文档的准备

总体规划、系统分析、系统设计、系统实施、系统测试等各项工作完成后，应有一套完整的开发文档资料。这套资料记录了开发过程中的开发轨迹，是开发人员工作的依据，也是用户运行系统、维护系统的依据，因此文档资料要与开发方法相一致，并且符合一定的规范。在系统运行之前要将这套文档资料准备齐全，形成正规的文件。

2. 系统切换的方式

系统切换（又称系统转换）过程实际上是新旧系统交替过程，旧的系统被淘汰，新的系统投入使用。这种交替过程可以根据实际需要选择不同的方式进行。如图 7-1 所示，系统切换一般有以下几种形式：

(1) 直接切换

直接切换，又叫立即切换，即在旧系统停止的时候，立即转入新系统的使用，中间没有过渡，没有新旧系统同时运行的情况。新系统一般要经过较详细的测试和模拟运行才能投入使用。这种情况一般多适用于规模小、风险小的系统，即使有一点风险，影响范围也比较小。

(2) 并行切换

即在旧系统切换为新系统的过程中，旧系统跟新系统有一个并行运行的时间，这个并行时间少则一两个月，多则半年。旧系统、人工系统、新型系统、计算机系统同时工作，开始以人工系统取得的信息作为管理的依据，一段时间以后，新系统得出的结果与人工系统得出的结果相一致，就用新系统得出来的数据作为依据。旧系统继续运行得出来的数据可以用来进一步验证新系统。当没有问题了，就可完全切换为新系统运行。采用并行切换方式不会因系统交付使用而引起系统工作的中断。另外，新旧系统同时工作，可以随时进行比较，对新系统运行的正确性和效率给出恰当的评价。同时，由于是新老系统同时运行，消除了不稳定的潜在危险，也消除了尚未认识新系统之前的惊慌与不安。它的主要特点是安全可靠。但在并行运行期间，由于两套班子或两种处理方式并存，因而人力和费用消耗较大。

(3) 分段切换

分段切换，又叫逐步切换或称试点过渡法。这种切换方式是上述两种方式的结合，采取分期分批逐步切换的方法。逐步切换方法避开了直接切换方式和并行切换方式两种方法的不足，既能顺利地将新系统交付使用，也不会发生过高的切换费用。一般比较大的系统采用这种方式较为适宜。但是，采用这种方式切换时，一部分新系统和另一部分旧系统同时工作，这样就增加了新旧功能、数据的衔接问题，这些问题在进行系统设计和实施切换时就应充分考虑。

采用分段切换时，各自系统的切换次序及切换的具体步骤，均应根据具体情况灵活考虑。通常可采用如下策略：

a.按功能分阶段逐步切换。首先确定该系统中的一个主要的业务功能，如财务管理率先投入使用，在该功能运行正常后再逐步增加其他功能。

b.按部门分阶段逐步切换。先选择系统中的一个合适的部门，在该部门应用获得成功后再逐步扩大到其他部门。

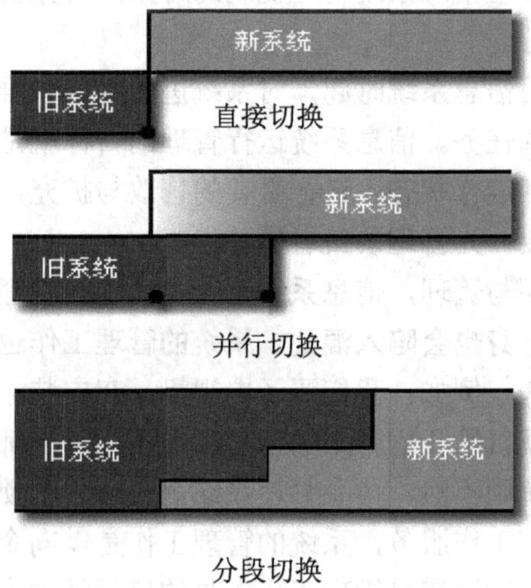

图 7-1　系统切换方式

总之，系统转换就是要让新旧系统平稳过渡，完全停止旧系统的运行，启用新系统的过程。这个过程需要开发人员、系统操作员、用户单位领导和业务部门的密切协作，才能顺利交接，完成新旧交替。

7.2　会展管理信息系统的运行管理

在会展管理信息系统安装调试、操作培训完成后，就进入了系统试运行阶段。在完成这个关键步骤后，整个系统将投入正式运行。整个信息管理系统的运行管理是保障系统投入产出的关键所在。我们可以把系统建立之前称为投入期，系统运行之后将是产出期。但对任何企业信息化而言，信息管理系统的任何运行阶段（尤其是投入运行初期），都必须和计算机系统不断磨合、不断修正、不断结合、不断提升管理水准。就像学生，付了学费不等于就是一个合格的学生了，不等于就学到知识了。学生付了学费同时还必须付出“劳动”，不断和要学的知识“磨合”，在学习过程中，去发现问题、分析问题、解决问题。只有经过了“痛苦”过程，才能学到知识和掌握知识。会展管理信息系统运行的过程和学生学习的过程道理完全一致。因此，我们有必要讨论一下会展管理信息系统运行管理。

7.2.1 会展管理信息系统运行管理机制

我们讨论会展管理信息系统管理机制的时候，首先要提出管理信息系统运行管理的目标和任务。

企业从验收启用信息系统时起，对系统进行管理和维护就成了企业信息化工作的主要和日常的任务。信息系统运行管理的目标就是对信息系统的运行进行实时控制，记录其运行状态，进行必要的修改与扩充，以便使信息系统真正符合管理决策的需要，为管理决策者服务。

缺乏科学的组织与管理，信息系统不会自动地为管理工作提供高质量的信息服务，而且系统本身也会陷入混乱。系统的管理工作也不能与机器设备本身的管理工作等同起来。例如：我们买了电视机，在安装、调试好之后就可以在很长时期内享受电视机给我们带来的乐趣，而不是每天都要调试它、和它“磨合”。信息管理系统则不然，信息管理系统需要对它和使用者进行管理。信息系统的任务是为管理工作服务，系统的管理工作是以向企业或其他组织提供必要的信息为目标、以能够满足管理工作人员的信息需求为标准的，而机器本身的管理与维护工作只是这项工作的一小部分，只是提供了硬件运行的保证，真正做到向管理人员提供信息还需要做许多软件操作、数据收集、成果提供等工作。因此，企业信息系统的运管与维护工作必须由了解系统功能及目标、能与企业管理人员直接接触的信息管理专业人员专职负责。

由此，我们提出信息系统运行管理的目标：使管理信息系统在达到项目初始要求后，在今后运行中，不断满足会展企业的管理要求，最终为企业的效益提高提供强有力的保障、支持和服务，作出特别的贡献。

我们在讨论会展管理信息系统运行管理机制的时候，明确提出，企业的信息化必须是“一把手”（CEO）项目。没有最高管理层的决定、策划、需求，企业的信息化是不可能做好的（尤其在中国）。过去许多企业在信息化项目上的成败验证了这一点。幸运的是，随着企业最高领导层的知识化、年轻化以及整个信息化推进程度的日益深化和 IT 技术的普及，目前我国企业的信息化程度越来越高。企业最高层对信息化的认识和使用，达到了很高的程度。鉴于此，我们提出了以下会展管理信息系统运行管理机制的原则：

1. 运行管理机制必须由企业的最高层管理者负责，可以采用矩阵式管理模式（成立综合运行管理团队）。

2. 会展企业必须建立相应的管理信息系统运行制度。

3. 要支持和配合系统（技术）管理员的工作，要树立其在管理系统运行方面的权威。

4. 要树立管理信息系统是与管理不断磨合的观念，要建立周期性评估管理机制，对会展管理信息系统运行进行评估，并提出修正方向和阶段性验收。

5. 要建立系统的体制，任何管理信息系统都是该企业全员的工作，不是个人行为。从营销、财务、物流、人事、工程等部门到总经理室，每个环节都是使用管理信息系统的关键部门（或人物）。

6. 要处理好操作层、管理层、维护层关系。管理层是领导者，是整个系统运行的最高指挥者。操作层是基础，操作层的信息输入质量关系到系统的最终结果，要培训好、考核好。维护层是管理层和操作层的中间层，起到桥梁作用。

7.2.2 会展系统运行管理的组织与制度

1. 运行管理的组织管理机构

目前我国会展企业开发和使用的会展管理信息系统大多数由会展企业的信息管理部、计算机中心或总经理办公室等职能部门管理。就会展企业而言，所设的组织机构，其目的是通过严密的组织系统，分层负责，明确分工，以达到企业的经营目标。会展管理信息系统运行管理的组织管理机构大致有以下几种：

(1) 为会展企业的某业务部门所有。这种运行组织方式是一种较低级的组织方式，信息管理部门为企业的某个业务单位所有。它使信息不能成为全企业的资源，只能为其他单位提供计算能力，地位太低。

(2) 与会展企业的部门平行。信息资源可为全企业共享，但信息处理支持决策的能力较弱。系统运行中有关的协调和决策工作将受到影响。

(3) 作为企业的参谋中心。这种组织方式有利于集中管理、信息共享和支持决策，能充分发挥领导的指挥作用和系统向领导提供决策支持的作用，但容易造成脱离业务部门、服务较差的问题。

(4) 现在的发展趋势是集散系统，既有会展企业的信息管理中心，又在会展企业的重要部门设置专门的信息室或部门信息管理员，同时归信息管理中心领导。这样，信息管理中心既能站在企业的高度研究信息系统的发展，又能深入了解并满足各业务部门的需要，有利于加强会展企业信息资源管理。

2. 人员的配置

会展管理信息系统是一个复杂的人—机系统。会展管理信息系统在运行中必然要涉及多方面的、具有不同知识水平及技术背景的人员。这些人员在系统中各负其责、互相配合，共同实现系统的功能。这些人员能否发挥各自的作用，能否互相配合、协调一致，是系统成败的关键之一。系统主管人员的责任就在于对他们进行科学的组织与管理。如果系统主管人员不善于进行这样的组织及管理工作，就谈不上实现信息管理的现代化和科学化。在这种情况下，整个系统的运行就会出现混乱。人员管理好坏是系统发挥作用的关键，没有好的人员管理，分工协作不能有效进行，信息化管理将是一句空话。就目前大多数企事业单位的实际情况来看，这支队伍应该包括以下几种类型的人员：

(1) 系统管理人员

系统管理人员应该由熟悉本单位事务管理，并且熟练掌握计算机技术的人来担任。其负责系统的全面技术管理并协调其他人员的工作。

(2) 系统维护人员

系统维护人员包括硬件维护人员和软件维护人员。硬件维护人员由熟悉系统设备组成和具有硬件维护知识的人担当，主要职责是对系统中的硬件设备进行保养、维修等，以保证系统的硬件设备处于良好的工作状态。软件维护人员由具有较强的软件能力和熟悉本系统程序的人担当，主要职责是对系统中的程序和数据进行维护，以保证系统的程序和数据处于良好的运行状态。这两种维护人员一般由专业人士组成，业务能力要求很高。

(3) 系统操作人员

系统操作人员主要负责系统中各部分的日常操作，如数据的采集、录入、查询、更新、打印、数据备份与通信等工作。这种工作要求工作人员熟悉业务，有较强的责任心。通常是由各部门抽调一部分人员，经过计算机知识和应用系统的培训后担任。

(4) 资料管理人员

资料管理人员由具有较强责任心的业务人员担任，负责系统所有文档和资料的保管、整理和维护。

当前信息系统在会展企业中的作用越来越大，越来越多的会展企业为了在激烈的竞争中获得关键优势、提升企业业绩，在企业专门设立了信息主管（Chief Information Officer，CIO）一职。CIO 往往由组织的高层决策人士来担任，其地位如同企业的副总经理，有的甚至更高。CIO 并不是传统的信息中心主任，并不负责服务性、辅助性部门的工作，而是分管信息管理部这一重要部门。信息主管的任务是：在企业整体战略框架下负责企业信息管理战略规划的制定，积极参与单位的预测、决策、控制等管理活动，领导指挥信息管理部门，管理多种形式的企业运行信息、外部行业信息、国家性的经济政策，协助 CEO 有效地利用信息技术所提供的信息以确定企业战略目标和实施策略，当好领导参谋，并且在实施当中及时获得反馈，迅速调整战略规划。

3. 系统运行的管理制度

系统运行的管理制度是确保系统运行并充分发挥其效益的必要条件。为了保证系统正确、安全地运行，除了遵守我国各级政府出台的法律、法规，例如《中华人民共和国计算机信息网络国际联网管理暂行规定》、《计算机信息网络国际联网安全保护管理办法》和《中华人民共和国计算机信息系统安全保护条例》外，还要建立企业自身的相关制度。通常应该包括以下制度：

(1) 基础数据管理制度

包括对数据收集和统计渠道的管理、计量手段和计量方法的管理、原始数据管理、系统内部各种运行文件和历史文件的归档管理等。

(2) 运行管理制度

包括各类人员的构成、各自职责、主要任务、系统操作规程、系统安全保密制度、系统修改规程、系统定期维护制度、系统运行状态记录和日志归档等。

(3) 机房管理制度

系统维护人员、操作人员及值班人员的义务、权限、任务和责任；信息系统日常运作记录，包括值班日记、系统故障及排除故障日记；机房设备安全管理和维护制度；应急情况的处理预案等。

(4) 技术档案管理制度

管理信息系统硬件、软件手册和使用说明的保管制度；系统开发文档的保管制度；系统维护和二次开发的技术文档资料的规范及管理制度；技术资料的购买、使用和保管制度。

7.2.3 会展管理信息系统日常运行管理

在上述的会展管理信息系统运行管理机制的基础上，我们不难看出会展管理信息系统日常运行管理的重要性。会展管理信息系统的日常运行管理必须达到以下目标：

1. 保持会展管理信息系统的良好运行状态，这里包括硬件系统和软件系统；
2. 保持会展管理信息系统信息输出是可控的，能真实反映会展企业的运行状况；
3. 要对会展管理信息系统做必要和充分的冗余，包括硬件和软件的冗余；
4. 有制度监督和技术条件下的数据备份；
5. 会展管理信息系统的管理技术人员，要了解、知晓、掌握会展业的管理模式和关键的管理方法、模型等，为信息系统的高质量运行服务。

每个会展企业应该在上述的原则基础上，根据自己的特点，确定符合企业自身管理信息系统的发展方向，有选择地参考和学习比较先进的管理信息系统的日常管理方式、方法、制度和规划，为企业自身发展所用，千万不能照搬其他企业的方法。日常运行管理模式可以也应该随着企业的发展而不断变化和改进。

7.3 会展管理信息系统维护

信息系统正式投入运行后，为了让其长期高效地工作，必须加强对系统的维护工作。

7.3.1 会展管理信息系统维护的工作

会展企业信息系统的运行维护工作是系统投入运行工作的继续，是系统能否达到预期目标的实现阶段，主要包括运行情况的记录、日常运行的维护以及对系统的运行情况进行检查与评价。

信息系统投入使用后，日常运行的维护工作是关键和重要的。通过信息系统，必须完成数据的收集、例行的信息处理及服务工作、计算机本身的运行与维护、系统的安全管理等四项任务。

1. 数据的输入（收集）

一般包括数据收集、数据校验及数据录入等三项任务。

如果系统数据收集工作不做好，整个系统的工作就成了“空中楼阁”。系统主管人员应该努力通过各种方法，提高数据输入人员的操作水平和工作责任感，对他们的工作进行评价、指导和帮助，以便提高所输入（收集）数据的质量，为系统有效地工作打下坚实的基础。

数据校验的工作，在较小的系统中，往往是由系统主管人员自己来完成。在较大的系统中，一般需要由专职数据控制人员来完成这一任务。数据输入人员一般来说是业务人员，并且在行政上也不属于信息处理的专职部门。因此，数据校验这种数据把关的工作是不可缺少的。

数据输入工作的要求是迅速与准确。操作人员的责任在于严格地把收到的数据及时准确地录入计算机系统，在逻辑上不对数据承担责任，但必须对具体业务中的含义进行考虑。必须对操作人员进行培训，使他们知道和执行有效的数据的输入，保证录入计算机的数据与实际情况的一致性。操作人员输入数据的准确性应该由该操作人员的部门经理对其考核和监督，由该部门的经理全权负责。

2.　完成例行的信息处理及服务工作

常见的工作包括：例行的数据更新、统计分析、报表生成、数据的复制及保存、与外界的定期数据交流等。这些工作，一般来说都是按照一定的规程，定期或不定期地运行某些事先编制好了的程序，这是由软件操作人员来完成的。这些工作的规程，应该是在系统研制中已经详细规定好了的。操作人员也应经过严格的培训，清楚地了解各项操作规则，了解各种情况的处理方法。完成这些例行的信息处理及信息服务工作，是管理信息系统主管人员的一项经常性任务。

3.　安排专职人员负责计算机本身的运行与维护

对于大型计算机管理系统，这一工作需要有较多的专职人员来完成；对于较小的管理系统，则不要求那么多的技术人员，可以是企业某个部门的兼职人员。然而，这并不是说，较小的系统没有硬件运行及维护工作要做，相反，如果没有人对硬件设备的运行维护负责，设备就很容易损坏，从而使整个系统的正常运行失去物质基础，这种情况往往会使管理系统运行不正常。这里所说的运行和维护工作包括设备的使用管理、定期检修、备品配件的准备及使用、各种消耗性材料（如软盘、打印纸等）的使用及管理、电源及工作环境的管理等。对于较小的系统来说，虽然不一定要有许多专职人员来完成这些工作，但至少也要指定能够切实负责的人员来兼管这些事情，无人负责是不行的。

4.　系统的安全管理

这是日常工作的重要部分之一，是为了防止系统外部对系统资源不合法的使用和访问，保证系统的硬件、软件和数据不因偶然或人为的因素而遭受破坏、泄露、修改或复制，维护正当的信息活动，保证信息系统安全运行所采取的手段。信息系统的安全性体现在保密性、可控制性、可审查性、抗攻击性四个方面。

系统的安全管理是企业的一项重要的工作，企业的经营数据是企业自身的财富。不能泄露是重要的安全工作之一。企业应该在制度上、技术上采取措施。这个管理制度和措施应该由系统管理人员提出，最高管理层批准执行。

上述的四项任务是日常运行中必须认真组织、切实完成的。作为企业信息系统的主管人员，必须全面考虑这些问题，组织有关人员按规定的程序实施，并按照制度要求进行管理。否则，信息系统是很难发挥其应有的实际效益的。另外，常常会有一些例行工作之外的临时性信息服务会向计算机应用系统提出要求，这些信息服务不在系统的日常工作范围之内，然而，其作用往往要比例行的信息服务大得多。随着管理水平的提高和各级领导信息意识的加强，这种要求还会越来越多。领导和管理人员往往更多地通过这些要求的满足程度来评价和看待计算机应用系统。因此，努力满足这些要求，应该成为计算机应用系统主管人员特别注意的问题之一。系统的主管人员应该积累这些临时要求的情况，找出规律，把一些带有普遍性的要求加以提炼，形成一般的要求，对系统进行扩充，从而转化为例行（维护）服务。这是信息系统改善的一个重要方面。当然，这方面的工作不可能由系统主管人员自己全部承担，需要各个部门配合和软件供应商的支持服务，系统管理人员是这些任务的组织者。

总之，信息系统的日常管理工作是十分繁重的，是有序的。特别要注意的是，信息系统的管理决不只是对机器的管理，对机器的管理只是整个管理工作的一部分，更重要的是对人员、数据及软件的管理。

7.3.2 会展管理信息系统维护的内容和类型

会展管理信息系统维护的具体内容和类型按时间可以分为：日常工作和长远（年度）工作。

1. 日常工作

日常工作包括：对硬件和软件运行的记录和处理。下面我们对会展信息系统的运行跟踪（记录）进行介绍。

信息系统运行情况的记录。系统的运行情况如何，对系统管理、评价是十分重要且十分宝贵的资料。人们对于信息系统的专门研究，还只是刚刚起步，许多问题有待探讨。即使从某一企业来说，也需要从实践中摸索和总结经验，把信息处理工作的水平进一步提高。而不少企业却缺乏系统运行情况的基本数据，只停留在一般的印象上，无法对系统运行情况进行科学的分析和合理的判断，难以进一步提高信息系统的工作水平。信息系统的主管人员应该从系统运行的一开始就注意积累系统运行情况的详细材料。

在信息系统的运行过程中，需要收集和积累的资料包括以下五个方面：

（1）有关工作数量的信息。如：每天（周、月）提供的报表的数量、每天（周、月）录入数据的数量、系统中积累的数据量、修改程序的数量、数据使用的频率、满足用户临时要求的数量等反映系统的工作负担、所提供的信息服务的规模以及计算机应用系统功能的最基本的数据。

（2）工作的效率。即系统为了完成所规定的工作，占用了多少人力、物力及时间。如，完成一次年度报表的审核，用了多长时间、多少人员。又如，使用者提出一个临时的查询要求，系统花费了多长时间才给出所要的数据。此外，系统在日常运行中，例行的操作所花费的人力是多少，消耗性材料的使用情况如何等。任何新技术的采用，都应以经济效益为中心，否则是不可能得到广泛应用的。

（3）系统所提供的信息服务的质量。信息服务和其他服务一样，应保质保量。如果一个信息系统生成的报表，并不是管理工作所需要的，管理人员使用起来并不方便，那么这样的报表生成得再多再快也毫无意义。同样，使用者对于提供的方式是否满意，所提供信息的精确程度是否符合要求，信息提供得是否及时，临时提出的信息需求能否得到满足等，也都在信息服务的质量范围之内。

（4）系统的维护修改情况。系统中的数据、软件和硬件都有一定的更新、维护和检修的工作规程。这些工作都要有详细的及时的记载，包括维护工作的内容、情况、时间、执行人员等。这不仅是为了保证系统的安全和正常运行，而且有利于系统的评价及进一步扩充。

（5）系统的故障情况。无论大小故障，都应该及时地记录下这些情况：故障的发生时间、故障的现象、故障发生时的工作环境、处理的方法、处理的结果、处理人员、善后措施、原因分析。这里要注意的是，我们所说的故障不只是指计算机本身的故障，而是对整个信息系统来说的。例如，由于数据输入不及时，使一些报表的生成未能按期完成或完成的质量有问题，这是整个信息系统的问题，但并不是计算机的故障。同样，收集来的原始数据有错，这也不是计算机的故障。然而这些错误的类型、数量等统计数据是非常有用的资料，其中包含了许多有益的信息，对于整个系统的扩充与发展具有重要的意义。

上述五个方面中，通常在正常情况下的运行数据是比较容易被忽视的。因为发生故障时，人们往往比较重视对有关的情况加以及时记载，而在系统正常运行时，则不那么注意。事实上，要全面地掌握系统的情况，必须十分重视正常运行时的情况记录。如果缺乏平时的工作记录，就无从了解瞬时情况。如果没有日常的工作记录，表示可靠性程度的平均无故障时间指标就无从计算。

对于信息系统来说，这些信息的记载主要靠手工方式记录。虽然目前计算机一般都有自动记载自身运行情况的功能，但是也需要有人工记录作为协助手段，因为某些情况是无法只用计算机记录的。例如，使用者的满意程度、所生成的报表的使用频率（或者说受欢迎程度）等。而且，当计算机本身发生故障时，是无法详细记录自身的故障情况的。因此，对于任何信息系统，都必须有严格的运行记录制度，并要求有关人员按预先的制度遵守和执行。

为了使信息记载得完整准确，一方面要强调在事情发生的当时当地、由当事人记录，而决不能代填或追溯，避免事过境迁，使信息记载失真。另一方面，尽量采用固定的表格或本册进行登记，而不要使用口头语言含糊地表达。这些表格或登记簿的编制应该使填写者容易填写、节省时间。同时，需要填写的内容应该含义明确，用词确切，并且尽量给予定量的描述。对于不易定量化的内容，则可以采取分类、分级的办法，让填写者选择打勾等。总之，要努力通过各种手段，尽量详尽准确地记录系统运行的情况，包括各类错误的数量及分类，录入人员应该记录录入的速度、数量、出错率等。

要通过科学合理的制度及经常培训的机制，使所有工作人员都把记录运行情况作为自己的重要任务。满足管理者的需求是信息系统的出发点和内容，这是对系统是否已达到目标的检验，是整个系统工作最根本的检验。企业的最高管理层也应据此对信息系统及信息管理部门工作情况进行评价并提出科学的要求。

2. 长远（年度）工作

这里是指会展管理信息系统运行的长远规划。信息管理人员（特别是 CIO）应该对管理信息系统给出年度发展规划，规划必须符合下面两点：

（1）符合本行业（会展业）的发展趋势，最佳的效果是能引领行业（会展业）的管理发展方向。

（2）符合计算机（IT）的发展方向，要知晓计算机（IT）技术在 3～5 年的发展观念、趋势和技术，特别是要把握网络发展最新动态，只有这样才能为会展业（企业）充分地服务。

在这里我们可以做个比喻，把系统维护长远工作看做企业的战略任务，把系统日常维护工作看做战术。因此，长远工作是一项高要求、高水准的工作，信息管理人员要制定系统的年度维护计划。计划包括：系统的年度发展战略、为企业信息化服务的目标和新的任务、对企业的流程再造的建议、信息管理系统的年度预算、维护计划等。能完成这些任务的信息管理人员是个高水准的管理人员。

7.4 会展管理信息系统的控制

会展管理信息系统的控制是指整个系统的运行控制。

7.4.1 会展管理信息系统的控制环境

会展管理信息系统的控制环境可以有不同的阶段和任务。按项目周期分，可以分为：项目的孕育阶段、项目的认证阶段、项目的计划（或规划）阶段、项目的实施和培训阶段、项目的验收阶段、项目正常运行阶段。按项目的更迭分，可以分为：新上项目和新旧替换项目。但不管何种分法和阶段，会展管理信息系统的控制环境都会涉及下面的要素。

硬件要素：企业自己计算机系统的硬件、（会展）企业的局域网（LAN）、企业所处的广域网环境（WAN）。

软件要素：企业的管理层、企业的技术管理人员、企业各个部门的操作人员、计算机系统的软件（包括操作系统、各种应用软件）、会展管理信息系统的软件。

所谓的控制环境，就是企业对上述能控制的要素进行调配、优化组合，在企业管理层的意愿下，使管理信息系统得到最大限度的使用，产生效益的最大值。这里最要强调的是：在系统的各个时期，人的要素是最重要、最关键的。管理信息系统的应用是按人的“意志”进行工作的。许多企业购买相同的信息管理软件，但使用的效果大相径庭，这个事实说明了在整个系统中，人的要素不是孤立于系统之外的，而是融入到管理信息系统的各个环节之中的。关系结构如图 7-2 所示。从图 7-2 可以看出，人是整个控制环境中的第一要素。

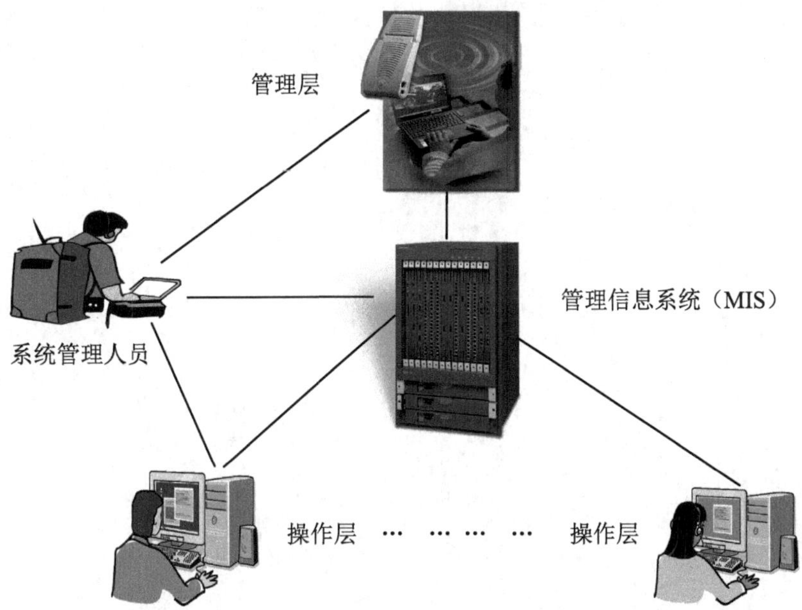

图 7-2　控制环境要素关系结构

7.4.2 会展管理信息系统的控制内容

1.　会展管理信息系统的日常应用控制

会展管理信息系统的日常应用控制包括：日常维护、年度规划和年度预算执行、系统的应用管理制度等。这些因素是根据各个企业自身的特点形成的或制定的，没有统一的标准。日常应用控制的环境就是系统的控制环境，我们只能提出一些原则。这些原则在前面已经叙述，这里不再重复。

2. 会展管理信息系统特殊阶段的控制

这里的会展管理系统特殊阶段，我们定义为：管理系统的上马阶段和系统更换（切换）阶段。前面已经进行了详细的阐述，这里不再重复。

思考题

1. 会展管理信息系统实施阶段有哪些主要的活动？
2. 试述新旧系统的三种切换方式。
3. 会展管理信息系统维护有哪些主要任务？
4. 确保会展管理信息系统的正确运行需要哪些管理制度？

第8章

会展管理决策支持系统

学习目的

了解决策支持系统对于会展管理信息系统的地位和作用；熟悉会展管理中的决策模型。

主要内容

决策支持系统的定义和概念；决策支持系统的体系结构；决策支持系统和其他模块的关系；会展管理中的决策支持系统。

8.1 管理支持系统概论

8.1.1 管理者和决策制定

会展业的发展是和社会的发展交相辉映的，会展业很好地反映了社会的最新发展，在某些程度上引领着社会发展，集中展示了社会最新的发展成果；社会的发展为会展业的发展提供了坚实的基础。例如2010年上海世博会，最大限度展示了世界各国的文化、历史、科技、艺术等方方面面的人类结晶，充分体现了会展业具有集中性、综合性、新颖性、超前性、时尚性等特征。由于这些特征使得处于会展业上游的会展公司（会展的组织者）和处于中游的会展场馆不得不在管理上符合整个社会发展的水准，在某种意义上还必须引领和略微超前当时的社会管理水准。管理是会展业发展不可缺少的机制。我们说管理，就会遇到决策的问题。诺贝尔经济学奖获得者赫伯特·西蒙提出管理就是决策。决策就是为了在将来（制定决策之后）达到一定的目标。决策是根据认识到的将来的事物变化，按决策者的价值观和性格特征做出决策。制定决策是在现在，而决策的付诸实施是否达到目标，是在将来。

决策是管理者为实现目标而作出的选择。决策是针对未来的行动制定的。由于未来的行动往往受到行动者所处的外部环境和内部条件的制约，所以决策前首先就要对外部环境、自身特点和未来的形势作出基本的分析判断。由于未来的形势受到很多因素影响，绝大多数情况是不确定的，因此必须进行预测。预测如果以概率统计为基础，则很难十分准确，决策就必然有一定风险。为了提高预测和决策的准确性，利用数学模型、计算机进行科学的计算和针对行业管理模式模拟是完全必要的；但面对同样的事实前提，不同的决策者可能作出完全不同的抉择，这与决策者的价值前提和追求的目标有关。

任何企业组织的管理活动从最高层管理者到最基层的工作者都有决策职能，愈往高层，目标性(战略性)决策愈多；愈往基层，执行性决策愈多。大多数目标性决策是非程序性的，比较复杂，难度较大；大多数执行性决策是程序性的，难度相对较小。管理的决策职能不仅各个层次的管理者都有，并且也分布在各项管理活动中，所以，我们认为决策应是管理活动中第一位的基本职能。而我们讨论较多的是，高层管理决策问题。

在会展业的初期阶段——古代集市，管理者对展览的信息处理和决策处于感觉的阶段，信息量和现在的会展信息量是不可比拟的，市场竞争程度相对较小，受到的牵制也不多。因此，这个阶段管理者（或者经营者）的决策相对简单。

随着近代工业革命在欧洲的推进，近代会展业得到了充分的发展，从 1667 年的法国艺术展览会到 1851 年的英国“万国工业展览会”（The Great Exhibition of the Industries of All Nations），欧洲展览业在此期间发展成为世界会展业“引领者”。西方展览界把 1851 年的英国“万国工业展览会”看做第一个世界博览会。这个阶段的管理和经营的水准也是引领世界的，但当时信息技术（IT）时代没有开始，管理者的决策是采用统计和推理的方法，还是凭经验，目前我们无法考证。

现代贸易会展和博览会的发展，使规模、质量、普通百姓的参与度等达到了空前的高度。特别是第二次世界大战之后，世界各国的经济发展和科技教育进步使新的产品日新月异。以德国博览会为例，国际上 150 个重要博览会中有 100 个在德国举行，德国超过 10 万平方米的质量中心就有 9 个，像汉诺威每年

4 月有超过 6000 家产商参展。德国的展览业发展已经经历了 800 多年历史。而我国的展览业在 20 世纪 90 年代以来才开始得到很大发展，以上海为例，上海以每年超过 20％的速度递增。上海市会展行业协会 (Shanghai Convention & Exhibition Industries Association)的会员单位达到 536 家(到 2010 年 6 月)。上面一些简单的数据，说明展览业除了实体的空前发展以外，反映（映射）这些实体的信息量更是呈现快速上涨的趋势。根据前面章节所述，展览业的发展离不开信息的管理，更离不开计算机信息管理系统。随着时间延续、展览规模的扩大、展览市场的细分等因素，信息量会越来越庞大，这些信息是可用还是冗余，是我们对这些会展信息提出的新课题。好在现代的管理和计算机技术的发展使我们对这些会展信息的处理有了新的途径，其中之一就是我们这个章节要向大家介绍的决策支持系统（Decision Support System）。决策支持系统能使管理者了解、提炼、使用这些累积起来的信息（包括企业外部的和内部的信息），为管理者用信息来决策架起了桥梁。

8.1.2 管理者决策制定和信息系统

在现代展览业中，无论是会展业上游的会展公司（会展的组织者），还是处于中游的会展场馆企业，在现代的管理中都或多或少或选某个计算机系统进行信息管理。按展览业的信息处理可分为以下信息处理模块，如表 8-1 所示。

表 8-1　会展业信息处理模块

分类	信息模块	典型功能
决策	支持系统	分析、预测、决策
管理	管理信息	财务、人事等
营销	市场分析信息	竞争对手的分析、观众分析
操作性管理	办公模块	企业办公管理
展览基础信息	基础模块	参观者预订、登记、统计 参展方的信息处理

在上述的信息处理模块中，管理者要和这些信息模块“打交道”，查询、审核、预算、计划等，最终要进行所谓的决策。管理者和管理信息系统的关系如图 8-1 所示。

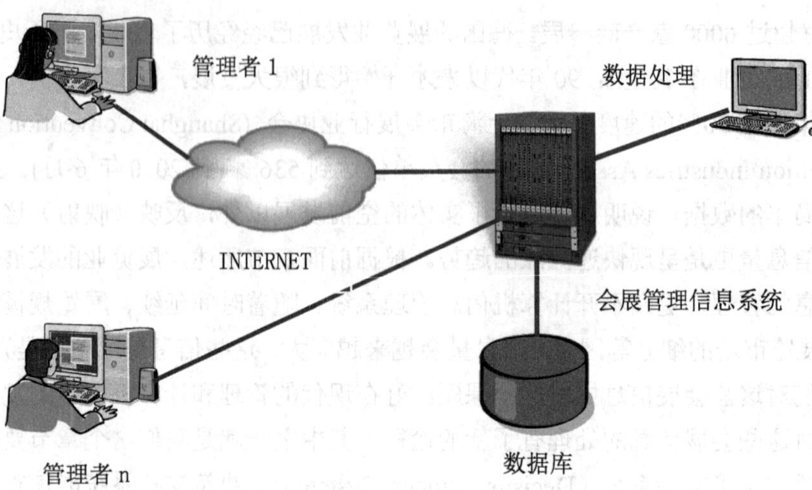

图 8-1 管理者和管理信息系统的关系

从上面的图示中不难看出，现代展览业管理者的许多管理、决策已经离不开管理信息系统。计算机管理信息系统的普遍使用为数据的处理、挖掘和最高管理者的决策打下了基础。管理者的决策制定和管理信息系统的关系有以下几个特征：

1．管理者是管理信息系统使用（程度）的决定者和最有力的保障者；
2．管理信息系统为管理者提供了综合的经营管理数据；
3．信息系统为经营管理者进行数据挖掘打下了基础；
4．管理信息系统为决策系统提供了可能和保障；
5．管理者从决策支持系统中得到决策的科学支持。

8.2 决策支持系统理论与方法

8.2.1 决策支持系统产生的背景和发展

1． 决策支持系统产生的背景

和各行各业一样，展览业在不断地提高计算机信息系统（MIS）的使用度，信息系统把人们从繁琐的事务处理中解脱出来，大大提高了使用者（展览业）的工作效率。管理信息系统能收集、传递、储存、加工、维护和使用信息，能实测使用者的各种运行情况，对企业已经发生的信息进行加工、处理，得到经营管理者所需要的数据，从而提高了管理者的科学分析能力。因此，管理信息系统能把孤立的、零碎的信息变成一个比较完整的、有钩稽关系的信息系统。但管理信息系统只能帮助经营管理者对信息作表面上的组织和管理，而不能把信息的内部规律更深刻地挖掘出来，提供给经营管理者进行决策服务。

20 世纪 70 年代末，许多专家对应用系统分析、传统的运筹学、管理信息系统（MIS）进行分析、反思。应用系统分析，传统运筹学在解决现实世界问题时遇到了不少障碍，应用系统分析的许多模型、方法往往看起来有用但有时并不真正能用，认为系统分析人员和管理决策者（特别是高层决策者）之间缺乏必要的沟通。管理信息系统对企业的运作流程分析比较透彻(包括流程再造)。另一方面，MIS 发展也受到限制，人们在寻找运用领域新的突破点。由于 MIS 技术在方法上固有的模式和市场经济变化管理要求之间的矛盾，如刻板的结构化系统分析方法与多变市场之间的矛盾、MIS 系统封闭模式与开放市场之间的矛盾、漫长的软件生命周期与日益缩短的经济周期之间的矛盾、以市场信息为导向的开发模式与 MIS 系统传统的开发模式等，使得传统的 MIS 系统难以适应多变的外部管理环境，对管理人员的新需求难以满足。但是 MIS 系统在计算机管理应用历史发展过程中所起到的作用和产生的经济效益是空前的，MIS 系统为今后发展奠定了良好的基础。管理信息系统中的主要角色——人的因素和作用考虑不够或缺乏有效的方法、手段，为管理决策者提供的已经发生的信息比较多，但对未来的帮助非常有限甚至没有。系统分析技术人员和管理信息系统本身都不能取代或者为管理决策者提供有效的帮助，更不能回答非结构化的经营管理问题。由于展览业的信息数据量之大、变化之快，使得经营管理者已经开始提出这方面的需求。这些问题的出现或者说提出，必将在管理领域和计算机信息处理的领域去思考和解决。好在 20 世纪 80 年代末，许多学者开始逐步提出解决问题的理念、理论和方法，这就是我们今天要讨论的决策支持系统（DSS）。

20 世纪 70 年代末以来，许多相关学科的发展，如运筹学、数理统计、人工智能、专家系统语言等，为 DSS 广泛研制和应用提供了良好的基础和技术环境。自美国麻省理工学院的 Michael S.Scott Morton 和 Peter G.W.Keen 于 20 世纪 70 年代首次提出“Decision Support System”以来，决策支持系统（DSS）已经取得了巨大的发展。通过国内外广大专家、学者的不断探索和研究，经过 20 多年的应用、发展和完善，DSS 的概念内涵和理论基础以及与其相关技术的关系已经明朗并走向成熟。正是因为如此，DSS越来越被广泛地应用到各行各业中，并为各行各业的决策者提供了一个崭新的决策辅助工具。

Keen和Scott Morton创造的“决策支持系统”一词至今作为用于管理的一种新型的计算机信息系统——DSS已经得到了迅速的发展，它已经成为系统工程、管理科学、人工智能等领域十分活跃的研究课题。

2. 决策支持系统（DSS）的发展

70年代Scott Morton在《管理决策系统》一书中第一次指出计算机对于决策的支持作用，当时行为科学的研究已经开始成为一个很活跃的技术领域。从1971年到1976年，从事决策支持系统研究的人越来越多，他们都认为决策支持系统就是交互式的计算机系统。与此同时，很多人把注意力集中到如下的技术设计上：有界推理、非结构任务、组织的信息处理以及决策者的认知特征等。但这些技术都忽略了对人类思维和行为的模仿。

经过近几年的努力和发展，DSS的研究基本走上了正轨，所开发的系统也得到了初步的应用。近年来，专家系统的研究发展很快，它给DSS注入了新的活力，增强了DSS系统的主动功能，例如知识库的组织和推理。

在未来的年代中，DSS除了涉及与计算机有关的技术之外，还将进一步完善智能技术，例如在人机界面上的自然语言理解和处理。值得注意的是，我们的着眼点仍然在辅助决策上，这就要求我们结合目标和背景运用智能技术，而不是在计算机上开发智能技术。在某种意义上也告诉我们，DSS的继续发展必须面向实际，更多地解决实际问题。决策支持系统将结合信息管理系统（MIS）、客户关系管理（Customer Relationship Management）、流程再造（Business Process Management）、商务智能（Business Intelligence）、知识管理（Knowledge Management）等最新发展的计算机技术一起相互影响、共同发展。

最后我们要说明，我们讨论的决策支持系统有个前提，就是我们的企业是追求利润最大化的企业，公益性的展览企业不在我们讨论的范围。

8.2.2 决策支持系统（DSS）的定义和概念

所谓决策过程是人们为实现一定目标而制定行动方案，并准备组织实施的活动过程。这个过程也是一个提出问题、分析问题、解决问题的过程。我们可以用下图来形象地描述它，如图8-2所示。

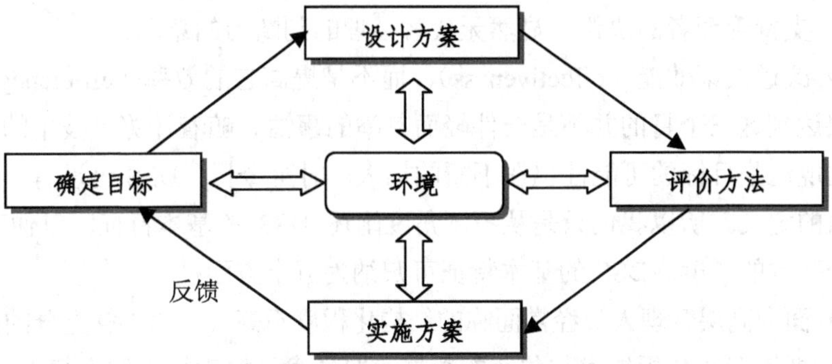

图 8-2　决策过程示意图

决策问题一般用“结构”这个概念来描述。目前学术界普遍能接受的提法是，把问题分成结构化、半结构化和非结构化，这是对问题结构化程度的三种不同描述。既然决策问题的性质可以分为结构化、半结构化和非结构化三类，那么也就可以把决策划分为这三类，每一个决策问题又可以分为三个层次，即战略规划、运筹规划和作业调度。表 8-2 构成了一个 3 维的方阵，组成了 9 种决策类型。

表 8-2　决策问题的性质分类表

管理层次 / 决策类型	作业调度	运筹规划	战略规划	支持需求
结构化	库存数据输入 订货	线性规划生产 调度	企业的新产品开发	操作员 MIS
半结构化	股票管理贸易	开发市场经费 预算	资本获利分析	DSS、BI
非结构化	为广告选择封面	聘用管理人员	连锁企业的位置选择	DSS、BI 经验和直觉

从上表可知，DSS 并不企图解决一切决策问题，它不过是在结构化的基础上向前迈进了一步，希望能够通过人机对话来解决一些更符合实际的问题。但是，DSS 不能取代决策者，只能辅助支持决策者。

在 DSS 的发展过程中，决策支持是一种先导的概念，在决策支持的概念形成若干年以后，才出现决策支持系统。可以这么说：决策支持是目标，DSS 是通向目标的工具。决策支持的基本含义是指用计算机来达到如下目的或者说具备如下特征：

◆ 帮助管理者在半结构化或非结构化的任务中作决策；

◆ 支持管理者的决策，显然无代替经理的判断力的意图；

◆ 改进决策效能（effectiveness），而不是提高它的效率（efficiency）。

要达到这三个目的并不是一件轻而易举的事情。随着计算机技术的飞速发展，实现这些目标的可能性也在不断的加大。时至今日，DSS 仍没有一个学术界公认的定义。所以我们只是从不同角度阐述 DSS 的基本特征，以便对 DSS 有一个基本的了解。DSS 的基本特征可归纳为五个方面：

◆ 面向高层管理人员经常面临的结构化程度不高、说明不够充分的问题；

◆ 把模型或分析技术与传统的数据存取技术及检索技术结合起来；

◆ 易于非计算机专业人员以交互会话的方式使用；

◆ 强调对环境及用户决策方法改变的灵活性及适应性；

◆ 是支持系统，但不是代替高层决策者制定决策。

8.2.3 决策支持系统（DSS）的基本部件和体系结构

用 DSS 的部件来表述也是 DSS 定义的一种方法。尽管每个行业的 DSS 形态各异，但它们在结构上有一个基本特征——集成性。对于不同形态的 DSS 进行分解时又会发现，DSS 包括几个特性十分明显的基本模块（或称为基本部件）。由于这些模块的不同组合和集成，构成了不同形式的 DSS。决策支持系统（DSS）的功能改进，也主要是因为其中一个或几个部件的性能得到了改进。因此“部件”和“集成”是我们讨论 DSS 的构造和系统结构时首先要明确的两个概念。

1. 决策支持系统的基本部件

20 世纪 80 年代初开发的 DSS 主要由五个部件组成：人机接口（对话系统）、数据库、模型库、知识库和方法库。近期，在这五个部件的基础上又开发了各自的管理系统，即对话管理系统、数据库管理系统、模型库管理系统、知识库管理系统、方法库管理系统。因此，一大批 DSS 都可以说成是这十个基本部件的不同的集成和组合。一般来说，这十个部件可以支持任何层次和级别的 DSS 系统。

从 20 世纪 80 年代开始，随着计算机集成制造系统（CIMS）概念的提出，人们对于 DSS 结构的理解发生了一些变化。有的人提出，DSS 是由语言系统 LS、问题处理系统 PPS 和知识系统 KS 三个部分组成的，这三种系统实际上就是由上面提到的基本部件发展而来的。LS 实际上就是人机接口，而 KS 就是数据库、模型库和知识库的组合。

基于以上的分析，我们认为 DSS 的基本部件还是由五个部分组成的：人机接口、数据库、模型库、知识库和方法库。

在介绍了 DSS 的基本部件以后，我们用 DSS 的部件来表述 DSS 的结构特征，也就是说，这是 DSS 定义的另一种方法。

◆ 模型库及其管理系统；

◆ 交互式计算机硬件及软件；

◆ 数据库及其管理系统；

◆ 图形及其他高级显示装置；

◆ 对用户友好的建模语言。

在决策支持系统（DSS）中，也基本延续了这五个部件，只是将知识库和方法库合并设计为知识库，即由人机接口、数据库、模型库、知识库四部分组成。

2.　决策支持系统（DSS）的系统结构

前面介绍了决策支持系统的结构和各个组成构件，对各部分构件的功能作了初步的描述。那么在设计不同的决策支持系统时，这些部件怎样有机地联系起来呢？为了适应不同的系统，联系的结构我们一般有：三角式结构、串连结构、融合式结构、以数据库为中心的结构、四库三功能的系统结构（在后面会展应用章节中介绍）。

在设计决策支持系统（DSS）时，目前使用较多的是三角式结构，如图 8-3。

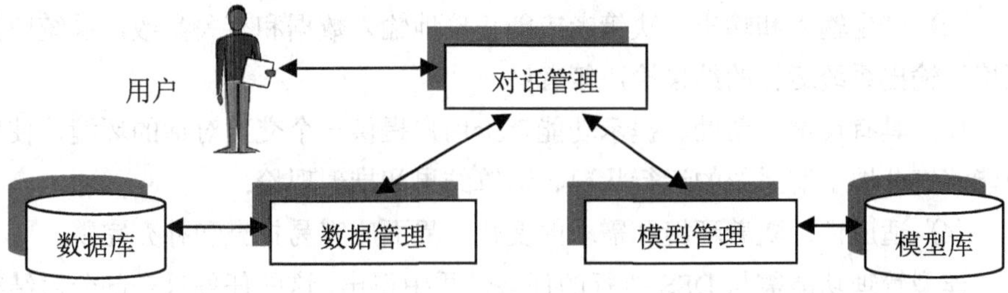

图 8-3　决策支持系统三角式结构图

这种结构是把 DSS 的三大构件组成一个三角式的网络结构。这里用户通过对话管理部分以各种对话形式直接与数据管理和模型管理部分对话，查询或操作数据库，或运行模型获得结果。在查询数据库时，根据对话管理部分送来的命令信息，由数据管理部分进行查询，然后再把结果经由对话管理部分送回用户。在运行模型时，或者直接从外界（用户）获得输入参数，或者从数据库中查出数据作为输入，模型运行后产生的结果通过对话管理部分直接送给用户，或先放入数据库中，以便继续处理，或作为其他模型的输入。所以，三个管理部分都有直接联系，而且两两之间应有互相进行通信的接口。

下面对各系统的结构和部件加以介绍。

◆ 对话管理：

DSS 中最常见、最基本的单元是人，对话管理部件体现了系统与用户交互所必需的特殊功能。用户与系统间的对话确立了既有输出又有输入的交互框架结构。这样可以设定三个不可缺少的对话管理能力：用户接口、对话控制功能和设定请求交换器。数据管理部件保持了 DSS 的事实基础，它反映了 DSS 作用的基本特点：所有决策层次都基于数据集的存取。数据管理所需要的特殊功能包括以下几方面：DBMS 与数据库，它提供存取库中数据的机制；查询设施，它解释数据请求，确定如何满足这些请求。对话管理是通过人机界面实现的。

◆ 人机界面：

人机界面又称用户界面、对话系统、人机接口等。它是决策支持系统（DSS）不可缺少的重要组成部分，是连接人与系统的中间纽带。人机界面把用户与数据库、模型库等联系在一起，在决策过程中，决策者要对各个库进行操作和控制。

决策支持系统（DSS）人机界面应完成的任务主要包括以下几个方面：

(1) 向决策者提供多种交互形式，供决策者方便地使用；

(2) 产生输入和输出，决策者应能正确地输入数据和有关参数，系统应能正确地输出系统运行的结果给决策者；

(3) 具有反馈、帮助、提示功能，给用户提供一个交互对话的环境，使用户能够充分地了解系统的运行状况、运算结果和推理理论；

(4) 适应性，随着环境和需求的变化，界面应容易扩充和补充完整。

模型管理功能需从 DSS 执行的任务性质中得出，这些任务只是部分可结构化的，因此需要处理。调用、运行组合和检查模型是 DSS 中的关键能力，也是它的核心服务项目。管理者要采用不同的模型来测试决策的结果。

数据管理主要是管理信息系统提供的。这部分数据是企业经营的累积数据，是企业最宝贵的财富。要对企业多年经营的管理数据进行挖掘和处理。这个过程可以是企业自己进行，也可以和专业 IT 公司合作。

以上三个部件的介绍如图 8-4 所示。

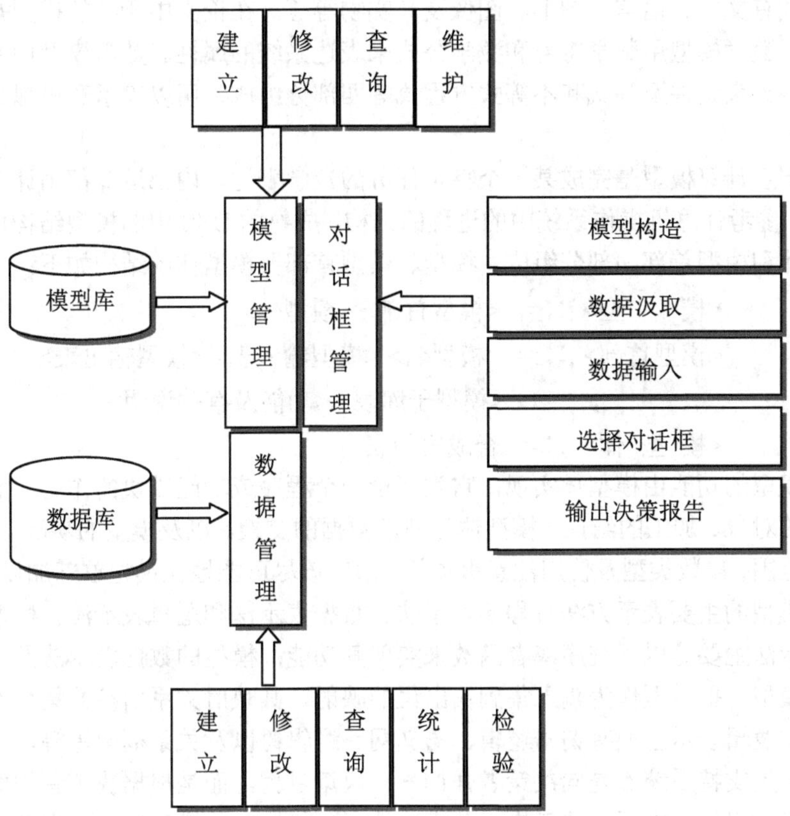

图 8-4　决策支持系统三角式系统部件介绍图

8.2.4 决策支持系统（DSS）的模型与模型管理

1.　决策支持系统模型描述

成功的决策支持系统，需要应用适当的数学模型。这些模型可能是简单的或者是复杂的，也可能是标准的或习惯采用的。DSS 模型库及其管理系统，是 DSS 区别于其他管理信息系统的重要特征，也是 DSS 的核心。DSS 的设计和运行是以模型驱动的，而 MIS 的设计和运行是以数据驱动的，之所以要特别强调模型在决策过程中的重要性，是因为一个企业单位的数据库系统将数据转化为有用的信息，特别是决策性信息的能力是有限的，随着面临的决策问题的日益复杂化，采用决策模型来求解复杂的问题是很有用的。

模型是人们对系统的属性及其运行状态的主观描述，是系统本质属性用某种数学或者非数学方式表示的形式，是客观现实系统的抽象。模型的非数学表示形式有文字、语言、图形、图像及其实物等等。在论文中所指的模型是数学模型，数学模型用数学符号和数学公式来表述系统的属性。数学模型由变量、参数、约束条件及等式和不等式方程式等四部分组成，用以表示和模拟系统的属性。

定量计算模型是完成某一个特定任务的数学表达，内部运算都由计算机来完成。参考计算机操作系统中的进程的结构，成熟的 DSS 中的模型结构可以由模型体和模型首部两部分组成。模型、模型首部及模型体的结构如下：

<模　　型> ::= <模型首部><模型体>

<模型首部> ::= <模型名><模型输入表><模型输出表>
<模型子库表><功能及有关说明>

<模 型 体> ::= 合成语句表

模型的功能由模型体实现，它类似于一个程序或功能模块的作用。而模型加工的对象、加工的结果、模型体与外部数据的交换，以及模型的功能、算法、适用范围、参数类型及使用注意事项等，都应该尽可能地在模型首部加以说明。

模型的主要表示方法有程序表示法、数据表示法和逻辑表示法。模型的程序表示法主要是以子程序或者函数来实现其功能；模型的数据表示法是用数据表示模型，把模型作为输入集到输出集的映射，其映射关系由参数集合确定；模型的逻辑表示主要有谓语逻辑、语义网、逻辑树以及关系框架等等。

决策支持系统不是向决策者强加一个决策过程，而是根据决策者的要求，给决策者提供一组适应其风格，并由决策者随机控制的模型工具，支持决策者的决策过程，使用户自己能开发所需要的决策模型，增加模型透明度和用户主动性。进行决策问题描述时，对于比较复杂的模型需要进行分解组合，而对于一些经济决策问题，也应该根据不同的方案有不同的计算公式。因此，在建立模型的过程中，要善于对一个比较复杂的模型进行分解和组合。因此，模型有基本模型（也称之为单元模型）和复杂模型之分，由基本模型生成复杂模型。基本模型类似于计算机操作系统中的进程，它是不宜再继续分解的模型，是一个相对独立的数学表达式，能完成一个基本的功能，是一个基本单位。从程序上来说，它是一个程序模块；从模型库来说，它是一个调用的基本单位。基本模型由模型首部和模型体两部分组成。这些基本模型平时处于睡眠状态，当系统根据用户的要求而指定某一个模型运行时，再将其唤醒。

2.　决策支持系统的模型管理

我们所提出的模型管理是指：模型建立时主要采用了子程序或者函数的方法完成模型的功能，模型用的是程序表示法。模型构造如图 8-5 所示。

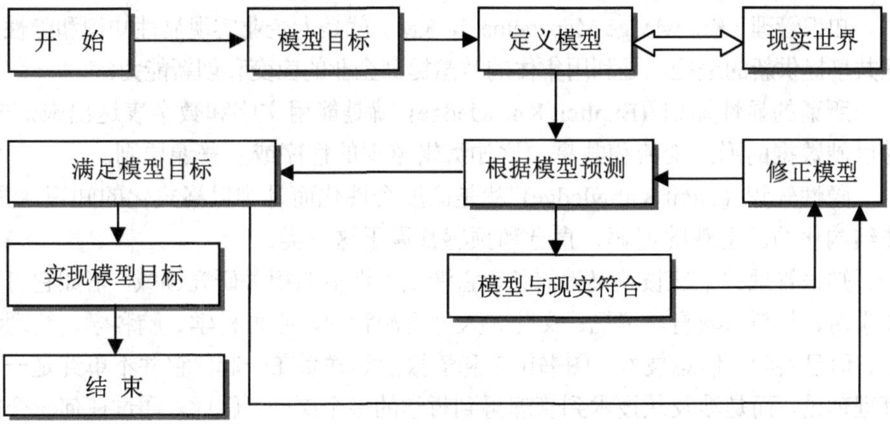

图 8-5　模型构造过程图

模型的程序表示法是一种传统的表示方法，每个模型对应于一个程序，输入格式、输出格式及算法均在程序中，使用模型实际上就是对该子程序的调用。针对会展决策支持系统面向会展行业这个特殊行业的特点，主要应用在会展规模分析、展览时间分析、观众分析和展览经济效益等方面，所以建立的模型主要有：比率法模型、季节分析模型、加权平均模型、指数平滑模型、平均法模型、周期分析模型等等。具体在以后的章节中介绍。

8.3　决策支持系统 DSS 与其他模块

8.3.1 决策支持系统与知识管理模块（Knowledge Management）

会展业发展的每个阶段，无不是社会和人类知识发展的共同作用体。知识经济时代的到来，给各行各业以很大的启迪和推进作用，展览业更是如此。随着知识经济的发展，知识管理（Knowledge Management）这个新的结构体系被提出。知识管理诞生于知识经济逐渐兴起、信息技术飞速发展、商业竞争日益加剧的环境中。知识管理与信息技术密不可分，共同构建企业商务智能，并成为企业核心竞争力的源泉。

知识管理是信息管理的进一步发展。第一代信息化管理的是数据；第二代信息化管理的是信息；而知识管理将信息化推进到第三阶段，第三代信息化管理的对象包括了知识。作为一个新生事物，知识管理虽已被学术界所接受，但目前尚未形成一个能为人们普遍认可的定义。

知识管理（Knowledge Management，KM）就是为企业实现显性知识和隐性知识共享提供新的途径，是利用集体的智慧提高企业的应变和创新能力。

所谓的显性知识 (Explicit Knowledge) 就是能用文字和数字表达出来，容易以硬数据的形式交流和共享，比如编辑整理的程序或者普遍原则。

隐性知识 (Tacit Knowledge) 就是高度个性化而且难以格式化的知识，是非结构化的。主观的理解、直觉和预感都属于这一类。

知识管理并不应被狭义地看待。它涉及了许多的相关研究领域，诸如它可以和学习、创新、教育、记忆、文化、人力资源管理、心理科学、脑科学、管理科学、信息科学、信息技术、图书馆学和情报学等联系在一起。它并不单纯是一种管理理论，而是涉及从技术到管理再到哲学的多个层面。因此，通过任何一个简单的框架或模型，也许能理解知识管理的基本含义，但是却远远不能涵盖其全部意义，而且也无此必要。知识管理软件是对知识进行信息化处理的软件工具。

知识管理包括几个方面的工作：建立知识库；促进员工的知识交流；建立尊重知识的内部环境；把知识作为资产来管理。

知识管理在知识资产管理、学习型组织、人力资源管理和信息化四个方面进行深化和突破。知识管理是企业在面对非连续的变化所致重大变革之际，对资料、资讯技术与整个组织流程、企业精神等内容加以整合。其中包含了全体员工的创新力和创造力。

卡尔·费拉保罗认为，“知识管理就是运用集体的智慧提高应变能力和创新能力，是为企业实现显性知识和隐性知识共享提供的新途径”。

马斯 (Masie) 认为，知识管理是一个系统地发现、选择、组织、过滤和表述信息的过程，目的是改善雇员对特定问题的理解。

UanLei L. ULeary 认为，“知识管理是将组织可得到的各种来源的信息转化为知识，并将知识与人联系起来的过程。知识管理是对知识进行正式的管理，以便于知识的产生、获取和重新利用”。

在信息时代，知识已成为最主要的财富来源，而知识工作者就是最有生命力的资产，组织和个人的最重要任务就是对知识进行管理。知识管理将使组织和个人具有更强的竞争实力，并做出更好的决策。

会展公司知识管理是知识管理者通过现代化的工具改变会展公司员工的工作态度和行为，建立开放和信任的会展公司内部环境，便于员工合作和共享知识资源。会展公司知识管理主要包括知识管理主体、知识管理工具和知识管理客体三要素。其中知识主体是人，人是知识的载体，既要设计和使用知识管理工具，又要对知识携带者进行管理，是会展公司知识管理的关键和灵魂。从成功运用知识管理的会展公司来看，知识管理的主体是包括知识主管、知识项目管理者、知识管理工人和全体员工在内的多层次有机体。会展公司知识管理中，各个主体间通过会展公司知识管理信息系统进行联系。其中，知识主管是会展公司知识管理的决策者，他要了解外部信息，与外界知识提供者联系；知识管理工人是会展公司知识管理主体的基础，是知识的实际开发者、传播者和应用者，他们要负责管理生产、销售、财务、人力资源和社会关系等各方面的具体知识。

那么知识管理(Knowledge Management)和决策支持系统的关系是如何的呢？

我们认为它们的共同点是为最高管理者（或者决策者）提供支持。从图 8-6 可以看出：

◆ 管理者从管理信息系统中得到日常管理所需的结构化的数据。
◆ 决策者从决策支持系统中得到决策支持，决策支持系统需要管理信息系统提供有用的、大量的真实数据。
◆ 知识管理为管理者提供非线性、随机的帮助和启发。
◆ 知识管理可以非直接佐证决策支持系统提供的决策数据或结果。

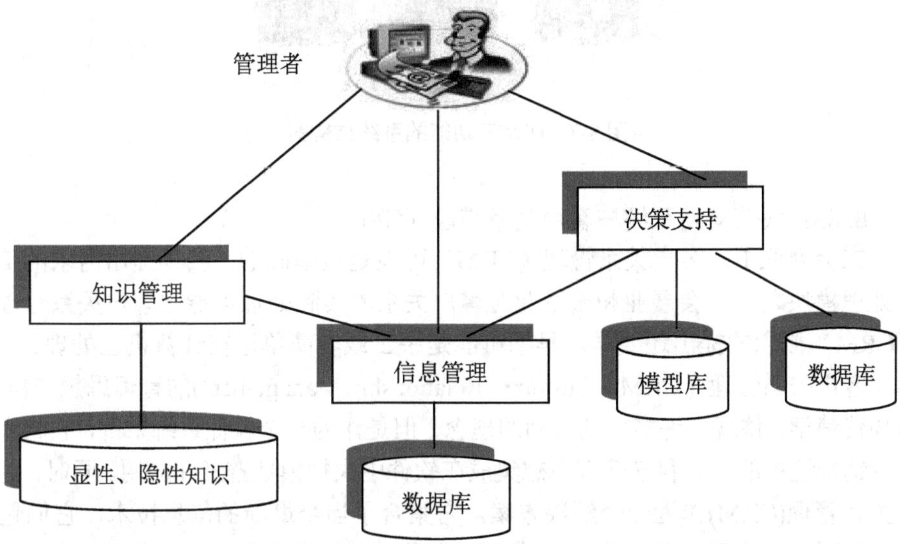

图 8-6　决策支持系统和知识管理的关系

在知识管理的理念下，有许多学者提出了新的决策支持结构；但到目前为止，这种结构往往仅限于学术界的讨论，实际的操作还是比较困难的。这种模型在学术界被称为四库三功能的系统结构，结构图如图 8-7。

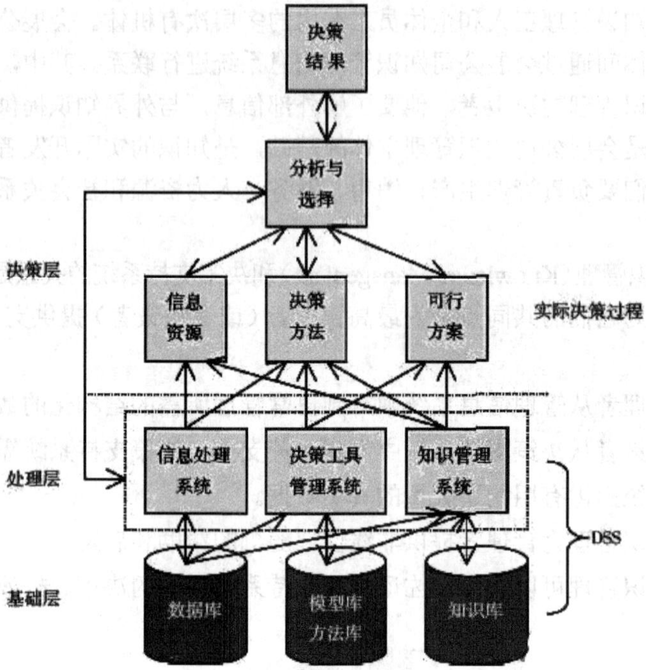

图 8-7 四库三功能的系统结构图

8.3.2 决策支持系统与客户关系模块（CRM）

在会展业中，客户关系管理（CRM）可能是最基础的、较早提出需求的信息处理模块之一。会展业和旅游业对客户关系的实际处理可能比客户关系管理（CRM）概念的提出还要早。早期可能是手工或者简单地在计算机上处理。

客户关系管理（CRM，Customer Relationship Management)的管理思想来自市场营销学，体现了许多市场营销的理念，但是作为一个软件系统来讲，它将市场营销理论中的部分科学管理思想集成在软件中大规模地普及和应用。同时，客户关系管理(CRM)作为一个解决方案，它集合了当今最新的信息技术，它们包括：互联网和电子商务、多媒体技术、数据仓库和数据挖掘、专家系统和人工智能等等。

客户关系管理（CRM）是指通过管理客户信息资源，提供客户满意的产品和服务，与客户建立起长期、稳定、相互信任、互惠互利的密切关系的动态过程和经营策略。CRM 作为一种新的经营管理哲学，其核心价值可以从不同角度、不同层次来理解。

第一，客户关系管理是一种管理理念，其核心思想是将企业的客户（包括会展业上游、下游和合作伙伴）作为最重要的企业资源，通过完善的客户服务和深入的客户分析来满足客户的需求，保证实现客户的价值。现在是一个变革和创新的时代，比竞争对手领先一步，就可能意味着成功。业务流程的重新设计为企业的管理创新提供了一个工具。在引入客户关系管理的理念和技术时，不可避免地要对企业原来的管理方式进行改变，创新的思想将有利于企业员工接受变革，而业务流程重组则提供了具体的思路和方法。在互联网时代，仅凭传统的管理思想已经不够了。互联网带来的不仅是一种手段，它还触发了企业组织架构的革新、工作流程的重组以及整个社会管理思想的变革。所以，客户关系管理首先是对传统管理理念的一种更新。

第二，客户关系管理又是一种旨在改善企业与客户之间关系的新型管理机制。它实施于企业的市场营销、销售、服务与技术支持等与客户相关的领域，市场和客户服务的专业人员提供全面、个性化的客户资料，并强化跟踪服务、信息分析的能力，使他们能够协同建立和维护一系列与客户和生意伙伴之间卓有成效的“一对一关系”，从而使企业得以提供更快捷和周到的优质服务，提高客户满意度，吸引和保持更多的客户，增加营业额；另一方面则通过信息共享和优化商业流程来有效地降低企业经营成本。

第三，客户关系管理也是一种管理科学。它将最佳的商业实践与数据挖掘、数据仓库、一对一、一对多营销及信息管理紧密结合在一起，为会展企业的销售、客户服务和决策支持等领域提供了一个业务流程的解决方案，使企业有了一个基于电子商务的面对客户的前沿，从而顺利实现了由传统企业模式到以电子商务为基础的现代企业模式的转化。

第四，客户关系管理并非等同于单纯的信息技术或管理技术，它更是一种企业管理思想战略。从技术的角度来说，CRM 是一种用软件帮助企业解决问题的手段和工具。目的是使会展企业根据客户分段进行重组，强化使客户满意的行为，从而优化企业的可盈利性，增加利润并改善客户的满意程度。从更深层次来说，CRM 给客户传递的是一种思想，一种真正以客户为中心的管理思想，是一种意识，是一个长期的过程，最终体现在每个行为细节。我们认为这才是客户关系管理（CRM）真正核心价值之所在。

客户关系管理（CRM）在策略上要解决以下几个问题：

1.　CRM 与企业客户忠诚策略

企业通过实施 CRM，一方面可以对客户信息进行全面的整合，在企业内部实现信息充分共享，从而能够保证为客户提供更为快速与周到的优质服务，吸引和保持更多的客户；另一方面，可以借助 CRM 所蕴含的先进的企业管理理念，优化企业的业务流程，把“为客户解决需求”的经营理念贯彻到企业经营管理的所有环节中，无论客户采取什么方式，向企业发出什么联系信号，都能够使他感到像遇到老朋友一样，企业的每个部门都知道他寻求的目标、购买的习惯、付款的偏好和最可能感兴趣的新产品，客户的一切信息尽在企业的掌握之中，它能有的放矢地提供及时、周到和满意的客户服务，使企业从中不断地获益。

2. CRM 与企业客户满意和客户关怀策略

为了提高客户满意度，企业必须完整掌握客户信息，准确把握客户需求，快速响应个性化需求，提供便捷的购买渠道、良好的售后服务与经常性的客户关怀等。在这种时代背景下，客户关系管理理论不断完善，并随着 Internet 技术的广泛应用而推出客户关系管理软件系统。在所有营销变量中，客户关怀的注意力要放在交易的不同阶段上，营造出友好、激励、高效的氛围。对客户关怀意义最大的四个实际营销变量是：产品和服务(这是客户关怀的核心)、沟通方式、销售激励和公共关系。CRM 软件的客户关怀模式充分地将有关的营销变量纳入其中，使得客户关怀这个非常抽象的问题能够通过一系列相关的指标来测量，便于企业及时调整对客户的关怀策略，使得客户对企业产生更高的忠诚度。

3. 客户关系管理（CRM）与会展企业供应链策略

在会展企业经营的整个供应链中，对于会展企业如何了解会展展品发货后的运输情况和返回货物的情况，如何满足客户希望跟踪订单的要求，如何回答顾客询问的问题，客户关系管理系统可以很好地解决这些问题。但供应链系统并不能真正解决企业 B2B 电子商务面临的问题。目前采用 B2B 模式的企业已经认识到了这个问题，并开始进行大量投资以解决问题。有些企业采用一种被称为“前端办公室”的系统，它把客户服务、销售和供应链系统直接连到一起。更多的企业开始把目光投向客户关系管理软件，以解决存在的问题。这些客户关系管理系统使企业可以完成以下的功能：

(1) 从各种渠道收集客户数据，包括呼叫中心、Internet 订购中心、现场销售电话等；

(2) 基于参展顾客的订单、查询和建议，构建客户的个性化资料库；

(3) 实时存储并显示客户的资料，使销售人员、客户服务代表以及供应链管理员能在需要的时候对其进行访问；

(4) 针对客户需要，开发市场和提供服务计划；

(5) 根据客户资料来定制个性化的显示内容。

尽管基于 Internet 的供应链系统为企业带来了高效的运作效率，但如果可以加上客户关系管理系统建立起来的客户资料，并能在企业内充分使用和共享这些资料，那么企业将能得到真正的实际回报。

基于上述对客户关系管理（CRM）的叙述，我们可以看出，客户关系管理（CRM）在应用中会得到大量数据，并存放在数据库中，这些大量数据对决策支持系统将有很大作用。从上面的分析中我们不难得到下面的结论：

(1) 客户关系管理（CRM）模块在会展业企业应用时，会产生大量有价值的数据；

(2) 这些数据包括了对已经发生的事件的记录，以及对将要和会展企业发生关系的相关数据；

(3) 决策支持系统对客户关系管理（CRM）模块数据也进行数据挖掘和相关处理；

(4) 客户关系管理（CRM）模块会对市场营销管理产生重要的作用，是营销层面的管理；

(5) 决策支持系统对整个管理信息系统的信息进行处理，是最高决策层面的管理。

客户关系管理（CRM）模块和决策支持系统（DSS）关系如图 8-8 所示。

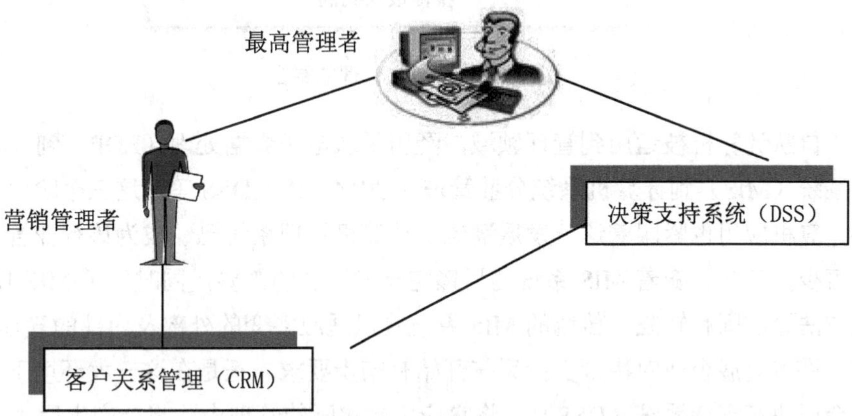

图 8-8　客户关系管理和决策支持系统关系图

8.3.3 决策支持系统在管理中的作用

在市场经济下，一个企业发展到一定的阶段，就要考虑中、长期规划，积极参与市场竞争。为了面对挑战，立于不败之地，做好企业的经营决策是管理的重要内容。工作是必不可少的，而决策的正确性和及时性是非常重要的，错误的决策往往会给企业造成巨大的损失，甚至是倒闭。所以决策者如果想要做好决策工作，就应该使用一些有助于自己做出决策的分析工具，而一个较为有效的工具就是信息技术(IT)；充分利用信息技术的特点，来为企业经营决策提供科学依据，通过计算机技术和管理经济学的结合，就可以设计出供决策者使用的决策模型，预测出一些经济信息，便于决策者作出合理的、正确的决策，使企业获得尽可能大的利润。如图 8-9 所示。

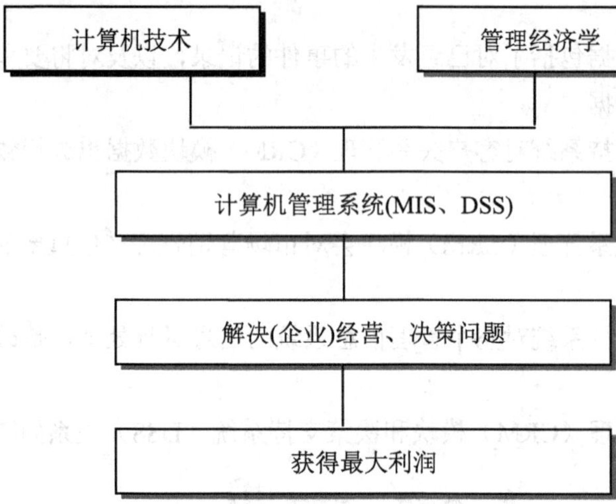

图 8-9　计算机与管理的结合

自从计算机被运用到管理领域，经历了从电子数据处理（EDP）到管理信息系统（MIS）到计算机系统分散管理（CRM、BI、DSS 等）这三个阶段，会展计算机应用也紧跟着这一发展潮流，计算机管理系统已经成为该行业管理必不可少的工具。随着 MIS 系统的日臻完善和管理的需要，同时由于 MIS 技术及方法论的固有缺陷，传统的 MIS 系统难以适应多变的外部及内部的管理环境，许多会展企业对决策支持系统开始有初步要求。正是在这一大环境下，开发会展决策支持系统（DSS），将它应用到实际的管理中，将会产生巨大的影响和不可估量的经济效益。

1.　决策在管理中的地位和作用

(1) 决策是管理的基础。决策是从各个抉择方案中选择一个方案作为未来行为的指南。而在决策以前，只是对计划工作进行了研究和分析，没有决策就没有合乎理性的行动，因而决策是计划工作的核心。计划工作是进行组织工作、人员配备、指导与领导、控制工作等的基础。因此，从这种意义上说，决策是管理的基础。

(2) 决策是各级、各类主管人员的首要工作。决策不仅仅是上层主管人员的事。上至国家的高级领导者，下到基层的班组长，均要作出决策，只是决策的重要程度和影响的范围不同而已。“管理就是决策”。

(3) 决策是执行的前提，正确的行为来源于正确的决策。在日常的管理工作中，执行力是体现一个组织效益的重要因素，也是衡量一个组织是否良性发展、有效管理的重要指标。正确的决策是组织在有限的条件下做正确的事、创造最大价值的前提，让组织少走、不走弯路。

(4) 决策能明确目标、统一行动，让组织成员明白工作的方向和要求。民主的决策有助于提高组织的凝聚力，创造良好的企业文化，改进管理水平。民主的决策由于是大家的共识，更加易于执行，更为有效。

决策支持系统与决策系统的关系，实质上是谋与断的关系。“谋”、“断”相对分开，相互协作，是现代决策体制的重要特点。这种决策体制，是由现代军事科学最早提出来的。因为大量的战争实践和无数血的教训充分证明：不通过参谋部具体掌握各有关方面大量的军事情报(信息)，据以进行综合的分析研究，制定各种科学、可行的作战方案，然后由司令部作出正确的判断和选择，从中选取在一定条件下的最可行的作战方案，要打胜仗是不可能的。在一定意义上也可以说，没有参谋部的“运筹帷幄”就不会有司令部的“决胜千里”，因而十分重视参谋机构(人员)的作用。这种由军事科学确立的科学的决策体制，很快被推广应用到现代社会、经济领域中来，并在经济管理领域发挥着越来越大的作用，显示出强大的生命力。因为在现代市场经济体系中，实践已充分证明：“商场如战场”。

2.　研究该课题的难点

DSS 经过 20 年的理论研究和实践探索，有了长足的进步，但 DSS 的理论研究尚没有最后完成，有许多问题还需要进一步研究。现将实际应用时碰到的一些问题归纳如下：

(1) DSS 不能提供意向决策支持。所谓“意向”，是指决策者的一个想法、打算、意图、目的，但这种想法尚不能构成一个明确提出来的决策问题。也就是说，当 DSS 介入到高层次、综合性应用领域时，由于决策环境更加复杂，特别是存在大量不确定性因素，使决策者往往很难明确提出要 DSS 帮助解决的问题是什么。

(2) 一般不能提供问题求解过程的元决策支持。所谓“元决策”，是指对决策过程进行决策，即关于如何决策的决策。当 DSS 深入到高层次、综合性的应用领域时，由于要解决的问题是多种多样的，不可能对每一个具体决策问题都开发一个专用的 DSS 系统。

(3) 会展决策支持系统不能解决决策者自身的决策素养，因为决策方案的最后选择是靠决策者自身的科学和艺术修养决定的。任何系统都不能替代决策者的最终抉择。

8.4 决策支持系统在会展管理中的运用

8.4.1 会展管理中的决策支持系统

根据前面对会展业、会展管理信息系统、决策支持系统的分析，我们不难看出，决策支持系统可以在会展业中得到充分和必要的应用：

第一，会展决策支持系统是利用人的智慧对管理信息系统数据挖掘和处理，有效地解决了管理信息系统中不能解决的半结构决策问题，即现代管理决策中目标含糊不清、多个目标相互冲突、方案的比较和选取没有固定规则和程序可循的问题。问题结构、决策支持和决策的有效性是会展决策支持系统的三个基本原则。它的目标是帮助管理者进行决策以解决半结构化问题，支持管理者的判断而不是取代它，提高管理者决策的有效性。近来，致力于通过提供鼓励性的环境来提高群体成员之间的通信质量的会展群体决策支持系统引起了人们的注意。

第二，会展业自身的发展和会展业大量应用管理信息系统使得会展业自身对经营管理数据有相当的沉淀和积累。会展业的客户关系管理模块（CRM）的必要使用，会使会展业链上所有企业都有数据积累。例如，处于会展业下游的旅游行业是管理信息系统使用的佼佼者之一。

第三，会展业自身的特点使得信息数据量是巨大的，例如，专业性展览会等级评定中的 A 级要求：展出净面积不少于 5000 平方米；特殊装修展位面积比至少达到 20%；境外参展商展位面积与展出净面积的比值不少于 20%；展览期间专业观众人次与观众总人次的比值不少于 60%；境外观众人次不少于观众总人次的 5%；同一个专业性展览会连续举办不少于 5 次。这些数据充分说明现代展览业是有规模效应的行业，其数据也将是“海量”的。这就使会展业决策支持系统的使用有了天然的“土壤”。会展业决策支持系统的使用将是必要和充分的。

我们再来看看会展业一般要统计的数据分类：

◆ 展览规模分析（如：展览等级、会展展览面积、会展展位数量）。
◆ 展览时间分析（如：展览持续时间分析、办展频率分析）。
◆ 参展商分析（如：数量、目标客户数量及比例、国外企业数量及比例、行业龙头企业数量及比例、参展商地区结构、参展商行业结构、参展商企业规模结构、新老参展商比例、参展成本分析、实际经济成本分析、机会成本分析、时间成本分析、展台人员接待每位观众的平均时间分析）。
◆ 参展商调查分析（如：参展商满意度分析、参展商参加历届展会分析、参展商参展趋势分析）。
◆ 观众分析（如：观众人数、专业观众人数及比例、专业观众地区来源、本国观众来自中国各行政及地理区域比例、外国观众来自各大洲的比例、外国观众最多的来源国家比例统计、专业观众来自不同的经济领域比例、对采购有影响力的专业观众比例、专业观众职位情况、专业观众所在企业规模比例、专业观众停留时间分析、专业观众调查分析、专业观众满意度分析、专业观众参加历届展会情况分析、专业观众参加展会趋势分析）。
◆ 展览成交情况（如：成交金额、成交笔数）。
◆ 展览经济效益（如：会展支出分析、会展收入分析、成本效益比）。

这些大量数据的收集、加工、处理必须依赖管理信息系统，即现代的计算机技术。对已经进入计算机系统的数据，就应该进行深加工和提炼。这就是数据挖掘，就是为会展业的决策者提供非结构化、半结构化的决策支持。

8.4.2 会展管理中的决策模型介绍

会展决策支持系统的一般步骤，如图 8-10 所示。

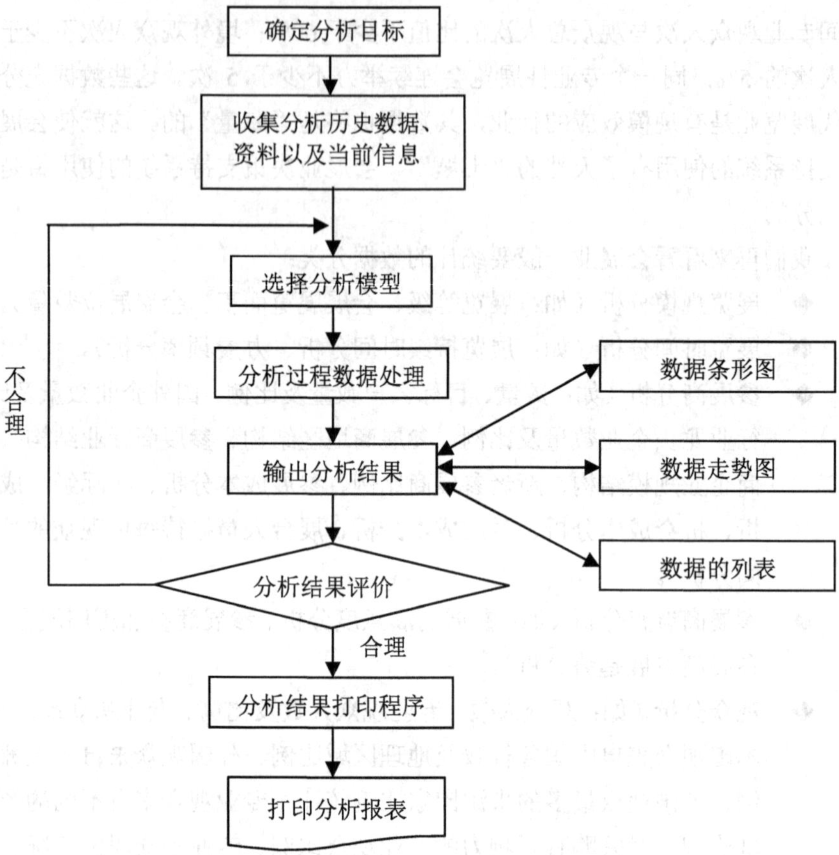

图 8-10 会展企业决策的一般流程图

从图中看到，决策过程往往是不断调整、选择模型的过程，因此，模型是至关重要的。模型必须符合行业的特点和规律，也必须随时修正。下面我们将介绍一些常用的模型。

1. 比率法模型

比率法模型是假定在前段时期发生的情况在不久的将来仍然会发生。这一预测方法的公式是：

明年的营业收入＝今年的营业收入×（今年的营业收入/去年的营业收入）

假定今年某会展企业的营业总收入为 5300 万元，去年的营业总收入为 4600 万元，那么使用比率法模型，明年的营业收入则可以预测为：

明年的营业收入＝5300 万元×（5300 万元/4600 万元）

＝6106.5217（万元）

这是一种简单的预测方法，不需要很多的数据资料和统计方法。如果发展趋势稳定，或者各个时期的变化比较一致，那么这种方法在短期预测中可以获得相当准确的结果。

2.　季节分析模型

季节分析模型要求先建立描述整个时间系列发展趋势的数学方程，再考虑季节变化对预测对象的影响，算出季节指数，最后将两者结合起来，得到描述总体发展趋势和季节性变化的预测模型。这种方法适用于季节性市场。会展行业比较适合使用该模型。

会展产品销售受季节因素影响较大，尤其是会展摊位，在会展旺季和淡季，销售额波动较大。运用季节分析模型可以预测一年中各个月、各个季节的各个营业指数。预测对象的波动程度较高可用此模型，如观众接待人次、场馆使用率、营业收入等等。季节分析模型又有不同的计算公式，季节指数显示一年中不同的时间阶段在全年预测值中所占的比例系数。

假设已知 2005～2007 年每个月的数据如表 8-3、表 8-4、表 8-5。

表 8-3　2005 年数据

月份	1	2	3	4	5	6	7	8	9	10	11	12
出租率	X11	X12	X13	X14	X15	X16	X17	X18	X19	X110	X111	X112

表 8-4　2006 年数据

月份	1	2	3	4	5	6	7	8	9	10	11	12
出租率	X21	X22	X23	X24	X25	X26	X27	X28	X29	X210	X211	X212

表 8-5　2007 年数据

月份	1	2	3	4	5	6	7	8	9	10	11	12
出租率	X31	X32	X33	X34	X35	X36	X37	X38	X39	X310	X311	X312

预测 2008 年每个月的数据：X41，X42，X43，X44，X45，X46，X47，X48，X49，X410，X411，X412。

四期移动平均数 Y 的计算方法：

Y13=(X11+X12+X13+X14)/4

Y14=(X12+X13+X14+X15)/4

...

Y112=(X110+X111+X112+X21)/4

Y21=(X111+X112+X21+X22)/4

...

Y310=(X38+X39+X310+X311)/4

Y311=(X39+X310+X311+X312)/4

月季节指数 Z 的计算方法：

月季节指数＝（实际出租率/移动平均数）×100%

平均月季节指数 ZZ 为：

ZZ1=(Z21+Z31)/2

ZZ2=(Z22+Z32)/2

ZZ3=(Z13+Z23+Z33)/3

ZZ4=(Z14+Z24+Z34)/3

...

ZZ11=(Z111+Z211+Z311)/3

ZZ12=(Z112+Z212)/2

12 个月的各平均月季节指数的和应该等于 1200，即：

ZZ1+ZZ2+ZZ3+ . . . +ZZ12=1200

比如预测出 2008 年全年的场馆使用率为 50%，则可以预测出每个月的场馆使用率如下：

1 月的场馆使用率：ZZ1×50%

2 月的场馆使用率：ZZ2×50%

...

12 月的场馆使用率：ZZ12×50%

数据分析如表 8-6 所示。

表 8-6 数据分析表

年份	月份	场馆使用率	四期移动平均数	月季节指数
2005 年	1 月	X11	—	—
	2 月	X12	—	—
	3 月	X13	Y13	Z13
	4 月	X14	Y14	Z14
	5 月	X15	Y15	Z15
	6 月	X16	Y16	Z16
	7 月	X17	Y17	Z17
	8 月	X18	Y18	Z18
	9 月	X19	Y19	Z19

续表

年份	月份	场馆使用率	四期移动平均数	月季节指数
2005 年	10 月	X110	Y110	Z110
	11 月	X111	Y111	Z111
	12 月	X112	Y112	Z112
2006 年	1 月	X21	Y21	Z21
	2 月	X22	Y22	Z22
	3 月	X23	Y23	Z23
	4 月	X24	Y24	Z24
	5 月	X25	Y25	Z25
	6 月	X26	Y26	Z26
	7 月	X27	Y27	Z27
	8 月	X28	Y28	Z28
	9 月	X29	Y29	Z29
	10 月	X210	Y210	Z210
	11 月	X211	Y211	Z211
	12 月	X212	Y212	Z212
2007 年	1 月	X31	Y31	Z31
	2 月	X32	Y32	Z32
	3 月	X33	Y33	Z33
	4 月	X34	Y34	Z34
	5 月	X35	Y35	Z35
	6 月	X36	Y36	Z36
	7 月	X37	Y37	Z37
	8 月	X38	Y38	Z38
	9 月	X39	Y39	Z39
	10 月	X310	Y310	Z310
	11 月	X311	Y311	Z311
	12 月	X312	—	—

如果 12 个月的各平均月季节指数的和不等于 1200，这种误差是由一系列运算过程中的四舍五入引起的，要消除这一误差，只需要将每一个平均季节指数按比例缩小（扩大）即可，那么应该修正平均月季节指数为：

ZZ1’=ZZ1×1200/(ZZ1+ZZ2+ZZ3+...+ZZ12)

ZZ2’=ZZ2×1200/(ZZ1+ZZ2+ZZ3+...+ZZ12)

...

ZZ12’=ZZ12×1200/(ZZ1+ZZ2+ZZ3+...+ZZ12)

比如预测出 2008 年全年的场馆使用率仍为 50%，则预测出每个月的场馆使用率如下：

1 月的场馆使用率：ZZ1’×50%

2 月的场馆使用率：ZZ2’×50%

...

12 月的场馆使用率：ZZ12’×50%

平均季节指数不仅可以用于会展场馆使用率这种季节性很强的指数的预测，还可以用于会展观众预测和会展成交金额等一系列随季节变化的指数的预测，而且可以用于计划值的划分、利润的分配，只要已知全年的销售额或者全年的计划，即可以乘以季节指数予以分摊。这是一种在预测过程中很实用的模型，在各种领域都有广泛的应用。

3. 加权平均模型

加权平均模型是一种较好的趋势分析法，它考虑到客观事物的近期变化趋势，而且所取的数越多，对实际变化的反应越灵敏，因此准确度较高。它适用于稳定而略有变化的市场类型的预测对象。

预测中采用重近轻远原则，将不同时间间隔的数值分别乘以不同的权数，然后以加权平均数作为下一期预测值。因为一般情况下，实际数越接近预测期，对预测期影响越大，它是一种趋势分析。

计算公式：

Y=（X1×W1+X2×W2+. . .+Xn×Wn）/（W1+W2+. . .+Wn）

其中：Y 为预测值， Xi 为 i 期实际值， Wi 为赋予 i 期的权数值。

例如在一年中已知前几个月的数据，对下一个月的数据进行预测，具体预测过程如下：

已知某一个会展 2002 年 1 月、2 月、3 月、4 月的场馆使用率情况分别是：78%，85%，80%，87%。将 4 月、3 月、2 月、1 月的出租率分别乘以 1.3、1.2、1.1、1 的权数，再除以权数之和。利用不同的权数强调“重近轻远”，权数必须为等差数列（即前后两个数的差是相等的），则预测 5 月份的场馆使用率情况为：

Y＝（1.3×87+1.2×80+1.1×85+1×78）/（1.3+1.2+1.1+1）

＝82.74%

权数的选择可以根据预测者的需要任意选择制定，只要体现“重近轻远”原则即可。

4. 指数平滑模型

指数平滑模型即指数滑动平均法，它其实是一种加权预测方法，是移动平均数法的改进和发展，要求按等比级数加权。这种预测方法的最大特点是可以通过人为的调节来获得不同的预测值。

指数平滑模型的公式如下：

$X_{t+1}' = \alpha X_t + (1-\alpha) X_t'$

上式中，X_{t+1}' 为一次平滑预测值。α 为加权系数（平滑系数），平滑系数的选取规则：α 的取值范围在 0～1 之间，如果希望指数平滑后所得序列敏感地反映最新的一些观测值的变动，应取较大的 α 值；若希望消除其周期变化，以反映长期趋势，则 α 取较小值。通常 α 值取在 0.3～0.7 之间，若希望有比较稳健平衡的发展，则可取 0.3～0.5 之间；希望能比较敏感地反映上月的实际销售额可取 0.5～0.7 之间。

假设已知 2000～2002 年每月场馆使用率的数据如表 8-7、表 8-8、表 8-9。

表 8-7　2000 年数据

月份	1	2	3	4	5	6	7	8	9	10	11	12
出租率	X11	X12	X13	X14	X15	X16	X17	X18	X19	X110	X111	X112

表 8-8　2001 年数据

月份	1	2	3	4	5	6	7	8	9	10	11	12
出租率	X21	X22	X23	X24	X25	X26	X27	X28	X29	X210	X211	X212

表 8-9　2002 年数据

月份	1	2	3	4	5	6	7	8	9	10	11	12
出租率	X31	X32	X33	X34	X35	X36	X37	X38	X39	X310	X311	X312

预测 2003 年每个月的场馆使用率：X41，X42，X43，X44，X45，X46，X47，X48，X49，X410，X411，X412。

首先选取平滑系数 α 。

公式为：$X_{t+1}' = \alpha X_t + (1-\alpha) X_t'$

本题中 α 假设取 0.6：

X21’ =0.6×X11+(1-0.6) ×X11’　(这里 X11’ =X11)

X31’ =0.6×X21+ (1-0.6) ×X21’

X41=X41’ =0.6×X31+ (1-0.6) ×X31’

...

X22’=0.6×X12+(1-0.6) ×X12’　(这里 X12’=X12)

X32’=0.6×X22+ (1-0.6) ×X22’

X42=X42’=0.6×X32+ (1-0.6) ×X32’

...

X212’=0.6×X112+(1-0.6) ×X112’　(这里 X112’=X112)

X312’=0.6×X212+ (1-0.6) ×X212’

X412=X412’=0.6×X312+ (1-0.6) ×X312

会展决策支持过程中可以根据需要选择使用指数平滑模型，利用指数平滑方法进行合理的预测和决策。

5. 平均法模型

平均法是假设比较近的未来和较近的过去与现在的关系密切，而与较远的过去关系不大。因此，移动平均法就是用最近几期的实际值的平均数作为下一期的预测值，逐期移动，进行预测。此法适用于稳定型市场和饭店年度预测。

假设已知2000～2002年每月场馆使用率的数据如表8-10、表8-11、表8-12。

表 8-10 2000 年数据

月份	1	2	3	4	5	6	7	8	9	10	11	12
出租率	X11	X12	X13	X14	X15	X16	X17	X18	X19	X110	X111	X112

表 8-11 2001 年数据

月份	1	2	3	4	5	6	7	8	9	10	11	12
出租率	X21	X22	X23	X24	X25	X26	X27	X28	X29	X210	X211	X212

表 8-12 2002 年数据

月份	1	2	3	4	5	6	7	8	9	10	11	12
出租率	X31	X32	X33	X34	X35	X36	X37	X38	X39	X310	X311	X312

预测 2003 年每个月的场馆使用率：X41，X42，X43，X44，X45，X46，X47，X48，X49，X410，X411，X412。

X41=(X11+X21+X31)/3

X42=(X12+X22+X32)/3

...

X412=(X112+X212+X312)/3

平均法的预测值波动的幅度要比实际值的波动幅度小，其原因是通过平均减弱了偶然因素的影响。因此，当时间序列出现某种上升、下降或者周期性变化甚至突变时，预测结果则不太可靠。

6.　周期分析模型

周期分析模型是引用变动系数的办法来进行预测的一种方法，它适用于随时间的变换而呈周期性变化的市场预测。

主要规则是：

（1）：周期变动系数＝（该月的实际数/该年的平均数）×100％

（2）：预测年的月平均值＝历史资料周期变动平均系数×上年度月平均额

（3）：预测月销售量＝月平均销售量×各月周期变动平均系数

比如会展中的某一个部门的销售量周期性变化如表 8-13。

表 8-13　销售量周期变化表（单位：万元）

月份 \ 年份		1998	1999	2000	2001
1		4280	4500	4860	4940
2		800	1320	1300	1660
3		1320	1400	1720	1800
4		3920	4440	4440	4860
5		5560	6140	6560	6700
6		4820	4920	5400	5200
7		5380	5840	6280	6120
8		6560	6900	7200	7080
9		4340	4260	4040	3880
10		1660	1580	1460	1560
11		760	440	840	760
12		2280	1940	2140	1980
合　计		41680	43680	46240	46540
计算	月平均	3473	3640	3853	3878
	与上年度之比	—	105％	106％	101％

要求根据上述资料预测 2002 年各个月的销售量。

(1)　求出各年的月平均销售量，再求出各年的月平均销售量与其上一年平均销售量之比。

(2)　求出逐年每一月的周期变动系数。

周期变动系数＝（该月的实际数/该年的平均数）×100％

例如：1998 年 1 月为 4280/3473×100％＝123％

1998 年 2 月为 800/3473×100%＝23%

1998 年 3 月为 1320/3473×100%＝38%

详细数据列表如表 8-14 所示：

表 8-14 周期系数表（%）

月份＼年份	1998	1999	2000	2001	合 计	平 均
1	123	123	126	127	499	125
2	23	36	34	43	136	34
3	38	39	45	47	169	42
4	113	122	115	125	475	119
5	160	169	170	173	672	168
6	139	135	140	133	547	137
7	155	160	163	158	636	159
8	189	189	187	183	748	187
9	125	117	105	100	447	112
10	48	44	38	41	171	43
11	22	2	22	20	76	19
12	66	54	55	51	226	57
与上年度之比	—	105	106	101	312	104

(3) 计算预测年的月平均值。

预测年的月平均值＝历史资料周期变动平均系数×上年度月平均额

即：2002 年的月平均销售量＝104%×3878＝4033

(4) 根据每个月周期变动系数，求出各个月的预测销售量。

预测月销售量＝月平均销售量×各月周期变动平均系数

如：2002 年 1 月为：4033×125%＝5041 （万元）

2002 年 2 月为：4033×34%＝1371 （万元）

2002 年 3 月为：4033×42%＝1694 （万元）

2002 年 4 月为：4033×119%＝4799 （万元）

2002 年 5 月为：4033×168%＝6775 （万元）

2002 年 6 月为：4033×137%＝5525 （万元）

2002 年 7 月为：4033×159%＝6412 （万元）

2002 年 8 月为：4033×187%＝7541 （万元）

2002 年 9 月为：4033×112%＝4517 （万元）

2002 年 10 月为：4033×43%＝1734 （万元）

2002 年 11 月为：4033×19%＝776 （万元）

2002 年 12 月为：4033×57%＝2299 （万元）

8.4.3 会展管理中的决策应用举例

上面章节介绍了决策支持系统的基本部件、体系结构模型与模型管理、会展管理中的决策模型。现在我们以观众参加展会趋势分析，做简单举例。

利用上面的数学模型，我们在作观众参加展会趋势分析时实际流程如图 8-11。

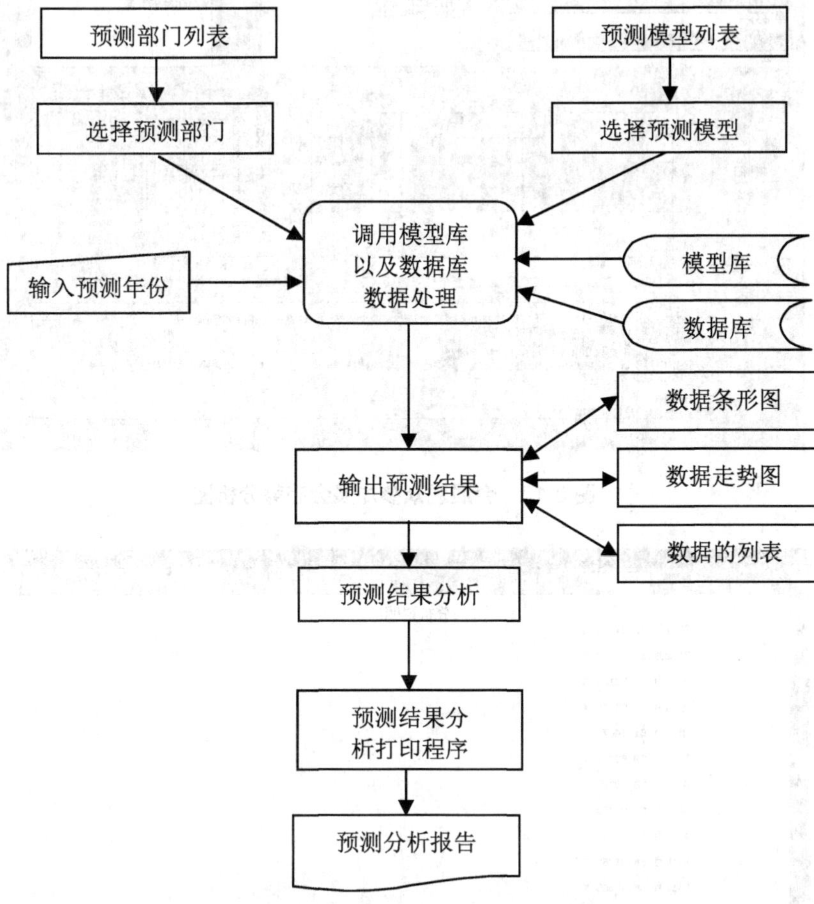

图 8-11　观众参加展会趋势分析流程图

在提供决策时我们用数学模型进行预测，不同数学模型的预测结果是不一样的，是非结构的。预测模型主要有季节分析模型、加权平均模型、指数平滑模型、平均法模型、周期分析模型等等。针对不同部门有各自的特点，当选取一个部门的时候，会有适合该部门的模型出现在可供选择的模型列表中，以响应要处理的事件，并且可以打印分析的结果。在运行实例中选择 1999 年、2000

年和 2001 年的数据预测 2002 年的观众参加展会趋势分析（参观人数），模型选择季节分析模型，结果输出如图 8-12、图 8-13 所示。

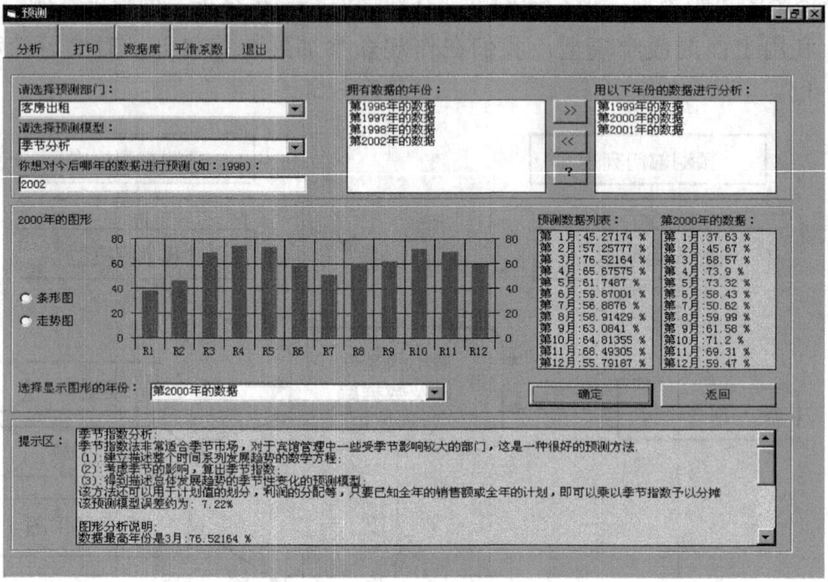

图 8-12　会展观众参加展会趋势分析图

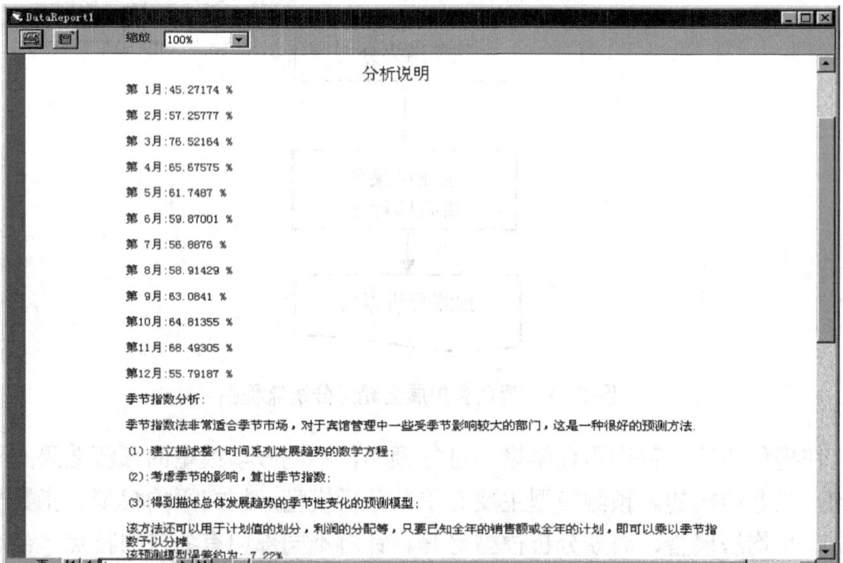

图 8-13　会展观众参加展会趋势分析输出数据

在上述数据产生后，决策者要根据这些数据，进行分析、预测、评估，最后才能做出决策。

思考题

1. DSS 的基本特征有哪些？
2. 知识管理和决策支持系统的关系如何？
3. 简述客户关系管理对决策支持系统的作用。
4. 简述会展管理中的几种决策模型。

第9章

实例分析——Synair V9 会展管理信息系统

学习目的

了解以 Synair V9 为例的当前会展管理信息系统，以及系统模块的构成和各自的作用。

主要内容

Synair V9 系统模块构成和系统模块功能分析；应用系统功能模块；展位图形管理系统；会展门户网站。

信息技术正在改变着人们的生活方式，同样也使会展业出现了全新的面貌。一家会展企业要构建完整的信息化系统，需要多套信息系统的支持，比如办公系统、邮件系统、财务系统、CRM 系统、BPM 系统等。但较之通用信息系统来说，会展信息系统解决方案应更加重视的是行业自身的独特性。为避免过多阐述通用信息系统的特征和功能，本章节将以上海联展软件技术有限公司的 Synair V9 会展管理信息系统作为实体案例，帮助读者从技术及创新层面深入了解当前会展行业的主流信息化系统应用方向，从而加深对会展管理信息系统行业独特性的理解。

Synair V9 会展管理信息系统，是在会展组织者、参展企业、贸易观众，以及配套服务商之间搭建的一个信息交换和互动的管理平台系统。这个平台系统以服务组展商业务为核心，在帮助组展企业实现对招展招商业务流程管理的同时，最大程度地提高展会贸易交流的效率。这意味着在 Synair V9 系统平台中，不再仅仅是单向地对客户传播信息，而是能够在同一套系统平台中，让员工、展商、观众、媒体、供应商、合作伙伴等都参与进来，并真正做到以客户为中心的双向和多向的信息有效沟通。

> 关于 Synair V9
>
> Synair，是上海联展软件技术有限公司的英文名称，由 Synergy Fair 两个单词组合而成。前者 Synergy 在英文中表示“协同，配合，企业合并后的协力优势或协合作用”，后者“Fair”是会议展览和交易会。联展使用这两个词的组合，正是期望通过使用先进的信息化管理工具，能够协助会展企业产生更强大的核心竞争力。
>
> V9，是系统的版本代码，指本系统自研发投入市场后的第 9 次重大改版。

9.1 接触 Synair V9

无论组织或参与会展的目的是什么，有一点是可以确定的，即会展为买卖双方提供了一个直接交流的平台。这里所说的买卖双方，不仅仅指参展商和贸易观众，还包括形成一次真正意义上的现代会展活动所涉及的范围广泛的企业机构，它们包括：

- ◆ 大型的展览场馆和会议中心；
- ◆ 负责会展策划、组织、实施的独立组展商机构；
- ◆ 希望展示、销售产品和服务的参展商企业；
- ◆ 来自世界各地的寻求销售、采购、合作的参观者；
- ◆ 为会展提供场地和接待服务的酒店、度假村及宾馆等接待服务企业；
- ◆ 餐饮服务的提供者；
- ◆ 专业的展台及会场搭建服务承包商；
- ◆ 负责展品运输及报关的专业服务承包商；
- ◆ 将会展作为营销战略一部分的广告、媒体和公关公司；
- ◆ 为展会进行信息采集的门禁系统服务商；

◆ 会展摊位及广告的销售代理；

◆ 众多保证会展成功举办的所需重要细节的专业服务公司和外围支持机构。

——以上这些都是现代会展业的一部分。

由于现代会展业涉及的范围如此广泛，从一场会展活动的策划、参与、执行到实施，一直到现场管理的诸多环节，这些数据和信息流无不是双向和互动的。因此，我们在设计会展管理信息系统时，应充分考虑到这些因素在信息流向层面所发挥的作用，抛弃传统的仅需对生产和销售过程进行设计管理的信息化设计方案，转而改为强调具有平台协同应用特征的全新设计方案。

9.1.1 从信息化视角看现代展览业

从构建信息化管理系统的角度来看，现代展览业构成中不仅包含展览组织者、参展企业、贸易观众这三类主体元素，同时还需有场馆、搭建、运输、酒店等众多的综合服务商参与。举例来说，从一家参展商企业预订摊位到实体参展，究竟会产生哪些相应的活动呢？

首先，在展会正式招展之前，展会组织者需向展览场馆预订展厅、划分展位，以接受企业的参展预订请求。其次，在参展商预订到具体摊位之后，还需要以下系列支持服务：

◆ 展位搭建的需求和变动将会被传递给搭建服务承包商。

◆ 展品运输和报关的需求订单将会被传递给运输服务承包商。

◆ 参展商提供的会刊信息，将由组委会指定的广告印刷公司负责排版和制作。

◆ 参展商及其所邀请的参观者客户证件，将由组委会指定的门禁系统公司负责制作和邮寄。

◆ 有部分展会组织者还会提供一些增值服务。比如，帮助参展企业预约贸易买家的服务，这项服务需要买家或展会营销代理商的参与；若为参展商推荐展会的接待酒店，则该项服务的订单将会被传递到对应的酒店接待人员手中。

在实际中，即使同一家参展企业也常常会在正式开展之前有大量的变动，比如参展商退展、修改会刊信息、调整摊位位置、增加或减少入场证件数量、变更酒店入住人员、变更贸易约会日程、增减展具租赁的数量等。同时，从另一个方面也可以看出，绝大部分展会的配套服务均是由不同的专业服务承包商提供的，而展会组织者仅仅是提供摊位的销售和规划，起着对这些综合服务承包商的中介管理作用。所以，在考虑如何设计会展信息系统的时候，一定要紧紧抓住这一会展行业独有的应用特征，使展商和观众及展会配套服务商之间能够进行简单高效的直接沟通。

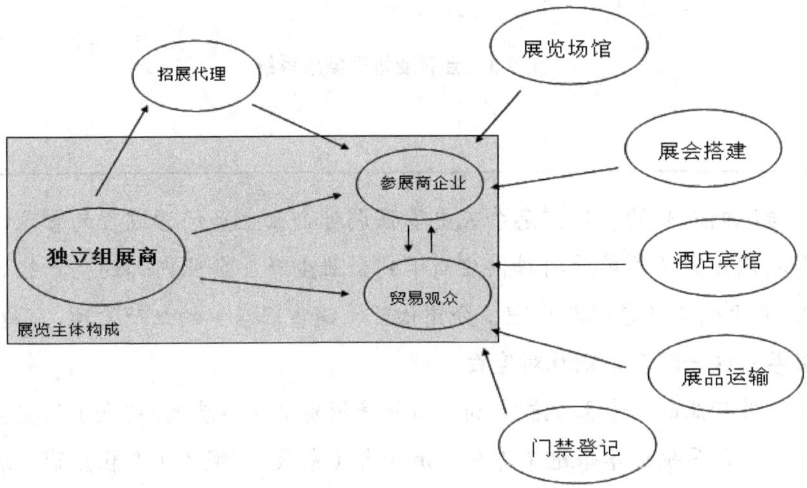

图 9-1　会展行业模拟图

传统制造业与会展业信息系统的设计方案特征对比，见图 9-2、图 9-3。

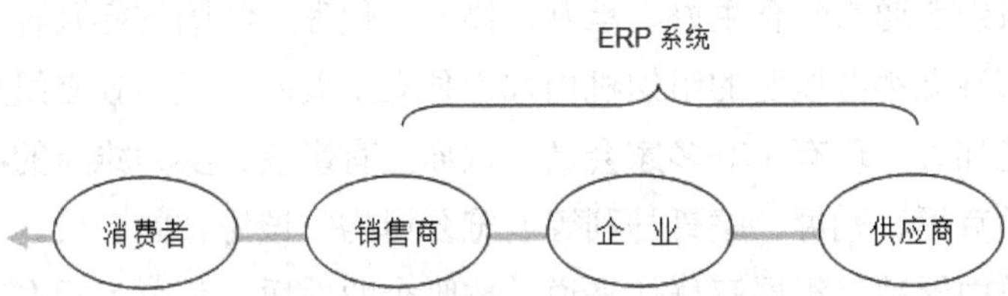

图 9-2　传统制造业管理信息系统

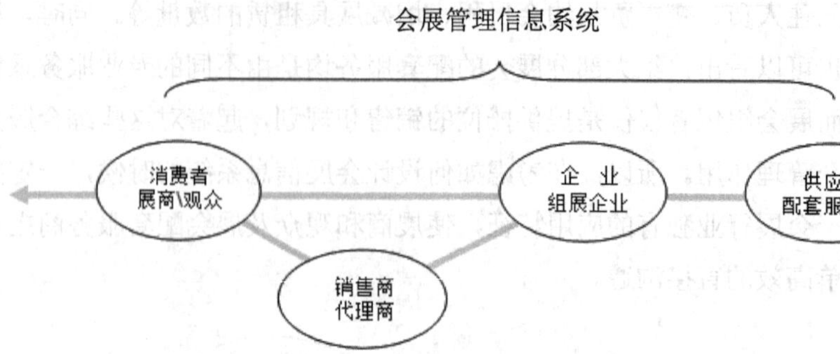

图 9-3 会展业管理信息系统

> 传统制造业的管理信息系统更多强调对企业生产经营过程的管理，通常是从供应商（各类原材料供应商）到企业生产（企业内部的生产经营管控），直至销售（包括总代理、分销代理、销售门店）的细节管理，而在消费者参与这一环节，则相对空白。
>
> 会展行业的信息系统最大的特征就是消费者（参展商/观众）的直接参与，尤其是多项订单跟进工作需要消费者（参展商/观众）与供应商（展会的各类配套服务商）之间的直接分类对接管理。

9.1.2 了解组展商业务模型

展览组织者通常包含主办、承办、协办、代理、组团这样几种方式，我们将这种能够独立举办展览的组织机构称为独立组展商。美国独立组展商协会的总部设在芝加哥，现有 170 多家会员，世界上有影响、实力雄厚的展览会组织者，如法兰克福、励展、蒙哥马利等展览公司均是该协会的会员。

就目前中国独立组展商群体来说，按照企业性质，可分为国有、外资、合资、民营四种类型；按照展会规模，可分为大型品牌展览和中小型展览。之所以用这样的方式来划分类别，是因为组展企业的性质、展会规模因素往往会导致对信息化需求方面的明显差别。但无论组展商的企业性质和业务规模有多少差别，他们的共同点都是要建立业务、运营、财务、管理这样的四大主体部门。图 9-4 给出了组展商业务模型图。

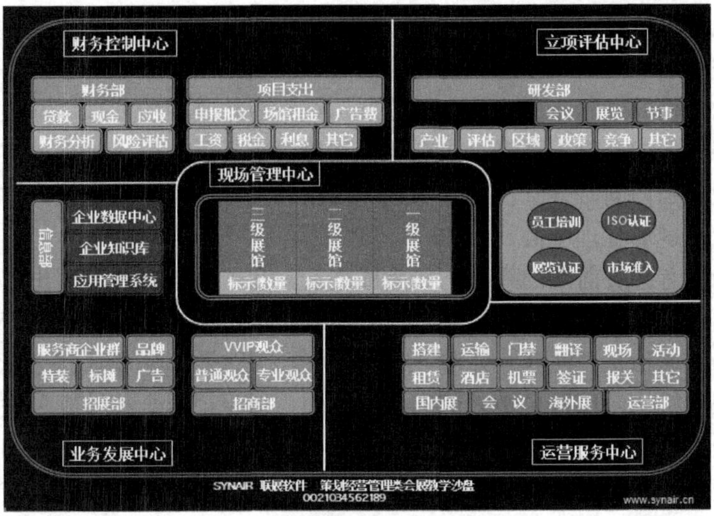

图 9-4　组展商业务模型图

1.　立项评估中心

立项评估中心是组展企业的决策建议部门，在部分组展企业中被称为研发部或发展部。该部门主要负责收集行业、产业、区域等经济趋势发展信息并加以研究和评估，包括评估这些新趋势信息对于展览会未来的发展可能存在的影响，以及开发新会展项目、新经营模式等。

2.　财务控制中心

财务控制中心是组展企业的财务管理部门，在部分组展企业中企业财务部和项目财务管理为同一部门。该部门主要负责审核展会项目的财务预算执行情况，管理每一个展览会项目的收款、支出、合同等，以及为决策部门提供财务风险预警和财务计划分析等。

3.　业务发展中心

业务发展中心是组展企业最为核心的业务部门，它是负责展览会项目的招展、招商（观众邀请），及供应商、合作伙伴的管控联络中心。比较常见的区别是，在外资或合资组展企业中，招展和招商部门往往是各自独立的；而在国内的组展企业中，则常常是一人多职，既要服务于招展，同时又要服务于招商工作。通常，我们将负责整个企业的信息支持部门也归入业务发展中心，但在部分小型会展企业中，可能并不存在信息部门。

4.　运营服务中心

运营服务中心是组展企业的后勤保障部门，负责展会现场的搭建施工管理、接待运营服务等。依据不同的会展模式（境外展览、境内展览、会议活动），进行相关现场、签证、搭建、会刊、酒店、租赁等多项展会运营服务的管理和协调。以我们的经验来看，绝大部分展览组织者将其中的多项，甚至是全部服务选择外包方式提供。当然，也有部分展览组织者采用项目管理的方式，该项工作由业务部门同时兼管，这一形式在内资和民营组展企业中较为常见。

5. 现场管理中心

当所有会展前期的筹备工作完成之后，在展览会布展、展出、撤展这个时间段里，通常都需要在展览场馆设立现场管理中心。组展商这一管理中心在展会现场的名称是"主办办公室"或"组委会办公室"，它负责综合承包商、外围支持服务机构，以及场馆之间的协调工作，以保证展会能够顺利进行。

当然，以上的五个中心在组展企业中并不是绝对存在的，我们建立这样的模型是为了帮助读者能够从整体上了解组展企业的内部分工协作方式。读者应该根据每一个组展企业实际部门分工协作的方式，来灵活运用这一模型。

9.1.3 Synair V9 系统设计理念

国内很多机构早在 2000 年前就提出了会展行业信息化应用的概念，并进行了诸多环节的研究。传统观点认为会展信息化是指利用信息化技术管理展览会的各个环节，这个观点其实更多地强调了软件的管理工具价值。如图 9-5 所示。

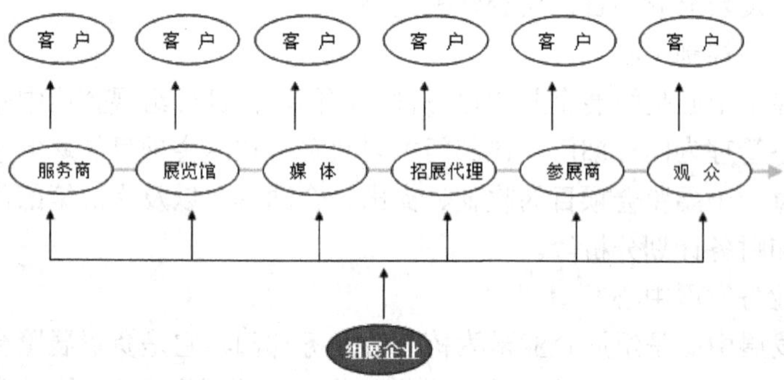

图 9-5 信息单向传播的展览信息化管理模式

与之相比，Synair V9 系统则不仅仅是为用户提供一套基于计算机软件的管理工具，而是通过对会展企业的内部资源和外部资源，以及对城市、区域、行业、产业等资源的整合，通过信息化管理，来帮助会展企业构建一个基于行业或基于企业发展的信息化业务平台。这个平台能够为会展企业的未来发展提供全面的信息数据支持，也是会展企业发展电子商务的必备基础条件。如图 9-6

所示。

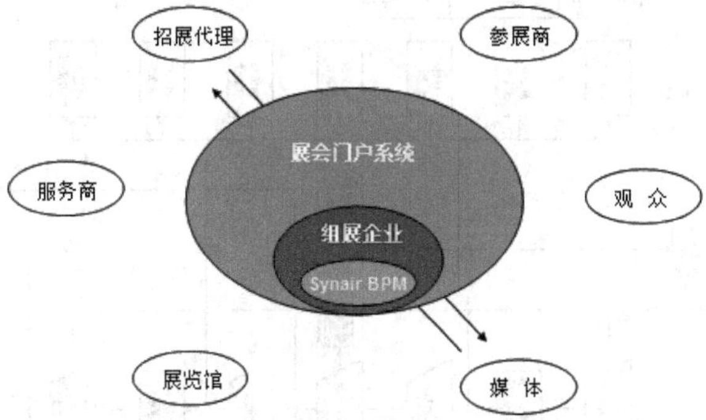

图 9-6　信息双向与多向传播的信息化管理模式

根据信息化系统实施应用方向不同的客观实际，Synair V9 会展信息系统将分为三个子系统的建设目标：1)针对组展企业内部信息化实施的业务管理系统，包括 OA 系统、CRM 系统、业务流程系统、展位图系统、财务系统等；2）针对组展企业外部信息化实施的会展门户系统，包括展商中心系统、观众中心系统、贸易配对系统、展品搜索系统等；3）针对展览会众多服务商接入的现场管理和服务系统，包括场馆运营系统、门禁登陆系统、酒店预订系统、搭建管理系统等。

9.1.4 Synair V9 系统模块构成

完整意义上的 Synair V9 系统是由组展商企业的会展门户系统（CEP）、组展业务流程系统（BPM）、展位图形管理系统（BMM）及数据交换系统这四个部分组成的。另外，组展商企业可依据自身业务方向及发展阶段等特征，选配不同阶段的组合应用模块。

目前，Synair V9 能够支持的选配服务模块包括：办公管理、观众管理、报表管理、项目财务管理、成本预算管理、会刊管理、现场管理、搭建管理、运输管理、租赁管理、广告管理、酒店管理、签证管理、机票管理、行程管理、补贴管理、代理商查询、服务商接入、WAP 应用服务、离线应用服务和外网访问服务。

同时，Synair V9 能够支持多项外围接入的服务管理系统，比如门禁登陆系统、场馆运营系统、搭建管理系统（搭建服务商使用）、展台读卡系统、酒店预订系统（酒店或旅行社方使用）、租赁管理系统（展具租赁方使用），以及大型企业的会展部信息系统等。Synair V9 系统解决方案架构流程图如图 9-7 所示。

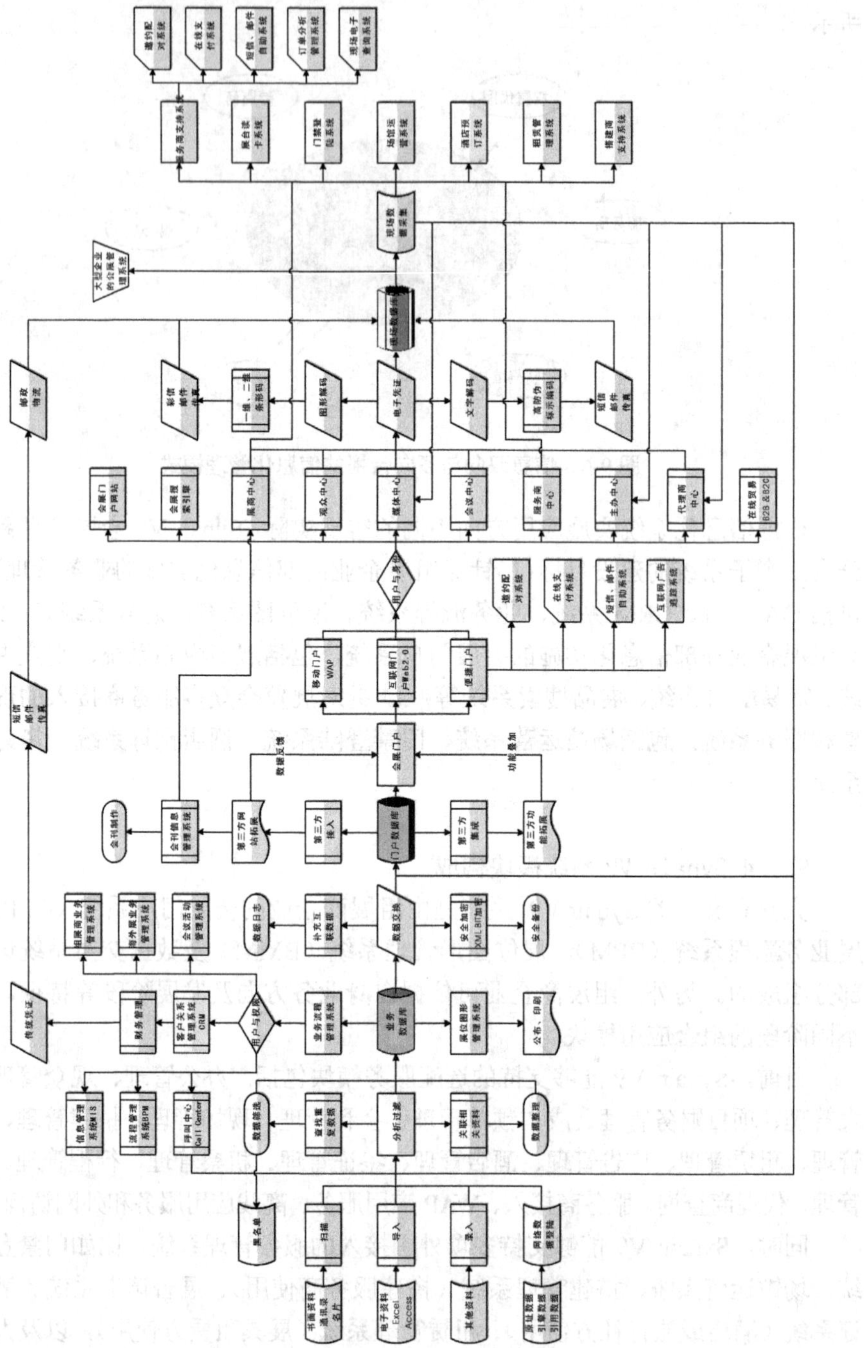

图 9-7 Synair V9 系统解决方案架构流程图

掌握三个概念：CEP、BPM 和 BMM

Synair 会展门户系统，简称 Synair CEP （Conferences and Exhibitions Portals），是组展机构对外宣传、服务、信息采集的网络门户。集成内容管理系统（CMS）、搜索引擎（SE）、外网支持系统（WSS）、第三方拓展与集成（API）等多项对外功能模块，利用多终端登陆的特点，通过数据交换（Data Exchange）实现业务数据库、门户数据库和现场数据库联动，从而提高对数据信息流的利用率和会展机构协同工作的效率及服务满意度。

Synair 组展业务流程管理系统，简称 Synair BPM（Business Process Management），是一套达成组展机构各种业务环节整合的全面管理模式，也是 Synair V9 的核心驱动系统。通过帮助组展机构构建整体的内部管理信息系统、整合资源以规范业务运作流程。按照系统的应用程度可分为三个层次：1）业务流程的建立和规范；2）业务流程优化；3）业务流程重组。这三个不同层次的应用分别适用于不同阶段和管理基础的组展企业。

Synair 展位图形管理系统，简称 Synair BMM（Booth-Map Management System），是一个展位图形管理插件。它将展位的“位置”、“面积”、“形状”等属性，通过数字化图形的形式进行展现，通过操作这些图形，对展位进行管理，并且与 Synair BPM 系统和 Synair CEP 系统中的参展商信息进行关联互动,通过可视化的直观方式展示一届展会所有展厅展位的分布情况，以及展位的销售进度、订单、到款、搭建服务等状况。

9.2　组展业务流程管理系统

如果按照组织架构把绝大部分会展企业的业务模式做个总结的话，我们认为基本可以分为这样的三个层次，即一线作业层、中级管理层和高级决策层。一线作业层，通常是指业务、运营（部分企业也称为客服、现场）、财务这三类人员角色；中级管理层则常常是指企业的项目经理或部门经理；高级决策层则是指企业老总或协会领导。显而易见，这种金字塔式的三层管理法，仅限于会展企业的内部管理；而展览业务因有其自身的行业特殊性，如果信息化仅仅停留在企业的内部，就无法实现业务流程的高效自动化。因此，建立一套以组展商为核心的，让众多的参展商、观众、服务商、代理商、场馆都能够参与互动管理的，并最终能够为组展商打造一个基于自身业务工作平台的信息管理系统，就是当前会展业必须实现的全新的信息化管理目标。

当然，九层之台，起于垒土，构建这样庞大的信息系统，同样需要先从实现企业内部信息管理开始；而构建企业内部信息系统，又先要从一线作业层开始，所以，为企业信息化制定的实施步骤首先必须帮助一线业务人员解决数据管理、业务流程的问题。为此，信息系统首先是要解决业务、运营、财务这三类员工自身业务流程优化问题，帮助他们建立各自规范的作业程序，并不断优化。其次，是从这三者之间的协同业务出发，构建一个平滑、高效的业务流转过程，并能够将工作结果顺利地反馈到管理层和客户中心。

9.2.1 实现方法和理念

认识两个概念：业务流程信息化管理与企业业务流程优化

业务流程信息化管理是指企业以业务流程优化（重组）为基础，在一定的深度和广度上利用计算机技术、网络技术和数据库技术，控制和集成化管理企业生产经营活动中的所有信息，实现企业内外部信息的共享和有效利用，以提高企业的经济效益和市场竞争能力。企业进行信息化建设以“增强企业的核心竞争力”为目标，以利用计算机网络和数据库技术为手段。

企业业务流程优化是一项通过不断发展、完善、优化业务流程，从而保持企业竞争优势的策略。在流程的设计和实施过程中，要对流程进行不断的改进，以期取得最佳的效果。对现有工作流程的梳理、完善和改进的过程，即称为流程的优化。企业业务流程优化以提高组织运作效率、降低整体运营成本、打破部门间壁垒、增强横向协作，以及管理层能够有效地监督和控制企业的整体运作，确保公司策略得以有效地执行，从而支撑战略的实现为最高目标。

[引自百度百科]

构建组展企业的业务流程管理系统，主要目标是实现组展企业的业务流程不断优化，并将这个不断优化的流程模式复制到所有的展会项目中去。实现组展企业的业务流程信息化管理，首先要从组展企业的内部开始，和一线作业人员共同讨论并制定最优的标准化操作步骤，帮助一线作业员工优化业务流程，然后再以此流程为轴心，延伸至各员工、各部门、管理层、决策层，从而实施最优管理方案。在完成企业的内部信息化之后，再将这个标准拓展到外围的参展商、贸易观众、服务商、代理商、场馆，进而形成内外一体的高效的行业信息解决方案，最终打造一个基于展览业务的工作平台。

我们提倡和客户一起不断地学习和变革，以适应新的业务流程，并不断地对现有的流程进行反思。优化业务流程是一个不断循环往复的过程，而不是能够一步到位的，需要经过不断循环、重复、优化、修正，才能保持企业业务流程的持久卓越性。而这份持久力的获得与否，必然取决于信息系统的建立者能够不断优化和重构主动适应现代展览业所需的高效的业务管理流程。

从表面上看，业务流程管理与信息系统实施似乎是毫不相关，业务流程关注的是管理理论与思想，而信息系统实施则关注技术的实现手段，信息系统的实施未必一定要进行业务流程管理，进行业务流程管理似乎也可以不采用信息系统。然而事实上，脱离了业务流程的信息系统实施，是早期造成企业信息化最终失败的最大原因之一。

9.2.2 系统功能

本节以组展业务流程管理系统（以下简称：Synair BPM）功能为例，概要介绍系统的设计理念、功能模块、操作流程和使用说明。认真阅读以下内容，深入理解 Synair BPM 系统的各功能模块和操作流程，并体会 Synair BPM 在会展管理信息系统中的应用。

Synair BPM 是一个多项目、多用户的集成管理系统，几乎包含了组展企业在招展招商工作中各个环节所涉及的全部业务流管理、营销工具集成，以及通知报表的输出。系统主要包括以下 11 个主体管理模块。

- **客户资源**：客户数据库资源中心，对客户的联系人信息、产品、行业、性质、级别、参展历史等信息进行管理和分析，并进行展会项目潜在客户的管理。
- **订单管理**：管理当前所有展会项目中企业参展参会的订单系统。
- **展商管理（国内展）**：当前展会项目中参展商的参展、款项及退展信息管理。
- **展商管理（海外展）**：当前展会项目中参展商的参展、款项及退展信息管理。
- **会议管理（活动）**：当前会议项目中企业或代表的参会、款项及退会信息管理。
- **观众管理**：观众数据库中心，对观众的联系人信息、产品、行业、性质、级别、参观历史等信息进行管理和分析，并进行当前展会观众数据的管理。

- **媒体管理**：媒体数据库中心，对媒体信息的联系人信息、产品、行业、性质、级别、历史等信息进行管理和分析，并对当前展会媒体数据进行管理。
- **运营管理**：对当前展会项目中参展商的运营订单信息进行分类管理，包括对搭建、会刊、广告、现场、会务等进行管理。
- **财务管理**：当前展会项目的项目财务收入和财务支出的管理。
- **成本预算**：当前展会项目的预算、成本、支出审核管理。
- **管理中心**：对系统中一个或多个展会项目的各类综合数据的图形、表格形式作统计分析，是决策支持的重要依据之一。

9.2.3 配置系统运行条件

1. 配置基础数据

Synair BPM 中基础数据配置分为：系统基础数据、项目基础数据、财务设置。这是使用系统的第一步，各项基础数据设置完成才能正常使用。

(1) 系统基础数据：是系统通用的数据字典。如图 9-8 所示：

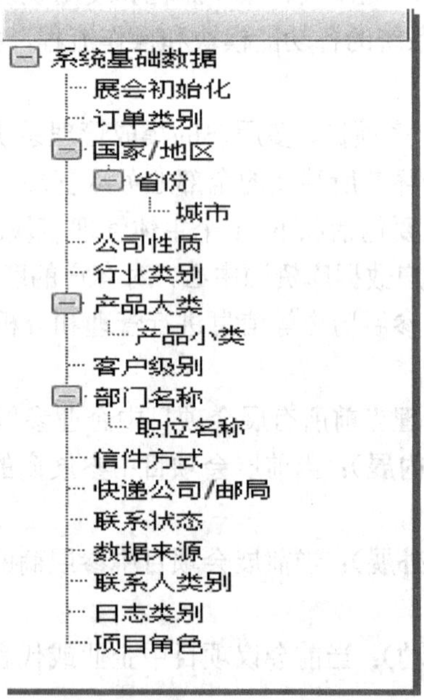

图 9-8 系统基础数据图

(2) 项目基础数据：是当前展会项目的数据字典。如图 9-9 所示：

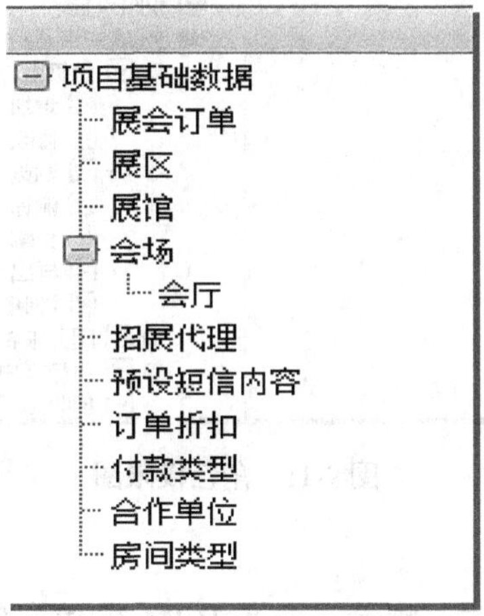

图 9-9　项目基础数据图

(3) 财务数据设置：是系统通用的财务数据字典。如图 9-10 所示：

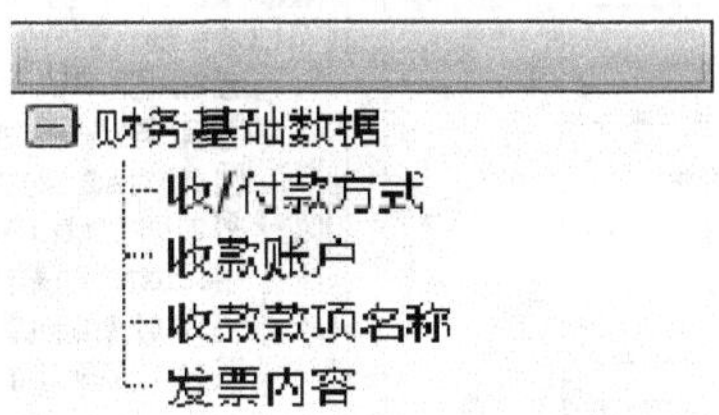

图 9-10　财务基础数据图

2.　设置用户及权限

在 Synair BPM 系统中每个用户登陆每个展会项目都可以设置不同的使用权限。这是使用系统的第二步，用户和权限的设置完成后，工作人员才能登陆系统。

(1) 权限管理

a.Synair BPM 系统的每个功能模块、子功能模块记忆每个功能点都能通过权限来控制。

b.对“系统基础数据”中的各个“项目角色”进行设置和修改相对应的 Synair BPM 系统使用权限。如图 9-11 所示：

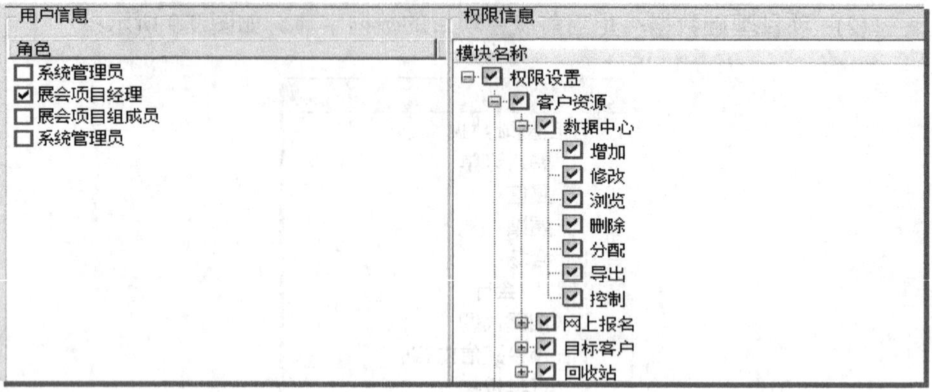

图 9-11 角色权限图

(2) 用户管理

可以增加、修改、删除、查询 BPM 的用户信息，并能对每个用户所操作的展会项目以及展会项目对应的角色进行管理。如图 9-12 所示：

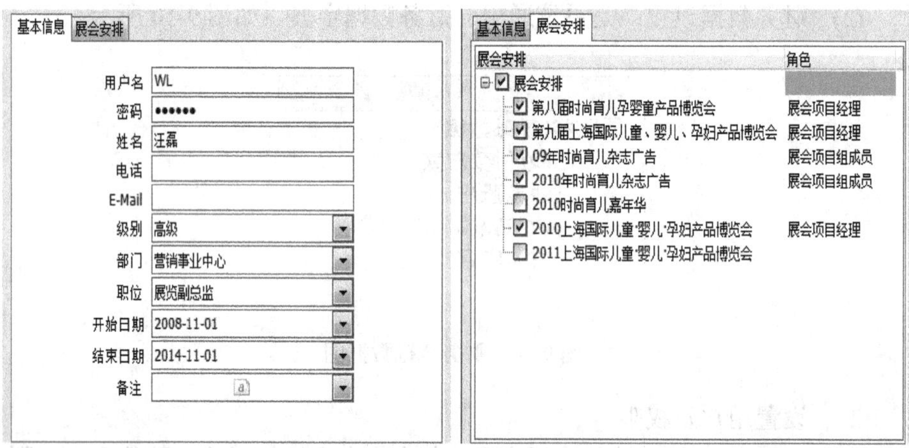

图 9-12 用户信息图

(3) 导入\导出客户数据

Synair BPM 系统提供将 EXCEL 文件的数据信息导入到系统的数据中心、观众资源、媒体数据中心的功能。系统还提供三种导入方式：覆盖、不覆盖、智能填充。

第一步：选择将要导入的 EXCEL 文件以及 EXCEL 文件的某个表。

第二步：选择导入的目的地和导入方式。

第三步：根据导入目的地，将 EXCEL 中各列标题分别对应到 BPM 系统中各字段。

第四步：完成导入。导入失败的数据将会形成报告文档，并会记录 EXCEL 哪一行数据导入失败。

Synair BPM 系统提供数据的 EXCEL 形式导出和会刊的 WORD 形式导出。在 BPM 系统中各个子功能模块几乎都可以将数据导出为 EXCEL 形式；在“会刊信息”中能分别导出为 EXCEL 形式和 WORD 形式。

(4) 配置营销工具

Synair BPM 系统集成了短信、邮件、传真三种营销工具，在 BPM 系统中，任意一个有客户信息的功能窗体都能快捷地给客户发送短信、邮件、传真。

1） 短信

a.选择需要发送短信的客户信息。

b.通过系统菜单或者右键菜单选择短信群发功能。

c.系统会自动提取手机号码，输入短信内容后，系统将在后台进行短信发送。

d.发送完毕后系统会提示成功和失败的数量，并自动记录到客户的联络日志和短信发送历史记录中。

2） 邮件

a. 选择需要发送邮件的客户信息。

b. 通过系统菜单或者右键菜单选择邮件群发功能。

c. 系统会自动提取 E-mail 地址，选择邮件模板或编辑邮件内容后，系统将在后台进行邮件发送。

d. 发送完毕后系统会提示成功和失败的数量，并自动记录到客户的联络日志和邮件发送历史记录中。

3） 传真

a. 选择需要发送传真的客户信息。

b. 通过系统菜单或者右键菜单选择传真群发功能。

c. 系统会自动提取传真号码，选择传真文件后，系统将在后台进行发送。

d. 发送完毕后系统会提示成功和失败的数量，并自动记录到客户的联络日志和传真发送历史记录中。

9.2.4 应用系统功能模块

1. 客户资源

(1) 数据中心：是组展企业的客户信息中心，管理全部的公司信息、联系人信息。数据中心数据的质量和准确度能加深组展企业对目标参展企业的了解，以便在招展工作中起到事半功倍的作用。如图 9-13 所示的数据中心图。

- 数据中心作为组展企业的数据核心，能够记录数万甚至数十万的客户信息。各种查询方式和筛选能快速地查询到客户数据。
- 通过分配操作方便快捷地建立当前展会项目的目标招展客户群体，并把每个客户关联到项目组和项目组成员。
- 通过复杂查询功能能够以多条件进行查询。
- 各种颜色的显示能够方便地区分客户数据中心的参展商和退展商。
- 详细的参展历史记录能快捷地了解客户参展历史。
- 登陆每届展会项目客户信息中的联系状态都可以单独设置。
- 公司视图和联系人视图能方便地在公司信息和联系人信息之间切换。

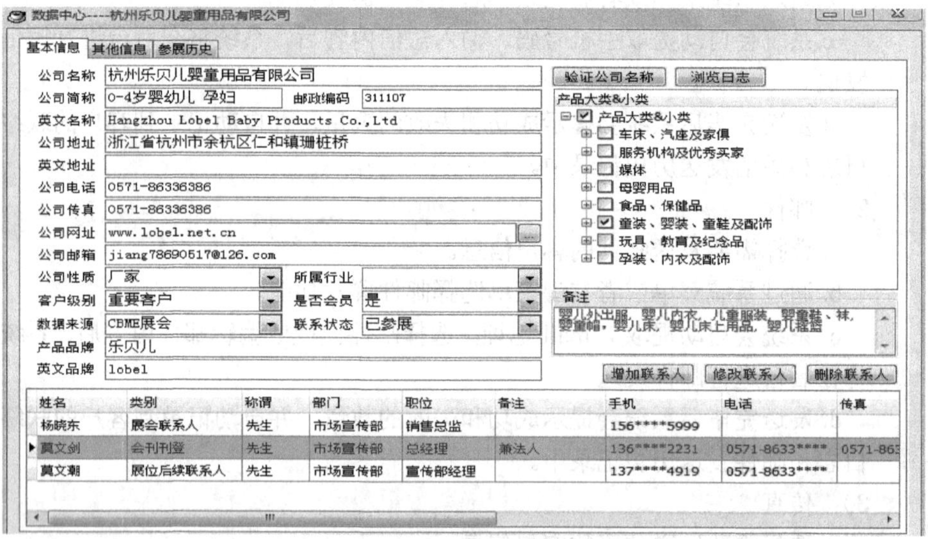

图 9-13 数据中心图

(2) 网上报名：管理当前展会项目下通过 WSS 下载网上报名表的客户信息、联系人信息和网上报名订单信息。

- 完成网上报名申请的审核，网上报名数据会分别记录在数据中心和展商中心。
- 加入客户信息，将网上报名的客户数据移动到客户数据中心，不通过参展审核。

- 加为参展商，将网上报名的客户数据复制到客户数据中心并通过参展审核。
- 各种颜色的显示能够方便区分已审核的网上报名申请。
- 通过网上报名能最大程度地了解客户的基本信息。

(3) 目标客户：管理展会项目招展潜在客户信息，不同项目组、项目成员管理各自的客户信息。

- 分配功能能够使客户数据在项目组之间或项目成员之间流动，以达到最佳的招展目标。
- 各种颜色的显示能够方便区分客户数据中心的参展商和退展商。
- 详细的参展历史记录能快捷地了解客户参展历史。
- 登陆每届展会项目客户信息中的联系状态都可以单独设置。
- 公司视图和联系人视图能方便地在公司信息和联系人信息之间切换。
- 支持短信、邮件、传真的群体发送和单个发送。
- 支持客户联系日志管理。
- 加为客户的功能可以将客户从招展目标变为参展商，进入下一步的参展流程。
- 加为观众的功能可以将客户信息从招展目标复制到观众资源，成为招商目标。

(4) 回收站：管理从数据中心、网上报名、目标客户、观众资源中删除的客户数据。

- 恢复客户数据：将回收站中的数据恢复到数据中心、网上报名、目标客户、观众资源。
- 删除客户数据：彻底删除客户数据。
- 清空回收站：将回收站中的客户数据全部彻底删除。

2. 订单管理

(1) 订单中心：管理当前展会项目的参展商的订单。

(2) 订单统计：对当前展会项目参展商的订单数据的统计和分析。

- 支持对招展代理、业务人员、省份、城市、订单类别、订单名称等分组筛选统计。
- 快速统计销售进展和回款情况。

订单类别	订单名称	总数量	已订出数量	剩余数量
A.展位	E1国内200平米以上特装	不限量	1428.00	不限量
A.展位	E1国内标展	不限量	16.00	不限量
A.展位	E1国内特装	不限量	3858.00	不限量
A.展位	E2E3国内200平米以上特装	不限量	922.00	不限量

图 9-14 订单统计图

3. 展商管理

(1) 展商中心：管理当前展会项目中客户的参展信息、订单信息、付款安排、收款记录、发票信息以及费用信息。如图 9-15、图 9-16、图 9-17、图 9-18、图 9-19 所示。

- 快速分配参展商所在展馆、展区和展位号。
- 自动计算订单的总金额和折扣。
- 通过分配可以指定每个参展商的客户运营专员。
- 支持短信、邮件、传真的群体发送和单个发送。
- 支持客户联系日志管理。

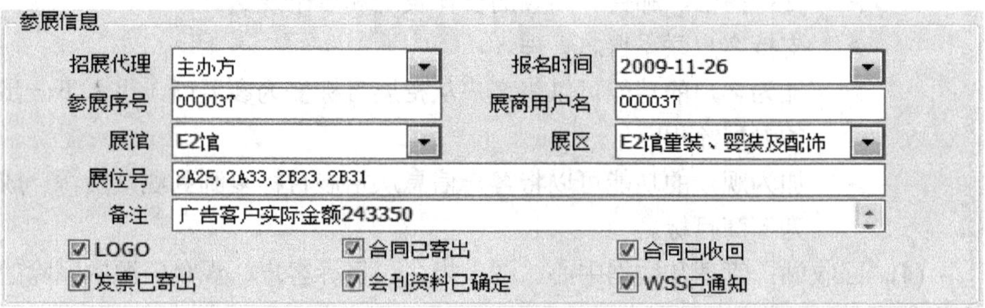

图 9-15 参展信息图

订单类别	订单名称	货币类型	单价	数量	单位	数量换算	折扣比率	折扣金额	总金额
A.展位	E2E3国内特装	RMB	1350.00	90.00	平米	10.00	90.00%	12150.00	1
D.现场广告	代表证	RMB	60000.00	1.00	家	1.00	100.00%	0.00	
D.现场广告	大会现场TV赞助商	RMB	130000.00	1.00	家	1.00	49.50%	65650.00	
D.现场广告	入口-E1连廊广告	RMB	10000.00	1.00	块	1.00	0.00%	10000.00	

图 9-16 订单信息图

款项名称	最迟付款日期	收款比率	收款金额
参展预付款	2010-05-28	30.00%	73005.00
参展尾款	2010-09-01	70.00%	170345.00

图 9-17 付款安排信息图

作废	收款日期	付款单位	收款方式	货币类型	收款金额	发票号码	收款账号	收款备注
否	2010-05-31	广州英爱贸易有限公司	汇款	RMB	86805.00	01145630	CBME杭州...	

图 9-18　收款记录图

作废	发票抬头	发票内容	发票金额	发票号码	开票日期	开票员	业务员
否	广州英爱贸易有限公司	会务费	86805.00	01145630	2010-05-31	刘晓霞	余娟英

图 9-19　发票信息图

(2) 退展参展商：管理当前展会项目中退展的参展商信息。

- 退展参展商的参展信息保留。
- 再次删除后参展商的参展信息将被彻底删除，基本信息将不做任何修改。
- 不可修改退展参展商的参展信息、订单信息等。

4. 观众管理

(1) 观众资源：是组展企业的观众资源信息中心，管理全部观众的公司信息、联系人信息。好的观众资源数据能帮助组展企业从大量观众数据中筛选出专业观众和普通观众。

- 公司视图和联系人视图能方便地在公司信息和联系人信息之间切换。
- 通过复杂查询功能能够以多条件进行查询。
- 加入数据中心功能可以将观众数据复制到数据中心，成为招展目标。
- 加入本届功能可以将观众数据转变为本届邀请对象，此信息将出现在观众邀请中。
- 对观众资源中的观众信息发送短信、邮件、传真后将会自动加入本届邀请对象，出现在观众邀请中。

(2) 观众邀请：管理当前展览项目观众邀请的人员信息、邀请信息。

- 支持短信、邮件、传真的群体发送和单个发送。

5. 媒体管理

(1) 媒体数据中心：是组展企业的媒体信息中心，管理全部媒体的公司信息、联系人信息。

- 公司视图和联系人视图能方便地在公司信息和联系人信息之间切换。
- 通过复杂查询功能能够以多条件进行查询。

- ➢ 加入数据中心功能可以将媒体数据复制到数据中心，成为招展目标。
- ➢ 加入本届功能可以将媒体数据转变为本届邀请媒体对象，此信息将出现在本届媒体中。
- ➢ 支持短信、邮件、传真的群体发送和单个发送。
- ➢ 支持客户联系日志管理。

(2) 本届媒体：管理当前展会项目中所邀请的媒体信息。

- ➢ 管理媒体参展人员名录及媒体证件。
- ➢ 支持短信、邮件、传真的群体发送和单个发送。
- ➢ 支持客户联系日志管理。

(3) 参会媒体人员：当前展会项目中邀请媒体的人员统计。

(4) 媒体日志管理：管理媒体的联络日志。

6. 运营管理

(1) 现场广告管理：管理当前展会项目中预定现场广告订单的参展商的现场广告信息。

- ➢ 参展商的现场广告联系人信息。
- ➢ 参展商现场广告工作进度。
- ➢ 支持短信、邮件、传真的群体发送和单个发送。
- ➢ 支持客户联系日志管理。

(2) 现场广告统计：当前展会项目中的现场广告订单的统计和分析。

- ➢ 对现场广告订单的统计和分析。

(3) 会刊管理：管理当前展会项目中预定会刊订单的参展商的会刊信息。

- ➢ 参展商的会刊、会刊广告联系人信息。
- ➢ 参展商会刊、会刊广告工作进度。
- ➢ 支持短信、邮件、传真的群体发送和单个发送。
- ➢ 支持客户联系日志管理。

(4) 会刊信息：管理当前展会项目的参展商的会刊信息以及导出。

- ➢ 可获取 WSS 中参展商提交的会刊刊登信息。
- ➢ 可从数据中心提取参展商基本信息作为会刊刊登信息。
- ➢ 导出 EXCEL 或 RTF 格式。

(5) 会刊广告统计：当前展会项目中会刊广告订单的统计和分析。

- ➢ 对会刊广告订单的统计和分析。

(6) 会务管理：管理当前展会项目中预定会务订单的参展商的酒店预订信息。

- ➢ 参展商的会务联系人信息。
- ➢ 参展商的酒店住房、分房信息。如图 9-20 所示。

- ➢ 支持短信、邮件、传真的群体发送和单个发送。
- ➢ 支持客户联系日志管理。

姓名	性别	宾馆名称	房型	入住日期	退房日期	计划天数	房数	备注
左丽	女	MOTEL 168	双人间	2010-08-17	2010-08-20	3	0.5	
董旭阳	男	MOTEL 168	双人间	2010-08-17	2010-08-20	3	0.5	

图 9-20　**参展商酒店入住信息**

(7) 会务订房统计：当前展会项目中酒店预订的统计和分析。

- ➢ 参展商参展人员酒店住房、分房统计。

(8) 搭建管理：管理当前展会项目中预定展位订单的参展商的搭建信息。

- ➢ 参展商的搭建联系人信息。
- ➢ 特装参展商的施工单位信息。
- ➢ 标准展位的楣板、特装参展商的特装图等信息。

(9) 展具租赁统计：当前展会项目中的展具租赁订单的统计和分析。

- ➢ 对展具租赁订单的统计和分析。

7. 财务管理

(1) 项目收款：管理当前展会项目中参展商的收款和开发票信息。

- ➢ 完成参展商的收款操作。
- ➢ 完成参展商的开具发票操作。发票信息如图 9-21。

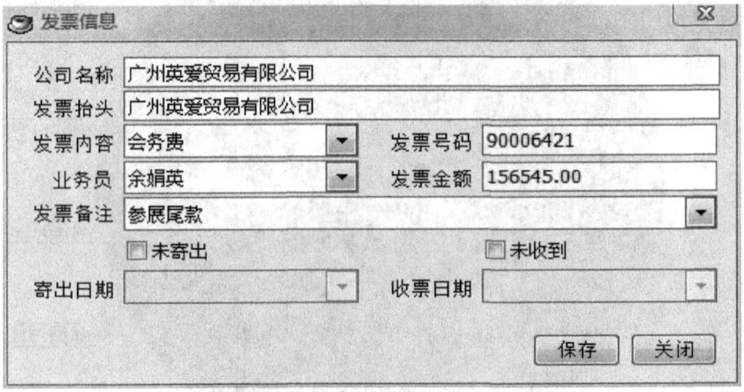

图 9-21　**发票信息**

(2) 项目支出：管理当前展会项目中费用支出信息。

(3) 项目收款记录：当前展会项目中参展商的收款记录。

8. 成本预算

(1) 预算管理：管理当前展会项目中的项目预算。

➢ 展会项目立项时主办方项目经理向上级请示报批的支出预算以及收入预算。

(2) 成本管理：当前展会项目中的成本管理。

➢ 当前展会项目中的各项订单成本。

(3) 支出管理：当前展会项目中的支出管理。

➢ 当前展会项目中各项费用的支出。

9. 管理中心

(1) 图形报表：以图形的形式显示多届展会项目中的数据的分析与统计。

➢ 对当前展会项目中各项数据进行统计和分析。

➢ 对多展会项目的各项数据的对比。

(2) 数据报表：以数据表格的形式显示多届展会项目中的数据的分析与统计。

➢ 对当前展会项目中各项数据进行统计和分析。

➢ 对多展会项目的各项数据的对比。

图形报表如图 9-22、图 9-23 所示。

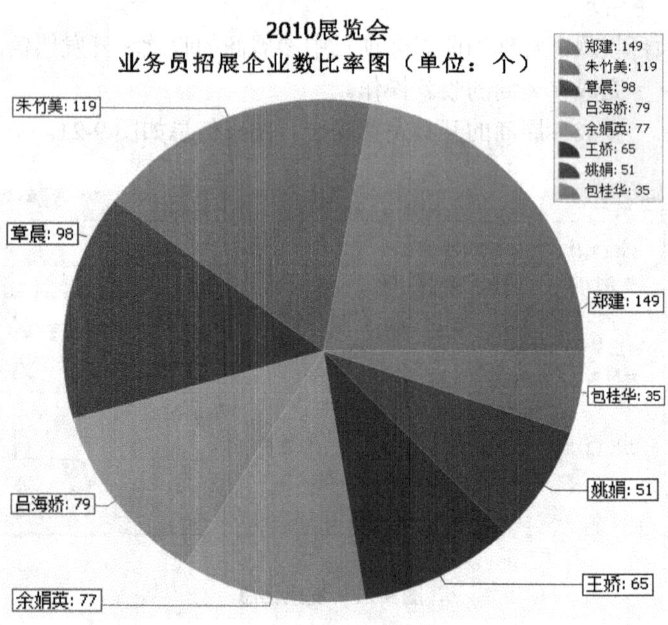

图 9-22 企业数比率图

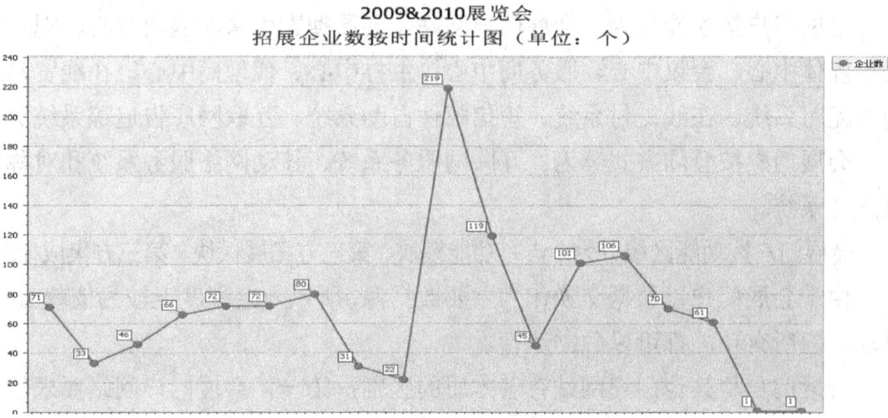

图 9-23　招展企业数按时间统计图

9.3　会展门户

会展门户，是会展机构对外宣传、服务、信息采集的网络门户。面对会展产业信息化的趋势，单独的服务模式已无法满足会展信息化要求，集中化管理及集成逐步趋向于会展门户已成为必然。上海联展以自身会展软件从业优势，结合会展业务流程管理软件，设计并制作了专门针对会展行业的门户集成解决方案，简称 Synair CEP。本章将结合 Synair CEP 阐述会展门户的概念、功能和特点，使学生能系统掌握会展门户的相关知识及部分功能的使用，具备实际应用能力。

思考：

◆　会展门户与普通门户网站的相同点及不同点。

◆　会展门户如何实现会展机构协同工作。

9.3.1 会展门户概述

会展门户，简称 CEP（Conferences and Exhibitions Portals），是会展机构对外宣传、服务、信息采集的网络门户。集成内容管理系统（CMS）、搜索引擎（SE）、外网支持系统（WSS）、第三方拓展与集成（API）等多项对外功能模块，利用多终端登陆的特点，通过数据交换（Data Exchange）实现业务数据库、门户数据库和现场数据库联动，从而提高对数据信息流的利用率，以及会展机构协同工作的效率及服务满意度。

会展门户按功能分为：会展门户网站、会展搜索引擎、展商中心、观众中心、媒体中心、会议中心、服务商中心、主办中心、代理商中心、在线贸易、邀约配对系统、在线支付系统、短信邮件自助系统、互联网广告追踪系统等。

会展门户按登陆方式分为：互联网服务系统、移动网络服务系统和对称信息服务系统。

会展门户按功能区域分为：自有功能模块、第三方拓展模块、第三方集成模块。

由于会展门户以数据交换作为主要数据源，所以一定程度上较为依赖 BPM 模块，但所有功能都可以独立运行。

会展门户与其他门户网站有着本质的区别：第一，会展门户网站要求信息的准确度非常高；第二，会展门户更注重于各会展的文化内涵，要求做到统一的操作、个性化的体验；第三，会展门户的开放性更大，因为其涉及的行业较多，所以在信息的互联互通方面有较高的灵活性；第四，会展门户因为其互联互通的灵活性较高，在信息的安全和校验方面，高于其他门户网站；第五，会展门户的定位群体及用户角色更为清晰，但又有着较高的灵活性；第六，会展门户所提供的信息价值更高，检索结果比通用搜索引擎服务更为准确；第七，会展门户提供服务的专业性非常高，同时具备一定的指引功能，可以让普通负责人、专业负责人轻松办理各项业务；第八，会展门户互动结果价值非常高，扩大了会展影响力及效果。

作为门户网站，会展门户和其他门户网站也有共同点。例如信息发布及反馈等。

9.3.2 会展门户的组成

1. 会展门户网站

会展门户网站以内容管理系统（CMS）为依托，在无需专业技术人员配合的情况下可快速建立起来，并具备信息及时发布、更新、反馈及追踪等功能。提供多种界面样式和内容框架模板，只需选择就可轻松搭建具有互动机制的门户网站。图 9-24 给出了某会展的门户网站。

图 9-24　会展门户网站

2.　会展搜索引擎

会展搜索引擎，通过对会展门户网站的全文检索和智能分类，实现对会展信息的三维立体搜索。整个系统信息直接依赖于会展门户网站。只需通过会展门户系统发布信息，会展搜索引擎就可以直接利用。它从一定程度上继承了传统搜索引擎的优势，同时又兼顾了会展的专业化特点。见图 9-25。

图 9-25　会展搜索引擎

3. 展商中心

展商中心，是针对展商的服务平台。以展商为服务核心，提供注册参展、查看参展资料、补充及修改资料、在线预订广告、查看展后报告等多项功能。它形成了全方位立体化的一站式服务平台，使原本复杂繁琐的参展工作只需轻点鼠标就可完成。如图 9-26 所示。

同时，对会展门户中有关展商的信息进行重新整理和规范，方便及时查阅相关公共通知和针对展商自己的主办方、服务商通知，并通过通知回馈机制，及时反馈相关信息。

通过留言和邀约功能的集成，与邀约配对系统、在线贸易等模块快速融合，并共用部分参展信息，使展商无需重复输入信息就可轻松搭建在线展台及标准电子商务平台，快速实现展会信息的电子化和一步式电子商务。

图 9-26 展商服务平台

4. 观众中心

观众中心是针对观展观众的服务平台，分为专业观众中心和普通观众中心，并通过主办和展商的主动邀请及分级，将观众按照多种方式分类，设立 VIP 机制，以实现对观众的特定服务。

观众通过使用观众中心，可以快速找到商贸配对信息，使用在线邀约配对系统，以提高观展效率，并可在展会后继续追踪自己关注的展商及展品。同时，观众中心也提供便捷的预订服务，包括机票、酒店、会议室等多种在线预订，并实现在线支付，使观展便捷化。

5. 媒体中心

媒体中心是专门针对与会媒体的服务中心，主要提供新闻稿、音频稿、视频稿的官方申请及索取，使采访工作更加便捷。

如主办方采用采访审核机制，就可以使用媒体预登记完成申请。

附带提供部分便捷的预订服务。

最为重要的是，为了实现展会新闻的实时多点发布，为媒体提供了 RSS 订阅源服务，只需登陆，设定检索条件，就可以轻松订阅自己观众的信息。

6. 会议中心

会议中心主要为各种角色的参会人员服务，包括邀请、注册、服务等一体化功能，并实现与会人员的及时互动交流。

同时，由于会议的时限性很强，所以系统使用了日程表并集成了多种提醒方式。日程表采用了网络通用的 VCalendar 格式，可以与 Outlook、Windows 日历、Google 日历交换。提醒主要使用网络提醒、短信提醒，并可由主办选择开通自动电话提醒和线下提醒服务。

与展商中心及观众中心一样，会议中心也提供便捷的预订服务，包括机票、酒店、会议室等多种在线预订，并实现在线支付，使参会便捷化。

7. 服务商中心

服务商中心以服务商提供的具体服务为依据进行细分，主要为搭建商、运输商、广告设计商等服务。与展商中心进行互动，并通过主办方授权获取相关订单。由于服务中心的多种模式基本已经被系统默认设定，所以无需将服务商系统与主办方系统集成就可以直接使用。

同时，通过系统自带的第三方拓展功能，也可以实现服务商系统的拓展。

8. 主办中心

主办中心的功能基本和 BPM 一致，通过受信机制，使主办方的相关人员可以在 BPM 服务圈以外的地方轻松处理事务，并及时通过数据交换完成与 BPM 的数据同步。

9. 代理商中心

为了实现主办方与代理商及时交换相关信息，设计了代理商中心。以受信及权限系统控制代理商中心所具备的功能。通过代理商中心，代理商可以及时上报及获取相关信息，与主办方协调一致，出色地完成招展、招商的工作。

10. 在线贸易

在拥有了会展门户网站、会展搜索引擎、展商中心、观众中心、会议中心等主要功能模块后，就可以轻松找到各个会展中参与人员所关注的内容。同时，在拥有了在线展台后，实现在线贸易就是必然的趋势。会展门户主要提供了B2B和B2C两种电子商务模式，可以根据具体会展类型选择使用，不受会展的时间和空间限制。

专业展主要以B2B方式呈现；消费展及娱乐展则主要以B2C形式呈现，B2B形式为辅，帮助各会展机构出色地完成宣传及采购目标。

在线贸易举例见图9-27。

图9-27 在线贸易

11. 邀约配对系统

由于会展的时效性及地域性，所以合理安排参与会展的时间对于展商、观众和与会人员都非常重要，如果能在会展前期做好这部分的工作，将大大提高效率。

邀约配对系统（见图9-28）则成功解决了上述问题，将会展参与各方通过邀约和配对功能整合互动，并最终确定个性化的时间表，使各方工作更加合理有序。

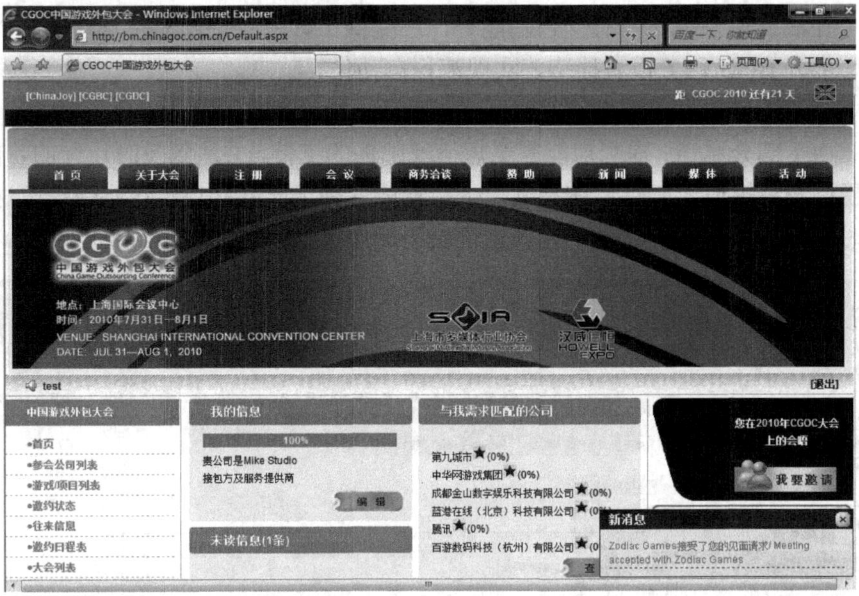

图 9-28　邀约配对系统

12. 在线支付系统

当会展门户具备了一定的服务项目并实现预订后，付款就成为必须解决的问题。鉴于目前第三方支付平台的成熟度较高，上海联展选择了支付宝、财付通等实例及技术都非常成熟的解决方案，并实现多个第三方平台同步接入，最大限度地满足各种支付要求。如图 9-29。

图 9-29　在线支付系统

在线支付系统除具有支付功能外，还提供了订单查询、支付管理等功能，并与部分 BPM 财务模块挂钩，实现流程自动化。

13. 短信邮件自助系统

由于部分邀请、提醒功能需要短信及邮件的支持，并达到及时反馈的目的，会展门户将短信、邮件系统独立出来，集成各种运营商接口，达到快速发送、及时收集反馈信息的目标，为其余模块的运作提供了通信保障。见图 9-30。

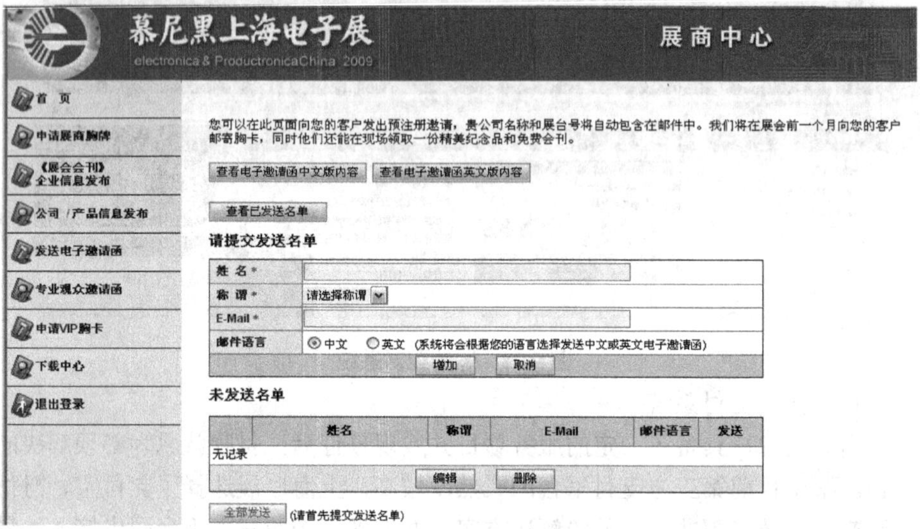

图 9-30 短信邮件自助系统

另外，将短信和邮件功能系统化，可以让会展参会机构自助使用此系统。使用模板是常用的功能之一。

14. 互联网广告追踪系统

广告对于行业网站来说是必不可少的部分，客户在网站投放广告后肯定希望能够对自己投放的广告做全面的效果追踪，清楚知道广告的点击情况，以及什么时候、从什么地方来的点击，这些都是必不可少的信息，也是提高网站客户忠诚度的主要途径之一（如图 9-31）。因此，这个系统主要解决以下关键问题：

(1) 广告系统需要统计会员的网址信息。

(2) 有一个广告会员管理系统，会员登陆可以看到自己的广告信息。

(3) 会员点击的广告是通过页面中转而来，中转时候的页面存放所有的信息，包括时间、访客来源、IP 等信息。

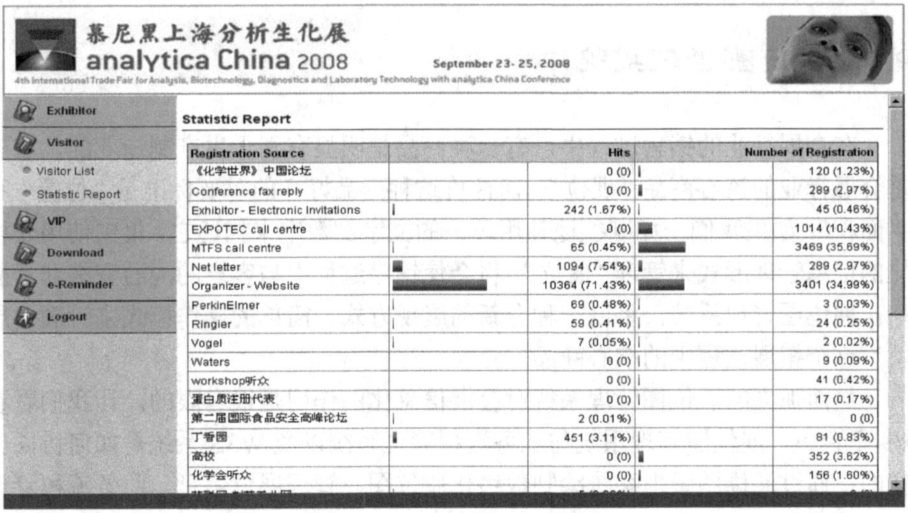

Registration Source		Hits		Number of Registration
《化学世界》中国论坛		0 (0)		120 (1.23%)
Conference fax reply		0 (0)		289 (2.97%)
Exhibitor - Electronic Invitations		242 (1.67%)		45 (0.46%)
EXPOTEC call centre		0 (0)		1014 (10.43%)
MTFS call centre		65 (0.45%)		3469 (35.69%)
Net letter		1094 (7.54%)		289 (2.97%)
Organizer - Website		10364 (71.43%)		3401 (34.99%)
PerkinElmer		69 (0.48%)		3 (0.03%)
Ringier		59 (0.41%)		24 (0.25%)
Vogel		7 (0.05%)		2 (0.02%)
Waters		0 (0)		9 (0.09%)
workshop听众		0 (0)		41 (0.42%)
蛋白质注册代表		0 (0)		17 (0.17%)
第二届国际食品安全高峰论坛		2 (0.01%)		0 (0)
丁香园		451 (3.11%)		81 (0.83%)
高校		0 (0)		352 (3.62%)
化学会听众		0 (0)		156 (1.60%)

图 9-31　互联网广告追踪系统

15. 多终端登陆

所谓多终端登陆，即实现多种信息接入。

会展门户提供互联网服务系统、移动网络服务系统和对称信息服务系统。

互联网服务系统主要依托普通家用电脑和笔记本电脑，通过互联网提供服务。

移动网络服务系统主要依托手持移动设备，如手机、PDA 等，通过 GPRS、3G 等移动接入方式提供服务。

对称信息服务系统分为线上和线下系统。线上主要指手机短信指令互动。线下通过自动化的语音点播和播报实现部分自助服务。

针对部分会展，还设计了一些电脑客户端软件及手机客户端软件，更方便快捷地使用各项服务内容。

16. 第三方拓展与集成

会展门户的拓展和集成使其不再是独立的孤岛，充分体现了互联网共享的本质。

通过通用的 Web Service 和 SOAP 协议定义了部分公开和私密 API 接入，在实现个性化接入的同时，保证了系统的安全和信息的准确。通过 API 的调用，可以很轻松地利用此功能实现服务的个性化需求。

会展门户同样也集成了其他第三方功能，如支付接口、短信接口、自助语音查询等，更为方便快捷地提供服务。

9.4 展位图管理系统

在会展行业的销售过程中，有一种商品是明显有别于生产制造业的，它就是会展行业的核心商品“展位”。而评价这种商品好坏的重要标准是“位置”和“面积”，如果我们一如既往地使用单一的文字加数字来描述它，仅仅使用表格化的信息管理形式来管理“展位”，将会使销售过程中与客户的沟通变得非常复杂。展位图管理系统，将以一种全新的展现方式、简单的操作模式来管理“展位”这个招展过程中的核心商品。

然而孤立的展位图管理系统对会展信息化的作用是很有限的，让我们看看V9平台下，展位图管理系统与业务流程管理系统以及WSS系统是如何协同工作的：通过展位图管理系统绘制数字化展位图，管理展位信息，业务流程管理系统管理展商招展信息，通过 WSS 系统和展商以及观众进行沟通交流，将数字化展位图展现给参展商和观众，通过数据交换系统，完成数字化展位图在三个系统之间的同步实时更新。

它会给会展信息化带来怎样的变化？是面对由一条条记录罗列组成的表格，还是由不同颜色的图形组成的展位图？在阅读了接下来的章节后，您可以自己选择。

9.4.1 认识Synair BMM

展位图管理系统，简称 Synair BMM（Booth-Map Management System），是一个展位图管理插件，它将展位的“位置”、“面积”、“形状”等属性，通过数字化图形的形式进行展现，通过操作这些图形，对展位进行管理，并且与 Synair BPM 系统和 Synair CEP 系统中的参展商信息进行关联互动。它通过可视化的直观方式展示了一届展会所有展厅展位的分布情况，以及展位的销售进度、订单、到款和搭建服务等状况。

1. 数字化展位图

数字化展位图是主办方管理和维护的展览会展位分布图，是主办方通过修改原始展馆平面图，进行展位划分处理后，以数字化图形方式保存在数据库中的数据，这些数据通过专有软件可以以图形的方式在计算机中进行显示和修改。按照用途可分为初始展位分布图、销售展位分布图、布展施工图和展商位置分布图四部分，它清晰地显示了展位的位置、布局、形状、大小以及通道、辅助服务设施的位置。

2. 图形化管理的好处

一直以来，信息化软件多以表格、数字、文字的单一方式记录和管理数据，既晦涩难以理解，也不够直观。随着统计图表中的统计图的出现，统计图在总结和统计报表中的地位越来越重要，人们也认识到了图形化管理的好处，开始将图形化管理应用到管理的其他方方面面。展位图管理系统，通过直观的展位图数字化的体现方式，准确地显示了展馆展区的展位分布情况，以及通道和其他服务设施的位置，可以一目了然地看到每个展位的位置、形状、类型、面积、编号，以及展位是否已经被预订、是否已经付款、是否需要开口等，通过文字描述不能很好表现的这些属性，使原本的一张张表格、一条条记录，直观清晰地展现在了展商和主办方面前，降低了沟通的繁琐性与难度。

3.　使用展位图管理系统绘制展位图

展位图管理系统通过新建一张展位图，将展位进行数字化处理后保存在数据库中进行共享，从而达到管理展位的目的。首先新建一张展位图，确定绘图范围，然后通过数字化绘图功能，常用的是绘制连续矩形展位、绘制不规则展位等操作，将展位绘制到展位图的指定坐标。所有展位全部绘制结束后，一张完整的初始展位分布图就绘制结束了。

4.　使用展位图管理系统管理招展

在展位销售过程中，参展商意向预订一个或多个展位后，通过简单的设置关联操作可将这些展位分配到该参展商名下。

随着销售过程的加深，参展商确定展位后，支付定金，直至最后付清全款，展位图管理系统中的展位状态都会随着业务流程管理系统中的变化同步更新。如此，通过展位状态可以清晰地分辨出哪些展位还未售出、哪些展位已经有参展商预订了、哪些展位还未付清尾款、哪些位置的展位畅销、哪些位置的展位滞销，整个展馆的展位销售状况将变得一目了然、清晰可见。

5.　对 WSS 的展位图数据支持

WSS 是主办方、参展商、观众在互联网上的沟通平台，而展位图是其中不可或缺的重要组成部分。传统的工作方式中，主办方需要不定期地频繁更新官方网站的展位图图片，才能满足参展商以及观众希望尽快看到最新、最准确的展位图的需求，这就耗费了大量的精力在上传图片的工作中，效果还不能得到保证。而在 V9 平台中展位图管理系统和 WSS 系统相互协同，自动进行数据更新，很好地解决了这个问题。

通过数据交换系统，展位图管理系统中的数据在 WSS 系统中将生成网上展位图，参展商通过互联网，登陆 WSS 系统后就可以清楚地看到自己所预订的展位在展馆的位置、大小，装卸区在哪里，以及付款情况，从而轻松自如地安排接下来的工作，同时参展商展位的变更信息，通过数据交换系统可以实时地从展位图管理系统中更新到 WSS 系统中，为 WSS 系统提供了强有力的数据支持。

对于观众，随着确认参展的参展商不断增多，用于导展的展商位置分布图会逐渐丰满起来，这些展位图的数据通过数据交换系统，自动更新到 WSS 中，观众则可以通过系统轻松查询到他感兴趣的参展商展位的具体位置，以及这些参展商将要展出的展品的信息，甚至该展位将要举行的各种表演和优惠活动的详细信息，从而及早安排行程，以及观展时的具体拜访行程。

名词解释

BMM 系统：展位图管理系统（Booth-Map Management System）

BPM 系统：业务流程管理系统（Business Process Management System）

WSS 系统：网络支持系统（Website Support System）

注：三个系统均由 Synair 公司开发，旨在帮助展览主办单位更有效地完成业务管理，实现员工内部及与客户之间的资源共享。

9.4.2 什么是 BMM 系统

在展会主办单位的销售行为中，其销售的核心商品是明显有别于生产制造业的，它就是“展位”。客户对这一核心商品评价的好坏直接影响到展会的成败，而评价的重要标准之一就是“位置”，如果我们一如既往地使用单一的文字加数字来描述“展位”，仅仅使用表格化的信息管理形式来管理“展位”，将会使销售过程中与客户的沟通变得非常复杂。而 BMM 系统将以一种直观、简单的方式将“展位”这个招展过程中的核心商品呈现在销售人员和客户面前。

BMM 系统是一个展位图管理插件，它将展位的“位置”、“面积”、“形状”等属性，通过数字化图形的形式进行展现，销售人员通过操作这些图形，对展位进行管理，标示展位的销售进度和到款状况等。如图 9-32、9-33、9-34、9-35 所示。

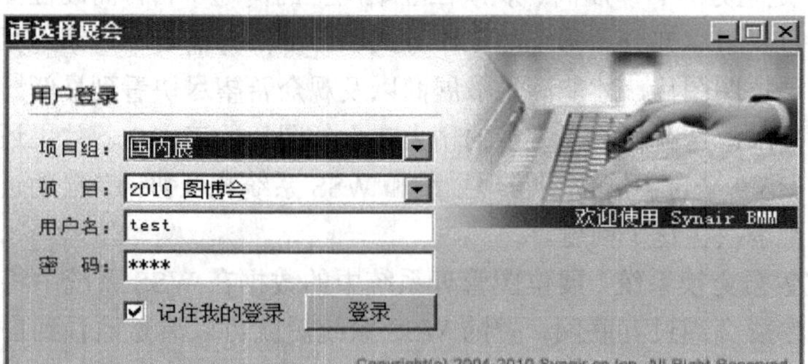

图 9-32 Synair BMM 用户登入界面

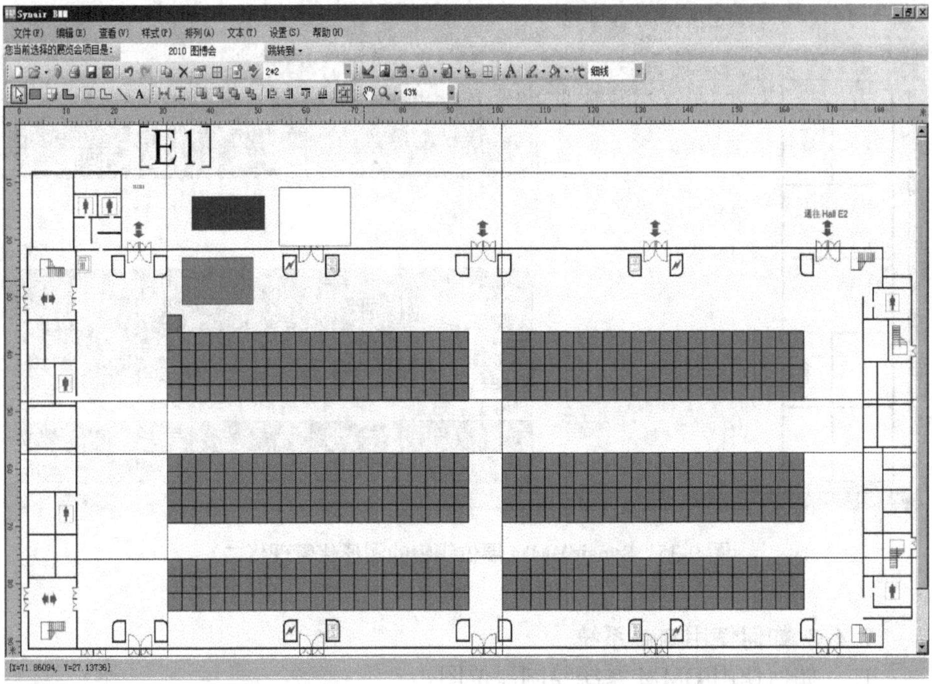

图 9-33　Synair BMM 主体界面

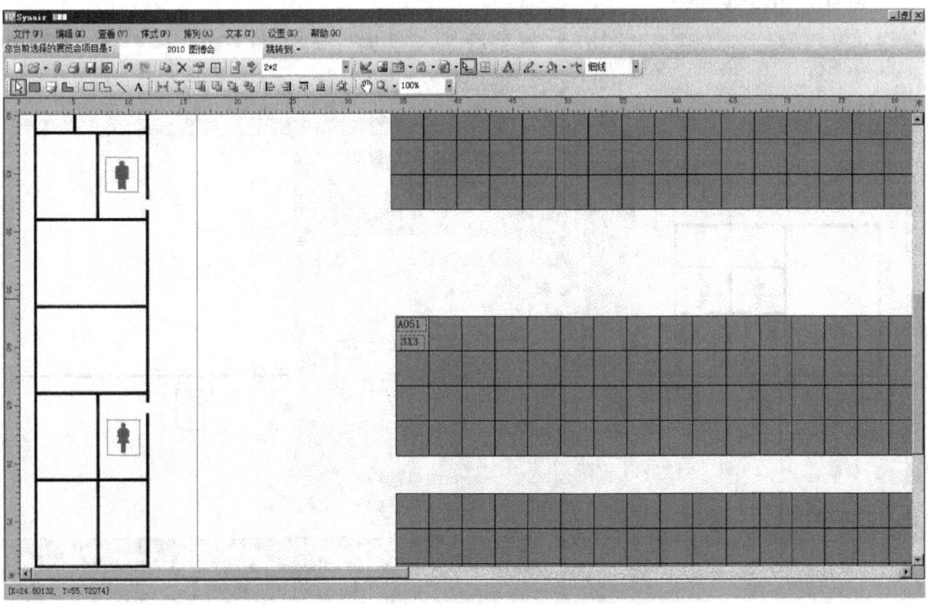

图 9-34　Synair BMM 展位销售的图形化管理（一）

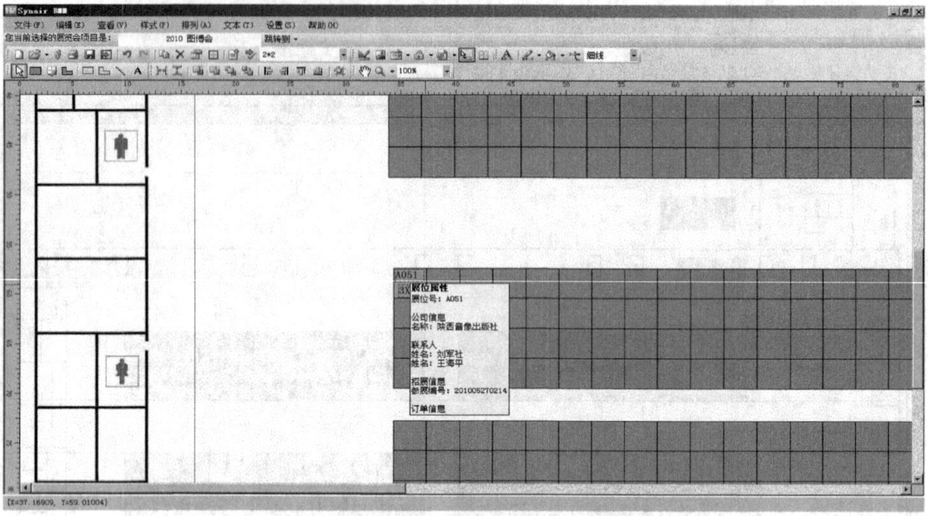

图 9-35 Synair BMM 展位销售的图形化管理（二）

9.4.3 如何使用 BMM 系统

1. 如何使用 BMM 系统绘制展位图

通过 BMM 系统能方便、快捷地绘制展位图，具体步骤如下。

新建一张展位图：

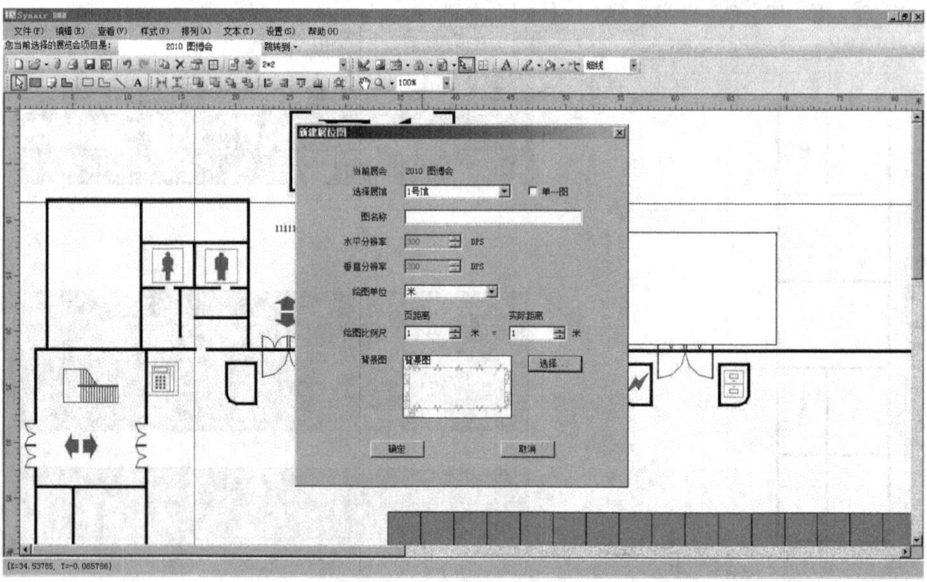

图 9-36 新建一张展位图

绘制连续展位：

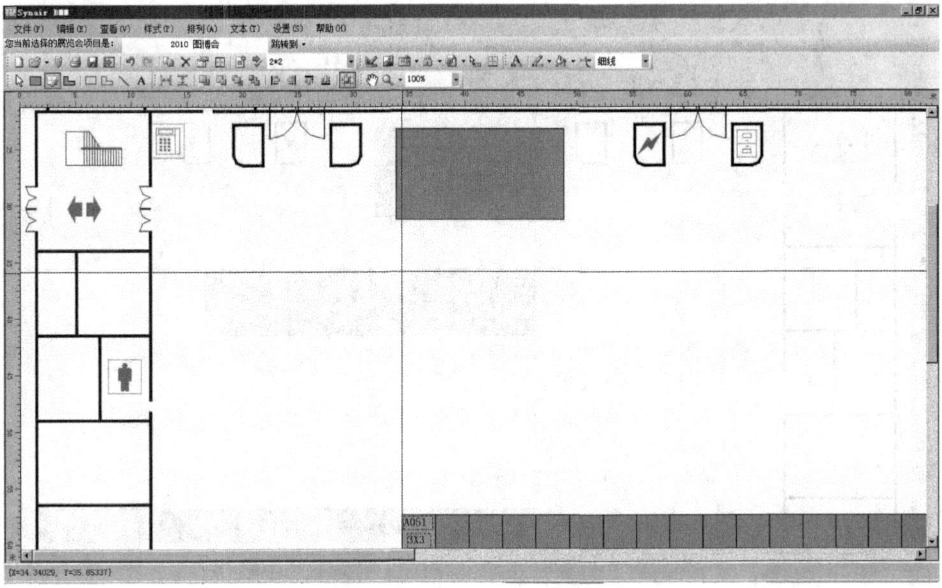

图 9-37　绘制连续展位

确定位置：

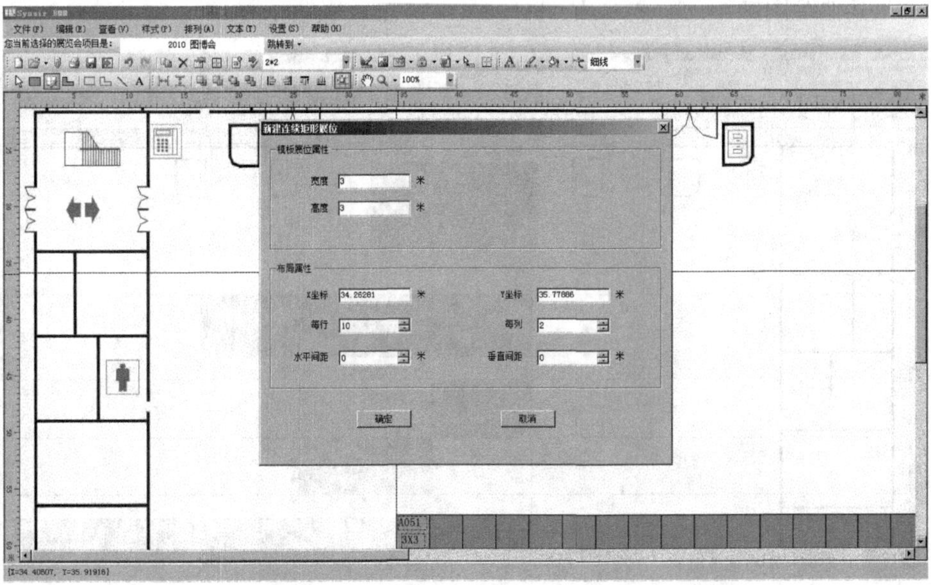

图 9-38　确定位置

设置连续展位属性：

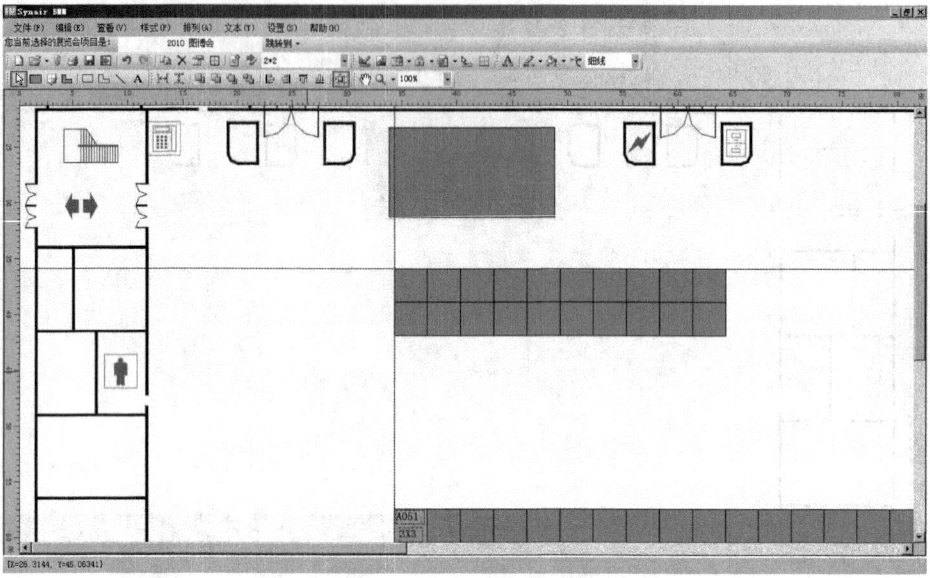

图 9-39 设置连续展位属性

绘制完成。

其他绘图操作：

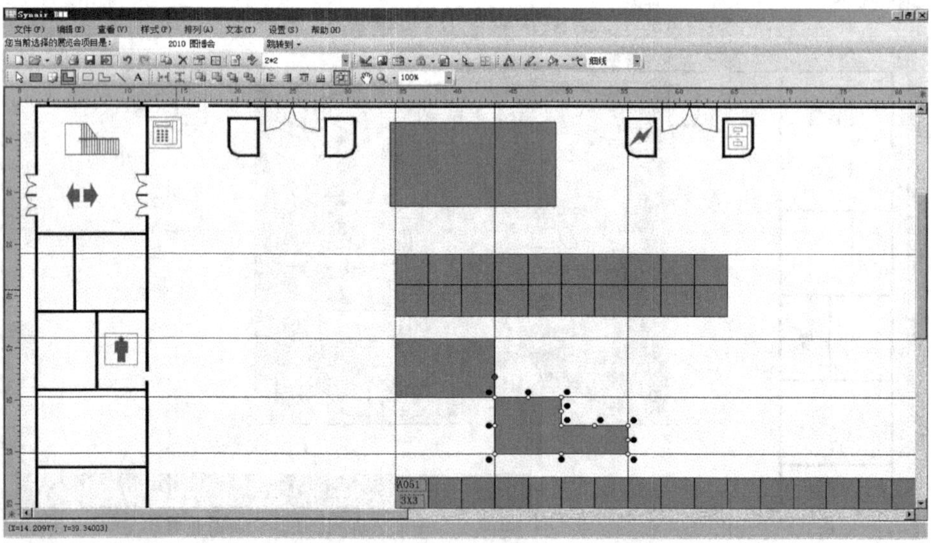

图 9-40 非标摊展位与 L 形展位

附功能列表：

(1) 文件

A. 新建：新建一张展位图

B. 从模板新建：选择一张模板图，以此模板图为基准新建展位图，是一种新建展位图的快捷方式

C. 打开：打开一张已存在数据库中的展位图

D. 保存：保存当前展位图

E. 保存为模板：将当前展位图保存为模板图

F. 导出：以当前矢量展位图为基准导出位图展位图

G. 打印：打印当前展位图

H. 退出

(2) 编辑

A. 撤销：撤销最近一次绘图操作，最多可撤销 5 步操作

B. 重做：重新执行最近撤销的一次绘图操作，最多可重做 5 步操作

C. 复制：复制所选中的图形元素

D. 删除：删除所选中的图形元素

(3) 查看

A. 显示：控制显示或者关闭图层，可控制是否显示文本层、图形层、辅助线层

B. 状态：控制显示或者关闭状态标示颜色，可控制当前展位图上的展位，是否显示您自定义的状态颜色（例如：未订出、已订出、已付款几种状态的颜色）

C. 对齐对象：控制在绘图或进行其他操作过程中，是否智能对齐到已绘图形元素

D. 显示详细：控制在鼠标位于展位元素上时，是否显示展位的详细信息，以及预订此展位的展商的详细信息

E. 显示开口方向：控制是否显示展位的开口方向，展位的开口边将以虚线显示

(4) 样式

A. 边框颜色：设置图形元素的边框颜色

B. 填充颜色：设置图形元素的内部颜色，此颜色在显示状态颜色时

无效，将被状态颜色覆盖

C. 透明度：设置图形内部的透明度

(5) 排列

A. 上移一层：使选中元素上移一层，覆盖其上一层的重叠元素或一部分

B. 下移一层：使选中元素下移一层，被其下一层的重叠元素或一部分覆盖

C. 置于顶层：使选中元素置于所有其他图形元素的上边

D. 置于底层：使选中元素置于所有其他图形元素的下边

E. 左对齐：水平移动选中元素，使选中元素的最左点与焦点元素的最左点对齐

F. 右对齐：水平移动选中元素，使选中元素的最右点与焦点元素的最右点对齐

G. 上对齐：垂直移动选中元素，使选中元素的最上点与焦点元素的最上点对齐

H. 下对齐：垂直移动选中元素，使选中元素的最下点与焦点元素的最下点对齐

I. 锁定层：控制是否锁定操作图层，使一切绘图操作无效，可控制是否锁定文本层、图形层、辅助线层

J. 合并为矩形：将相邻的多个展位合并为一个展位

(6) 文本

A. 字体：设置文本元素显示时的字体、样式、颜色、排列方式等

B. 编辑文本：改变文本元素显示的内容

(7) 设置

A. 自定义：控制是否显示快捷工具栏，显示哪些快捷工具栏

B. 保存设置：控制是否在保存展位图的同时，导出一张位图到文件系统的指定位置

(8) 素材库

A. 添加素材：可以将经常用的图形元素或元素集合保存为素材，快捷地使用这些素材绘图

B.　使用素材：选择一个素材快捷绘图

(9) 坐标系

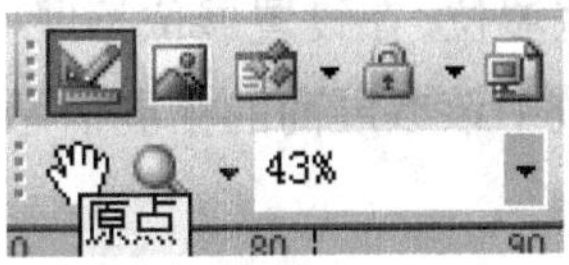

A.　原点设置：设置绘图参照原点的位置

B.　当前图属性：设置当前展位图绘图比例尺、基准背景底图等

(10) 线宽设置：设置图形元素的边框宽度

(11) 绘图

A.　指针：选择图形元素，进行移动、旋转、改变大小、拖拽辅助线操作

B.　矩形展位：绘制一个矩形展位元素

C.　矩形展位集合：绘制大小相等的连续矩形展位元素集合

D.　L 形展位：绘制特殊 L 形展位元素

E.　矩形：绘制非展位矩形元素，一般用于绘制展区或者表示范围

F.　L 形：绘制非展位 L 形

G.　线段：绘制一条线段

H.　文本：在指定的元素坐标输入文字信息，文本区域的左上角点为基准点，和其他图形元素相同，可进行移动、旋转等操作，也可和其他图形一起保存为素材，方便使用

(12) 其他操作

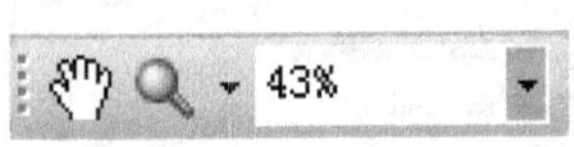

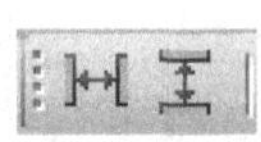

A.　移动当前展位图，放大、缩小当前展位图

B.　强制水平，强制垂直，用于移动、复制、拖拽、调整大小时进行辅助操作

2.　如何使用 BMM 系统完成招展管理

在展位销售过程中，参展商有意向预订一个或多个展位时，通过简单的设置关联操作可将这些展位分配给该参展商。此时，有两种操作方式可以选择：

一种是在 BPM 系统中进行操作，在招展统一工作台界面，查找出参展商，为他输入或修改展位号，系统将自动更新 BMM 系统中相关的展位数据；第二种方法是从 BMM 系统中找到参展商预订的这些展位，在设置展位招展信息界面，输入参展商编号，系统将自动更新 BPM 系统中该参展商的招展信息，达到两边招展信息的准确一致。

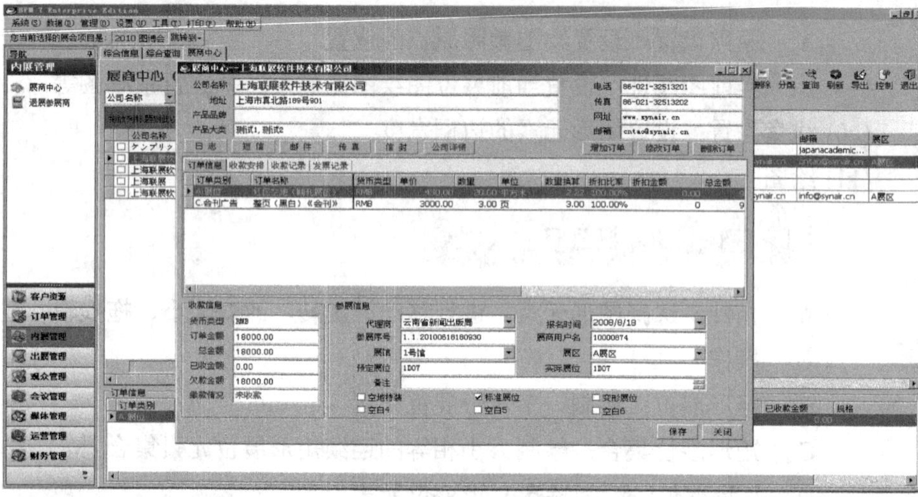

图 9-41 BPM 中的数据（一）

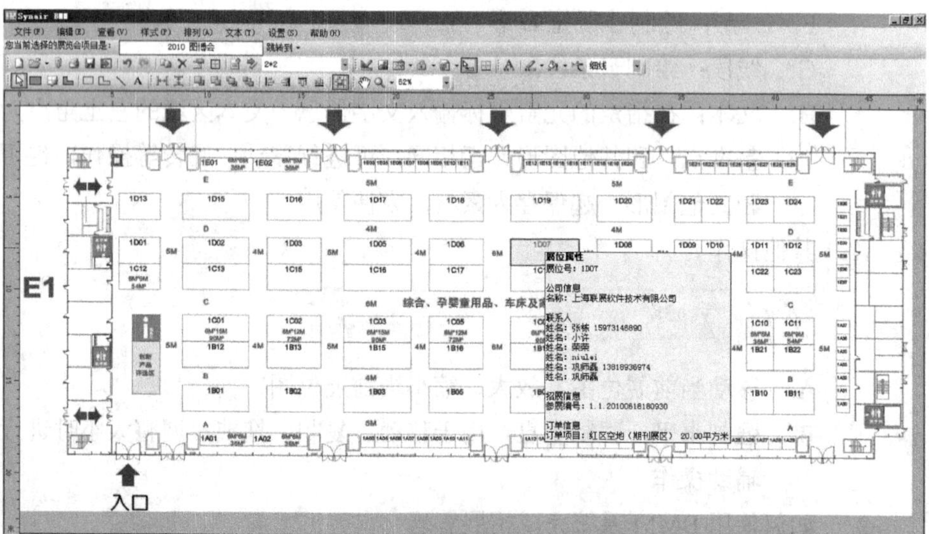

图 9-42 BMM 中的数据（二）

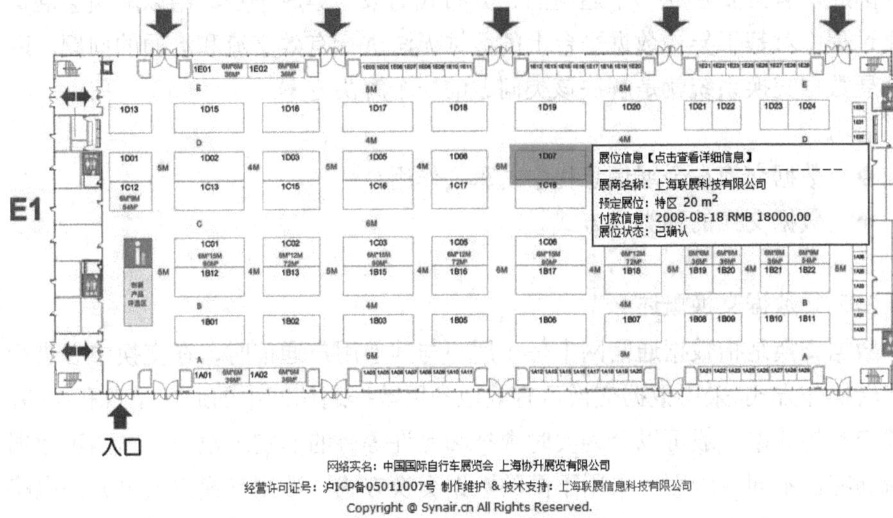

图 9-43　WSS 中的数据

9.5　后台运行：数据交换系统

目前，会展机构或多或少均建立起自己的信息化系统，包括门户网站内容管理系统、OA 办公系统、办事审批系统、其他业务系统等。但由于诸多因素的影响，即使同一地区的会展机构间也无法进行合理、有效的沟通，可以说是一座座的“信息孤岛”。数据交换实施的任务之一就是要将这些“孤岛”有机地串连在一起，充分发挥其效能，同时也保护各部门在该方面的经济投入和精力投入。此外，数据交换过程中，即使是统一规划，具体的实施单位和解决方案仍会有很多，建设完成后的系统常常是自治的、异构的，数据可能存放于数据库、文本文件、XML 文件，甚至普通文件中。因此，也需要一种机制使不同时期建设的应用系统能有机地结合为一个整体。上述情况，均要求解决应用系统间数据和信息的互通、互用问题。

在数据交换领域中，没有标准的部落式交换的代价是高昂的，相同的数据分析处理模块在很多应用中被重复地撰写，可能只是为了将某一数据源的数据转换到各个不同的目标数据源中去。由于没有中间标准，各个系统的实现人员也几乎没有可能将代码重用，昂贵的数据交换代价使得数据源只能散乱孤立地存在。

因此，有必要建立一个通用的、分布式的数据集成平台，用以解决会展信息化过程中对基于异构数据平台上的数据无法进行有效交流和沟通的问题。联展会展数据交换系统就是解决该类问题的一个解决方案。

思考：

- 数据交换在会展信息化中的重要作用。
- 数据交换的种类和方式。

9.5.1 数据交换概述

数据交换是指数据通信网中任一用户与其他用户通信时，在交换中心进行的接转操作方式。采用数据交换可有效地利用数据通信网中的通信设备和电路。需要交换的数据一般可以分为实时数据和允许等待的非实时数据。这两种数据的流通特性不同，因而可采用不同的数据交换方式。数据交换方式可分为电路交换和存储转发交换两类。前者适合传输实时数据，后者适合传输非实时数据或实时性要求不高的数据。

1. 电路交换

当用户之间要传输数据时，交换中心在用户之间建立一条暂时的数据电路。电路接通后，用户双方便可传输数据，并一直占用到传输完毕拆除电路为止。电路交换引入的时延很小，而且交换机对数据不加处理，因而适合传输实时性强和批量大的数据。

2. 存储转发交换

把输入数据暂时存入输入缓存器中作适当的处理，一旦输出口有空，便把它转发出去。存储转发交换又可以分为电文交换和分组交换。

(1) 电文交换

一般都是利用计算机实现的。发信端用户首先把要发送的数据编成电文，连同收信地址等辅助数据一起发往本地交换中心，在那里把它们完整地存储起来并作适当处理。当本地交换中心的输出口有空时，就将电文转发到下一个交换中心，最后由收信端的交换中心将电文传递到用户。电文交换的优点是：①传输可靠性高，它可以有效地采用差错校验和重发技术；②线路利用率高，它可以把多条低速电路集中成高速电路传输，并且可以使多个用户共享一个信道；③使用灵活，它可以进行代码变换、速率变换等预处理工作，因而它能在类型、速率、规程不同的终端之间传输数据。但是，电文交换不适合于会话型和实时性要求较高的业务。一般电文交换要按传输数据的重要和紧迫程度，分成不同的优先等级加以传输。

(2) 分组交换

把数据分割成若干个长度较短（一般不超过 128 个字符）的分组，每个分组内除数据信息外还包括控制信息，它们在交换机内作为一个整体进行交换。每个分组在交换网内的传输路径可以不同。分组交换也采用存储转发技术，并进行差错检验、重发、返送响应等操作，最后收信端把接收的全部分组按顺序重新组合成数据。与电文交换相比，分组交换的优点是：①在电文交换中，总的传输时延是每个结点上接收与转发整个电文时延的总和，而在分组交换中，某个分组发送给一个结点后，就可以接着发送下一个分组，这样总的时延就减小了；②每个结点所需要的缓存器容量减小，这有利于提高结点存储资源的利用率；③传输有差错时，只要重发一个或若干个分组即可，不必重发整个电文，这样可以提高传输效率。分组交换的缺点是每个分组要附加一些控制信息，这会使传输效率降低，尤以长电文为甚。一般分组交换提供虚电路和数据报两种基本业务：虚电路，在数据交换之前，按收信端全网络地址确定路径和逻辑信道，并将各段逻辑信道连接起来构成一条虚电路。虚电路不同于实体电路，实体电路一旦建立就占用此电路，而不管是否传输数据；但虚电路仅在传输数据时才占用，即仅是动态地使用实体电路，数据分组沿着所建立的虚电路传输，其接收顺序和发送顺序是相同的，数据传输结束后就拆除这条虚电路。这种虚电路称为交换虚电路（SVC）。如果在特定的用户之间永久地建立虚电路，那就没有建立和拆除虚电路的过程，而只有数据传输的过程。这种虚电路称为永久性虚电路(PVC)。虚电路方式比较适合于通信时间较长的交互式会话操作。国际电报电话咨询委员会 (CCITT)建议把它作为分组交换公用数据网的基本业务方式。数据报，要求每个数据分组均带有发信端和收信端的全网络地址，结点交换机对每一分组确定传输路径，各个分组在网中可以沿不同的路径传输，这样分组的接收顺序和发送顺序可能不同。收信端必须对接收的分组进行顺序化，才能恢复成原来的电文。数据报方式比较适合于传输只包含单个分组的短电文，如状态信息、控制信息等。

9.5.2 会展数据交换流程图

在此，结合联展会展解决方案加以说明。

图 9-44 展示了从数据输入到业务数据库，然后通过数据交换到门户数据库的流程图。此流程中展商及观众的注册数据是以电路交换的方式实现实时交互，

而业务数据则是以存储转发交换的方式选择性交互。

选择何种方式进行交换，是根据具体的业务需求来确定的。

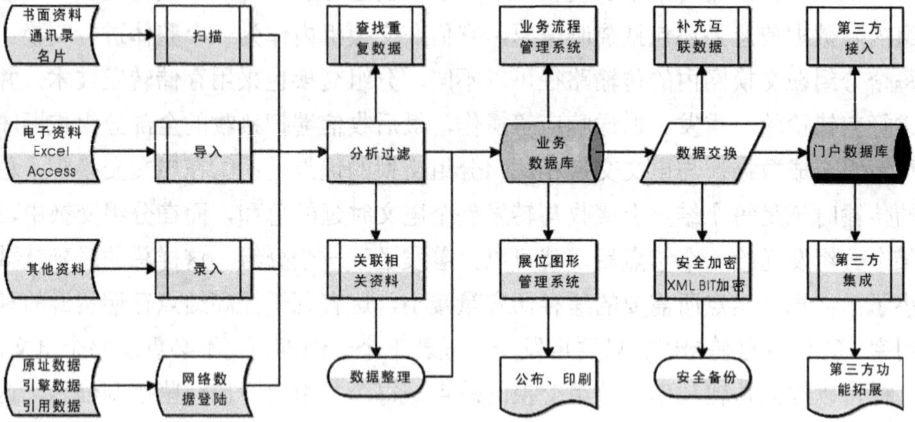

图 9-44　数据输入到门户数据库的数据交换流程图

图 9-45 展示了会展各个终端门户与现场数据库的数据交换流程。用户与身份的选择就是通过业务数据集成在数据交换中进行的。由于数据将在现场被利用，所以准确性要求较高，利用分组交换就必不可少。

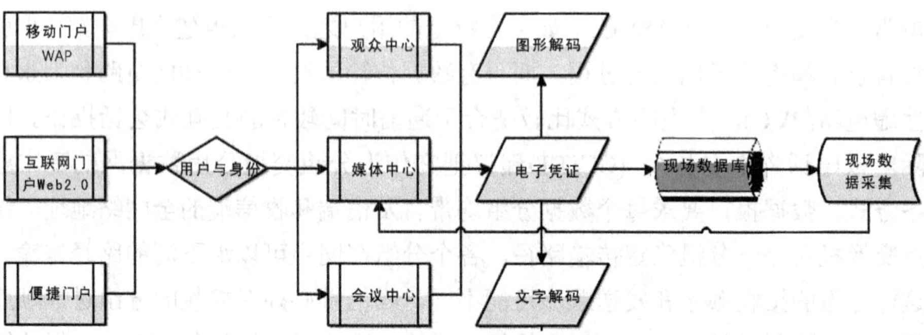

图 9-45　终端门户与现场数据库的数据交换流程

9.5.3 会展数据交换中心的设计原则

要设计一个数据交换中心，以实现会展机构之间数据的透明交换。在设计中要考虑三个方面的问题：

- 信息的统一表示
- 完整的消息服务能力
- 功能完备的交换平台软件系统

1. 信息的统一表示

要实现信息共享，实现异构系统之间的互联互通，信息的统一表示是关键。信息的表示应独立于系统、平台。为了实现这一目标，在进行平台开发、应用系统开发时要制定或遵循五个方面的信息标准：

(1) 元语言标准

元语言是描述其他语言的语言。会展解决方案的信息表示语言采用 XML 元语言标准。该标准用来对会展信息语言的语法、编码、命名进行行式化描述。该标准可采用 W3C 制定的 XML 元语言标准，设计者应根据会展解决方案中的信息表示的需求进行裁剪。

(2) 信息编码标准

该项标准对字符的编码、字符集定义、字符引用、字体的表示进行了规定。一般采用 W3C 制定的 XML1.0 为基础，以 UTF-8 为缺省的字符集，同时也能支持 UTF-8 字符集标准。

(3) 元数据标准

元数据是描述电子数据的数据，制定该标准是为了方便政府信息资源的有效保存、查询、再利用。在 XML 标准中，元数据的表示采用词汇表、命名空间、文档类型定义（DTD）、XML Schema 等方式实现。

在异构关系数据库之间还可通过建立元模型、元元模型统一数据的语义。

(4) 显示标准

在会展解决方案中，要将数据和数据的显示分开。这样就把数据的加工同不同的输出、显示分开处理，而不会造成 HTML 中文档结构的复杂性。显示在不同设备上，但内容只有一个。显示标准一般采用 W3C 推荐的层叠式样单语言 CSS、可扩充式样单语言 XSL。

(5) 解析、转换和封装标准

要实时共享交换的各种信息，必须具备效率高的数据结构封装、解析、转换的功能，因此必须有相应的标准。

2. 完整的消息服务能力

会展解决方案平台是一个中间件软件，它在信息交换过程中要进行频繁的信息封装、控制信息的同步/异步交换、排队处理等。所以它要有好的信息服务机制，就必须解决以下的问题：

（1）信息的统一封装，信息的打包和信封的书写功能。

（2）统一编址，应支持一套统一的、简单易用的、易扩展的、易管理的地址编码体系。

（3）信息的可靠传输，将信息可靠地传输到目的地。

（4）路由管理，在有多个信息交换结点时，实现信息的准确传递。

（5）传输的效率，采用信息的表示与交换分开、专用的交换设备、信息压缩等方法提高传输的速度。

（6）可管理性，要对传输的过程进行全程监控，提供日志、审计、会话管理、传输优先级设定、流量负荷分析。

3. 信息交换平台的体系结构

实现信息的交换根据环境的不同有三种方式：

(1) 具有相同数据库管理系统（DBMS）的分布式系统的数据交换，可直接用相应系统的有关功能：在 ORACLE 系统中，可以利用快照技术实现表数据的交换；在 MS SQL Server 系统中，可以利用镜像服务器实现数据的交换。

(2) 利用已有的消息中间件服务器，如 IBM 的 MQSeries、BEA MESSAGE() 以及 JAVA 的消息服务 JMS 来实现。利用 IBM 的 MQSeries 进行交换可描述如下：方案采用 IBM 著名的 Websphere、MQSeries 等系列中间件产品构建基于 Browser/Web Application Server/Transaction Server/Database 模式的三层次/多层次应用体系结构，把交换器配置成 IBM 的 MQSeries。业务分为实时交换和非实时(脱机)交换处理。软件配置分为实时交易处理和脱机交易处理两个部分。实时处理业务通过 Websphere 及 Txseries/CICS 交易服务器实现；非实时的业务通过 MQSeries 的互联，达到安全可靠地交换数据和异步交易处理的目的。

(3) 通用的数据交换器的结构。在会展解决方案中，多数情况是异构数据库之间的信息交换。一般要在各单位的服务器上加上工作站适配器（Adapter）实现异构数据交换、安全认证和传输前后的打包、解包等功能。每一个信息交换平台即为一个适配器。而适配器间的协调监控由驻留在中间件服务器上的相关控制器完成。

另外还有自成体系的交换平台，利用多层结构体系、.Net+XML、Web Service、数据库等技术，构造数据交换、数据流引擎和数据中心系统，数据交换、数据流引擎与数据中心统一构造为可信信息交换平台以实现信息的共享和交换，为并联审批等业务提供支持。

9.5.4 使用 JSON 进行网络数据交换

在开发客户端与服务器端的应用当中，数据交换接口通常都是通过 XML 格式来进行数据交换的。近年来，随着 AJAX 技术的兴起，JSON 作为一种轻量级的数据交换格式，以其易于阅读和编写的优点，也越来越多地被使用到各个项目中。在 OPhone SDK 中，也提供了 JSON 的类库方便对 JSON 格式的数据进行处理。本部分将快速讲解 JSON 格式，并通过代码示例演示如何分别在客户端和服务器端进行 JSON 格式数据的处理。

JSON（JavaScript Object Notation）是一种轻量级的数据交换格式，易于阅读和编写，同时也易于机器解析和生成，非常适合于服务器与客户端的交互。JSON 采用与编程语言无关的文本格式，但是也使用了类 C 语言的习惯，这些特性使 JSON 成为理想的数据交换格式。

和 XML 一样，JSON 也是基于纯文本的数据格式。由于 JSON 天生是为 JavaScript 准备的，因此，JSON 的数据格式非常简单，您可以用 JSON 传输一个简单的 String、Number、Boolean，也可以传输一个数组，或者一个复杂的 Object 对象。

String、Number 和 Boolean 用 JSON 表示非常简单。例如，用 JSON 表示一个简单的字符串“abc”，其格式为："abc"。

除了字符 ",\,/ 和一些控制符（\b,\f,\n,\r,\t）需要编码外，其他 Unicode 字符可以直接输出。

联展会展解决方案中的数据交换模块，对于灵活性的第三方应用，也采用了部分 JSON 进行交换。

9.6 会议活动管理系统

本节介绍上海联展软件技术有限公司自主研发的会议活动管理系统的功能，它作为 Synair BPM 的扩展系统，秉承了 Synair BPM 的设计理念和操作流程；它通过帮助会议活动主办企业构建整体的信息管理架构，整合企业内部资源来规范业务管理模式，实现企业的业务集成、流程控制、团队协作、个性化管理和决策支持。

认真阅读以下内容，了解会议活动管理系统各功能模块的功能，从而深入理解系统的操作流程，并体会其在会展管理信息系统中的应用。

9.6.1 主要模块

会议活动管理系统是一个多项目多用户的管理系统，几乎包含了会议活动主办企业的会议活动组织工作中各个环节所涉及的业务流管理、营销工具集成，以及各类通知报表的输出，能大幅度提升会议活动主办企业的工作效率和降低成本。主要包括以下管理模块：

1. 客户资源。会议活动主办企业客户数据库，能够对客户信息的联系人信息、产品、行业、性质、级别、参展历史等信息进行管理和分析，并进行当前展会项目的潜在客户管理。

2. 订单管理。管理当前展会项目中参展商的初始订单。

3. 会议管理。当前展会项目中参展商的参展信息、款项信息以及退展参展商管理。

4. 财务管理。当前展会项目的项目财务收入和财务支出的管理。

5. 成本预算。当前展会项目的预算、成本、支出的管理。

6. 管理中心。对当前展会项目或历届展会项目各类数据的图形、表格形式的统计和分析，是决策支持的重要依据。

9.6.2 配置系统运行的基础

会议活动管理系统中设置基础数据、建立用户和设置权限管理、录入\导入数据、配置营销工具，这是使用系统的第一步，各项基础数据的设置完成后才能正常使用。其功能和操作介绍请参考 9.2。

9.6.3 系统功能模块应用

1. 会议日程管理：管理会议主题、议题等信息。
   - 多会议、多主题、多议题日程管理。
2. 会议管理：管理会议主题、议题等信息。
   - 自动计算订单的总金额和折扣。
   - 通过分配可以指定每个参展商的客户运营专员。
   - 支持短信、邮件、传真的群体发送和单个发送及客户联系日志管理。
   - 参会人员名录信息管理。
   - 会议管理：管理会议主题、议题等信息。
3. 会议订单统计：当前会议项目参会代表的订单数据的统计和分析。见图 9-46。
   - 支持对业务人员、省份、城市订单名称等分组筛选统计。
   - 快速统计销售进展和回款情况。

订单类别	订单名称	总数量	已订出数量	剩余数量
D.现场广告	大会穿梭巴士赞助商	1.00	0.00	1.00
D.现场广告	大会挂绳赞助商	1.00	1.00	0.00
D.现场广告	大会手提袋赞助商	2.00	2.00	0.00
D.现场广告	大会现场TV赞助商	1.00	1.00	0.00

图 9-46　订单统计图

4. 参会人员统计：管理当前会议项目中所有参会代表信息。见图 9-47。

姓名（中文）	姓名（英文）	职务	称谓	电话	手机	传真
孙坤静	sunkunjing	总编办主任	小姐	029-82486041		
彭涛	Peng Tao	社长兼总编辑	先生	029-82486042		
左伟	zuo wei	发行部主任	先生	029-82486042		

图 9-47　参会人员图

5. 接待方案：当前会议项目中所有参会代表特殊接待方案管理。见图 9-48。

公司名称	姓名	称谓	职位	到达交通方式	到达日期	到达时间	电话	手机	邮箱	接待用车	餐饮
广州健士婴童用品有限公司	陈学教	先生	展览设计	飞机	2010-08-02	5:00	020-86166545	13556032653	108442572@qq.c...	别克商务车	中餐
广州健士婴童用品有限公司	余娟	小姐	市场总监	飞机	2010-09-03	0:00	020-86166545		568721576@qq.c...	别克商务车	中餐

图 9-48　接待方案

9.7　海外展代理业务流程管理系统

9.7.1 主要模块

海外展代理管理系统是一个多项目多用户的管理系统，几乎包含了海外展代理企业招展招商工作中各个环节所涉及的业务流管理、营销工具集成，以及各类通知报表的输出，能大幅度提升海外展代理企业的工作效率和降低成本。主要包括以下管理模块：

1. 客户资源。海外展代理企业客户数据库，能够对客户信息的联系人信息、产品、行业、性质、级别、参展历史等信息进行管理和分析，并进行当前展会项目的潜在客户管理。

2. 订单管理。管理当前展会项目中参展商的初始订单。

3. 展商管理（海外展）。当前展会项目中参展商的参展信息、款项信息以及退展参展商管理。

4. 运营管理。当前展会项目中参展商的订单信息分类运营管理，包括搭建、展品运输、会刊广告、现场广告、机票、酒店、签证等管理。

5. 财务管理。当前展会项目的项目财务收入和财务支出的管理。

6. 成本预算。当前展会项目的预算、成本、支出的管理。

7. 管理中心。对当前展会项目或历届展会项目各类数据的图形、表格形式的统计和分析，是决策支持的重要依据。

9.7.2 配置系统运行的基础

海外展代理管理系统中设置基础数据、建立用户和设置权限管理、录入\导入数据、配置营销工具，这是使用系统的第一步，各项基础数据的设置完成后才能正常使用。其功能和操作介绍请参考 9.2。

9.7.3 系统功能模块应用

1. 展商中心：管理当前展会项目中客户的参展信息、参展人员、订单信息、付款安排、收款记录、发票信息以及费用信息。

- ➢ 快速分配参展商所在展馆、展区和展位号。
- ➢ 自动计算订单的总金额和折扣。
- ➢ 通过分配可以指定每个参展商的客户运营专员。
- ➢ 支持短信、邮件、传真的群体发送和单个发送及客户联系日志管理。
- ➢ 出国参展人员名录信息管理。

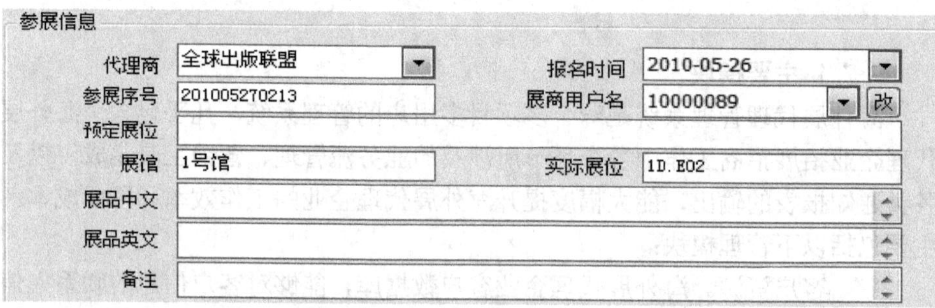

图 9-49 参展信息图

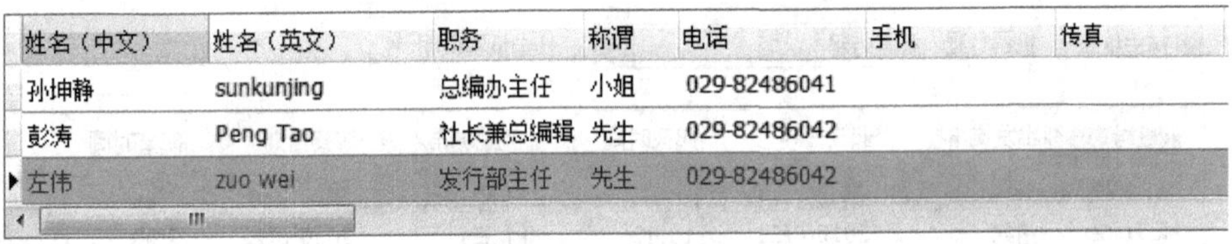

图 9-50　参展人员图

2. 运输管理：管理当前展会项目中预定展品运输订单的参展商的运输信息。
   - ➢ 参展商的展品运输联系人信息。
   - ➢ 参展商集货地信息。
   - ➢ 展品运输物品信息。
   - ➢ 支持短信、邮件、传真的群体发送和单个发送。
   - ➢ 支持客户联系日志管理。

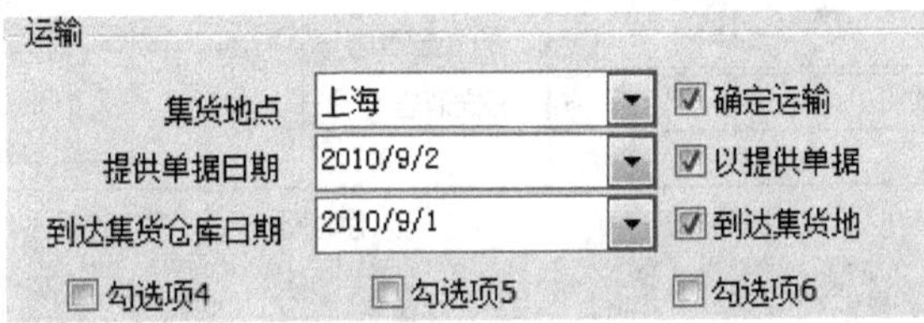

图 9-51　集货地图

图 9-52　展品运输物品图

3. 展品运输统计：当前展会项目中的展品运输的统计和分析。
4. 搭建管理：管理当前展会项目中预定展位订单的参展商的搭建信息。
   - ➢ 参展商的搭建联系人信息。
   - ➢ 特装参展商的施工单位信息、特装图等信息。
   - ➢ 标准展位的楣板信息。
5. 展具租赁统计：当前展会项目中的展具租赁订单的统计和分析。
   - ➢ 对展具租赁订单的统计和分析。
6. 机票行程管理：对参展商的参展人员的机票行程预定管理。
   - ➢ 可定义多种机票行程路线。
   - ➢ 特殊行程特殊处理。

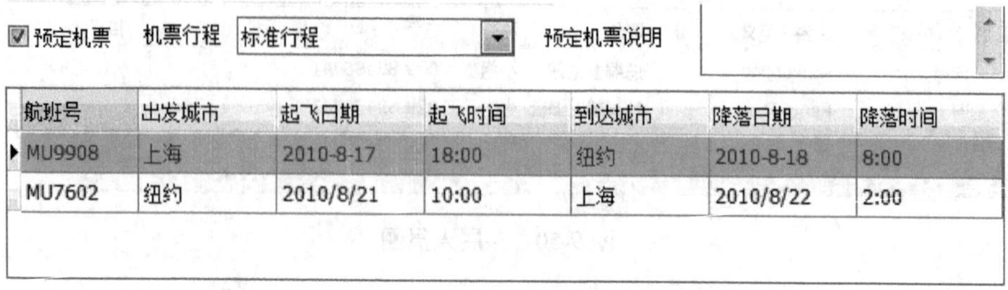

图 9-53 机票预定

7. 机票行程统计：统计所有参展人员机票行程情况。
8. 酒店行程管理：对参展商的参展人员的酒店住宿预定管理。
   - 可定义多种酒店住宿安排。
   - 特殊情况特殊处理。

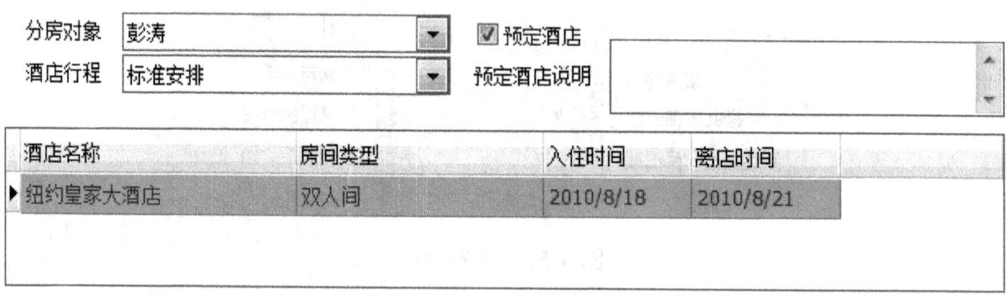

图 9-54 酒店预定

9. 酒店行程统计：统计所有参展人员酒店住宿安排和分房情况。
10. 签证管理：对参展商的参展人员的签证手续进度管理。
   - 参展人员个人情况管理。
   - 参展人员签证情况进度跟踪。

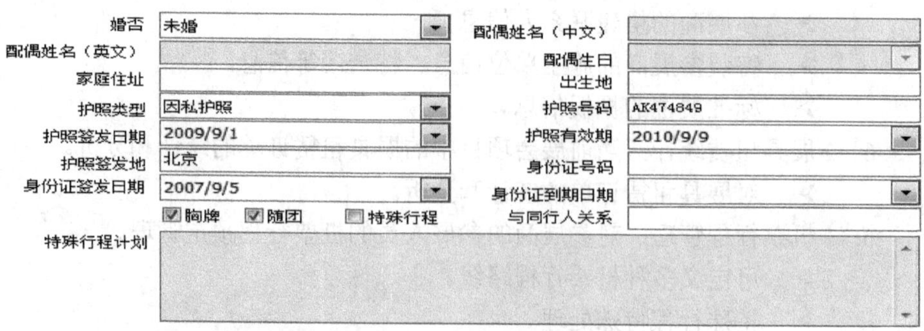

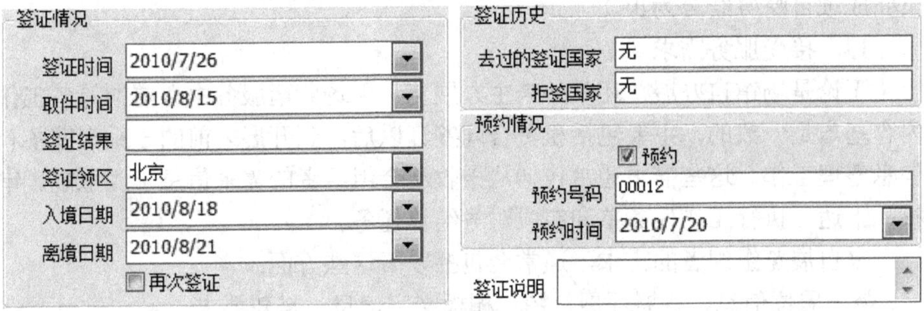

图 9-55　签证基本信息图

9.8　场馆营运中心管理系统

完整的展览场馆信息化系统建设较为复杂，需要涉及大量的软件、硬件及网络系统的综合集成应用。据我们所知，绝大部分展览场馆的经营业务范围广泛，涉及场地租赁、现场管理、自办展览、物业服务、搭建服务、广告设计制作发布，甚至酒店、会议中心等众多会展支持项目，这要求展览场馆信息化建设有比较全面的整体集成信息化应用系统，比如信息化基础的硬件网络环境建设、办公管理系统、网络管理系统、财务分析管理、现场管理系统、展览业务系统、搭建管理系统等。

本节中我们将以展览场馆中特有的运营中心管理服务为重点，概要阐述进行展览场馆现场管理服务所需掌握的业务知识和信息化理论。如读者希望进一步了解关于场馆信息化建设硬件和网络方面的相关知识，可以通过其他途径获取通用书籍；如读者希望了解关于场馆自办展览项目方面的信息化管理相关知识，则可参考本章第二节组展业务流程管理系统。我们这里所提及的展览场馆，是指那些能够为会展活动提供展示场地的大型展览中心、会议中心和展览馆等。

9.8.1 场馆营运中心的业务流程

场馆的营运中心业务主要是指展会的现场管理服务。展会现场管理是一个非常复杂的行为过程，其贯穿在展览会举办的整个过程之中，对整个展览会能否成功举办起到举足轻重的作用。我们这里所提及的现场管理服务，是基于展馆自身业务所提供的服务及管理，而不是基于展览组织者的现场管理服务。

首先，我们需要界定场馆现场管理服务开始介入和结束的时间，通常我们认为这个时间是从场馆出租合同签订开始的，到展会顺利闭馆、展商撤展，直至完成项目财务结算为止。

1. 接受服务需求

无论是场馆自办展，还是外来主办展览，现场营运服务中心前期筹备工作内容基本是一致的，主要包括租赁合同签订以后，到开展之前的一系列筹备和信息整理工作。这些需求通常包括从接收展会组织者的需求信息，到拟定、审核、下达、执行工作任务单和完成财务结算任务。

来自展览组织者的需求，通常会包括以下这些方面：

◆ 展位信息，各展厅展位图、楣板文字信息、搭建要求
◆ 安保方案，门禁、展览物品的进场时间和路线
◆ 会议信息，与展览配套的会议的举办时间、地点等
◆ 开幕式信息，开幕式举办时间、地点、规格及接待措施
◆ 进场路线，领导、展商、观众等各类参展人员的进出场路线设计
◆ 时间安排，布展和撤展时间、开展时间、展商加班需求及加班时间确定等
◆ 其他需求，为配合展会举办的诸多细节服务需求等

还有一种情况比较特殊，就是政府展。通常政府展组委会会直接与场馆的展览部和营运部进行对接，具体的工作内容拟定和下达由两个部门分别完成。政府展的需求会同时存在两个接收对象，即场馆的展览部门和营运部门，属于展览方面的需求会被直接传达到展出方面的负责人，并由展览部门根据需求具体执行；属于营运服务的需求会被传达给场馆营运方面的负责人，并由营运部门经理根据需求具体执行。

2. 执行服务需求

为各部门分配任务，拟定工作任务单，将展会组织者的需求转化为公司各部门需要完成的任务。根据我们的经验，这个环节的工作流程主要包括以下步骤：

(1) 拟定

为展会项目选择一个负责人，即项目经理（或称项目协调人）；

项目负责人确定展会项目的布展、开展、撤展时间；

项目负责人确定展厅位置、会议地点、展会组织者和联系人；

项目负责人确定工作流程，安排相关任务给工程部、财务部、保卫部、办公室等；

项目责人确定各展厅服务台厅长（或称馆长）人选。

(2) 审核

营运中心经理确认签字：检查工作单拟定是否合理、内容遗漏情况，确认

无误后签字确认。若有相关合同内容，工作单信息送法律部门审订；若是一体化合同，不需要法律部门签字，则直接送分管领导审阅。

法律部门审核内容：核实合同条款；明确合同内外费用。

3. 合同收款情况

分管领导签字。分管领导审查内容主要包括：（1）工作单分配情况；（2）合同条款落实情况；（3）合同收款计划。

总经理签字确认。

(1) 下达

分发到各部门签收：各部门经理签字确认。

各部门根据展会工作单的任务安排协调工作。

据了解，在这一阶段，目前绝大部分的工作基本是由人力来完成的，需要大量的人力、时间及物力来配合。且在工作单下发到各个部门以后，项目经理不能实时监控各个部门任务的进展情况、在执行任务时遇到的问题及需要协调的事情。

组委会需求的更改、新增，当前是项目经理通过电话或者口头传递给各服务台执行的。服务台是否派工作人员去完成、完成是否及时等信息项目经理都无法跟踪到，甚至存在信息遗漏的可能。

(2) 执行

执行工作任务单是在展厅现场布展之前就已经开始执行的一项工作。通过各部门执行工作单，将完成以下内容：

展务部门组织起展厅现场的服务台，服务台由厅长（展务部提供或其他部门人员调用）、接单员、收银员、工程服务人员组成。服务台成立以后，所有的展厅事务全部由厅长接手处理。收银通常由服务台现场做。所有投诉，厅长能解决的自己解决；厅长无法解决的，请项目经理解决。同时设立各种便民服务点（比如供餐点、包装箱存放点等）。

工程部主要负责展会的楣牌制作、展位搭建，并处理完成现场服务台接收到的工程服务单相应的服务。之后，由施工人员返回服务台报备。

会议部门根据会议要求组织各个会议室的小组配备人员：会务经理、服务人员、工程人员。在会议小组成立以后，由会务经理全权负责相关会议现场布置等事务。

保卫部门主要负责停车场、安保方案的实施等工作。

还有其他部门的一些工作内容和各类填写表格的细节，因为不涉及现场管理系统的设计流程，我们在此不做赘述。

(3) 结算

结算指的是在展会撤展完成后，场馆各部门对展会的收入、支出、未退押金等的各项财务结算工作。通常包含几个方面的内容：

营运部与工程部之间的结算。结算凭证是租借单和工程服务单。例如：展会结束以后，X 厅服务台共收得款项 10000 元人民币，经过工程单和租借单的整理，分别为租借单 4000 元人民币、工程单 6000 元人民币。营运部与工程部相关人员确认无误后，双方签字确认。

营运部与财务部的结算。结算凭证是现金和发票。结算内容包括：现场收入情况、发票使用情况、未开发票情况等。

各部门消耗汇总，包括工程部桌椅的丢失、损坏，水、电、煤气、网线及其他设备，还有一些其他设备的损耗。

客户未退押金，在展会结束一周后由营运部移交财务部门。

9.8.2 系统的设计原则

从展会现场管理服务的实施过程中，我们得出结论：解决协同工作和财务快速结算问题是实现信息化管理最为迫切的需求之一。因此，在构建场馆营运中心管理系统时，我们主要从以下的八个方面来考虑系统的设计原则和实现目标。这八个方面分别是：

1. 实现以现场管理服务为核心的工作任务分配，实现跨部门工作的高效协同，实现各部门工作任务完成情况的有效跟踪和反馈。

针对场馆现场管理服务的实际情况，我们引进项目管理的运作思路，运用“工作分解结构”(Work Breakdown Structure)的方法，在我们的系统中实现对每一个会议和展览的项目管理，对项目的立项、任务分配、责任人、完成时间、完成状况进行有效的跟踪和管理。在系统中结合工作流审批，对工作单进行电子在线及时审批。项目经理在系统中进行任务分派，并主动纳入相关责任人的工作安排中，相关责任人对任务的完成情况进行汇报，从而使项目经理能够对各个任务的完成情况进行有效跟踪。同时，系统对项目管理的各种异常情况进行提前预警提醒，及时通知项目经理级责任人；也考虑通过手机短信和 3G 应用，实现移动办公，将各部门、各岗位的工作有效衔接起来。

2. 强化服务台现场管理能力，强化服务台与各后勤保障部门的工作协同，使其更好地为展商提供更有效的服务。

通过搭建服务台现场管理专用的业务模块，支撑服务台日常工作内容，实现服务台的工程服务申请及派工、物品租赁及回收服务、特装申请服务、物品出馆登记、展商加班服务、服务台值班日志、展厅交接、服务台考勤等业务内容，实现服务台快速反映展商服务请求、其他后勤保障部门有效协同、项目经理及厅长有效跟踪的目标。

3. 服务台或财务结算人员更准确、更有效地实现与现场的往来结算。财务应收账款人员对应收账款进行准确结算，缩短结算周期。

系统除了为服务台的日常管理提供支持外，也对展商所使用的服务项目进行有效的登记及统计，可快速统计展商所需结算的各种费用明细清单，与展商进行准确的往来结算，相关财务主管部门可进行及时的核查及审阅。同时对于会议等业务，财务应收账款人员可根据各部门提供的服务项目与主办方或客户进行准确核算，明确应收账款情况，并进行相关的应收账款收款及开票，缩短往来结算周期。

4. 进一步强化展务和会务现场的现金管理，做到日清日结，有效监控。

系统对服务台的每日收款及押金情况进行实时的登记，实现现金盘点、交接等流程，做到日清日结，有效监控，防范风险。

5. 实现对每一个展会和会议进行准确、全面的项目营收、成本及费用核算，准确核算项目利润情况，并给财务主管部门以及企业高层提供相应的营收分析报表。

系统可针对每一个立项的展会或会议的收入、成本、费用，按项目进行归集和统计。财务主管部门或企业高层可通过系统在事中和事后进行项目收支情况统计分析。系统可准确展示出某个项目的营收及利润情况。也可进行同种项目不同时期、同一时期不同项目之间的对比分析，或者其他维度的分析。

6. 实现现场服务台与仓库数据集成，确保服务所需的相关设备及物品需求能够及时查到仓库库存数量并反馈到仓库管理人员。

实现现场管理和仓库的数据共享，在服务台管理模块中可实时查询到相关的设备及物品库存情况或者设备及物品资源分配情况，可实现对关键设备及物品的预留，或者提交缺乏物品的采购或外借申请，系统将自动通知物品采购人员，由采购人员确定是否进行采购。

7. 提供基于互联网的在线服务，将服务台提供的相关服务发布到网站中，或直接集成嵌入到组委会网站中，让展商能够自助预订展会所需物品。

为了更好地为展商提供服务，基于网站的在线自助服务已是一种趋势，系统可以将需要发布给展商的各种服务放到网站上，或直接集成嵌入到组委会网站中，只要展商在线预订，服务台相关的人员就可及时地对展商提出的服务进行有效的应对，协调各部门资源，提供等同于现场服务的服务。同时也可将需要通知展商的相关信息发布到网站上，让网站作为一个重要的信息发布中心。

8. 建立以项目管理为核心的人力资源绩效评估体系，合理评估各岗位人员的绩效表现。

项目立项并分派任务后，系统可根据项目任务分配计划和各任务实际完成的情况、是否延误等，搭建相关的评价指标，并根据实际任务完成汇报结果进行对比分析，初步得出相应岗位人员的任务完成情况评价，用于人力资源考评。

9.8.3 系统的功能介绍

1. 展会计划（场馆销售数据）查询系统

它是对场馆展厅、会议室预订和销售情况的录入查询系统，包括预订时间、档期、展厅及会议室编号、预订客户的信息、付款情况、合同管理等数据。本部分系统功能也作为场馆展会计划安排的查询信息系统功能。

2. 订单数据采集系统

建立在外网服务器的订单数据采集平台，主要包括外来组展商服务需求订单、自办展服务需求订单以及部分嵌入式网页中的服务需求订单的数据采集系统。

3. 服务台订单快速录入系统

它是建立在内部网络上，给各展厅服务台提供快速订单录入服务，并接受来自现场参展商的订单录入服务需求。

4. 营运销售数据查询系统

提供给营运部门的对各类别销售订单的数据查询服务系统，也是对每一个订单的集成财务、工程信息的查询管理系统，是场馆营运管理信息系统的核心数据中心。

5. 工程施工信息查询系统

它是为工程部施工提供查询的数据系统，包括工程施工的派工单，所需物品的型号、数量、类别，及对应施工人员信息、施工\报备时间信息、服务质量、投诉、返修等多类数据的综合信息查询管理系统。

6. 仓库物品管理系统

提供给仓库使用的场馆展览租借物品的出库\入库信息、维护\损坏信息和对应领取\归还人员信息等全面的记录。

7. 财务数据支持系统

对特定展会项目和场馆整体营运项目的收款、支出、合同、发票等财务数据的管理系统。

8. 人力资源管理系统

提供给场馆营运中心的正式员工、兼职人员、临时施工人员的综合人力资源数据管理系统，包含绩效管理、客服投诉等多项员工工作记录指标数据的查询功能。

9. 表单列印查询系统

对各类工程派工单、工作单、物品领取单、报备等单据的集成列印查询管理系统。

10. 服务支持系统

包括系统运行所需的各类用户权限、短信、邮件、传真等支持服务系统。

9.9 观众门禁登陆系统

展会门禁登陆系统的实质就是收集和记录那些个人参观者的信息数据。不断积累更新的观众资料库，是成功举办下一届展览会的重要保障之一。通过展会门禁登陆系统的采集和分析服务，能够不断更新和完善专业观众的数据资料，并保证为这些客户提供最为及时的专业服务支持，对树立展览会品牌具有重要意义。

当前展会观众门禁登陆系统通常由专业的门禁服务商提供，这些服务商大部分是相关领域的专家，他们经历过多次的展览现场服务，在展会现场管理方面经验丰富，并且在提供数据分析和服务人员配合方面也更擅长。但由于每家服务商的系统和标准不尽相同，所以在本节中我们将主要论述无论是在 Synair 系统，还是在其他专业门禁服务商系统中，一些必要的核心组成功能，以及目前展会观众门禁登陆系统所采用的新技术。

完整的门禁登陆系统服务方案往往需要包括人工服务、软件系统、硬件系统和分析报告类型等组成要素。一旦你确认了展会所需门禁登陆系统的目标，你就可以为展会的参观者设计这个系统的组合流程方式了。

9.9.1 预先登记网页

不同的会展公司会采用不同的技术实现参观者预先登记的功能。在这个方面，网站技术是目前使用最为普及的方式。建立了预先登记网页，就有能力提供直达观众数据库的 7/24 式的服务（每周 7 天，每天 24 小时）。

当参观者在线进行登记的时候，他们可以清楚地看到自己所提供的注册信息、所选择的感兴趣的活动和会议等，并可以在线打印一份注册参观卡信息作为证明材料。在 Synair 预先注册系统中，他们还可以收到一份电子邮件的确认函和开展前一周的短信确认通知，并可以帮助同事和朋友提交注册信息等。

当前，一些技术手段较高的门禁系统服务商，已经能够提供基于短信和 WAP 的参观者预先注册服务方案。

示范：由 Synair 预先注册系统提供的参观者可打印注册页面。

图 9-56 参观者在线进行登记

9.9.2 参观证

参观证是门禁登陆系统的基本组成部分，也是判断该参观者是否拥有对展会不同区域访问权限的有效凭证。目前展会的参观证主要有纸质、磁卡、电子这三种方式，通常是由展会登记处的条码或激光打印机打印的。可以用普通纸张打印，或者是在印刷好的模板上打印，这种模板上有不同的色调、类别标志，然后再套上透明的塑料封套。

值得一提的是，随着部分展会组展商对服务档次要求的提升，Synair 已经推出了基于 RFID 技术和二维码技术的全新电子参观证方式。

9.9.3 制证系统

制证系统是门禁登陆系统的核心组成部分，也是考验一个门禁系统服务商接待能力的关键所在。据我们所知，目前大部分门禁系统服务商制作一张胸卡的时间都比较短，已无需客户等待较长时间。

受展会现场的实际操作环境的限制，通常制作一张证卡只会输入注册者的公司、姓名、职位、来源国家或地区，以及系统自动生成一组参观者的唯一 ID 号。这个 ID 号可以是一维或二维的条形码，如果是 RFID 或磁条参观卡，则是一串电子数字标识。

示范：由 Synair 门禁制证系统输出，在同一张参观者证卡上体现不同列印方式。

- 参观者姓名、公司、来源地区正向输出列印模式
- 参观者姓名、来源地区反向输出列印模式
- 参观者邮寄信息地址、姓名、公司、地址横向输出列印模式
- 参观者胸卡条码正向输出列印模式

图 9-57　参观卡

9.9.4 门禁扫描系统

门禁扫描系统是采集参观者个人行为轨迹数据的系统，它是帮助组展商获取当前展馆参观者数量、每时段参观者流量、当日参观者整体数量，以及局部特定区域的参观者数量数据的系统。按照门禁扫描系统的扫描方式来划分，目前主要有被动扫描方式和主动扫描方式这两种。

扫描系统软件界面：

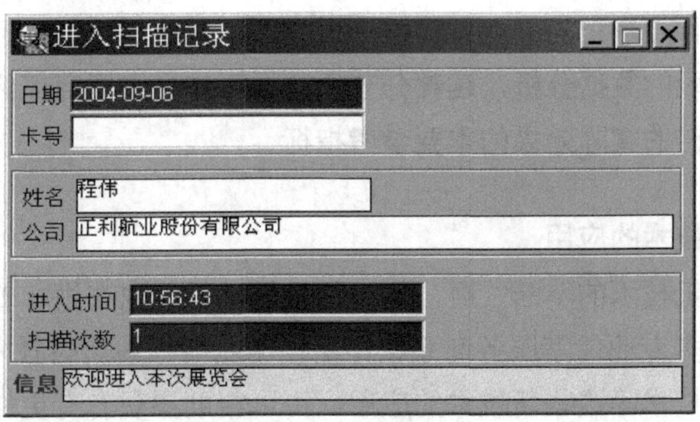

图 9-58　扫描系统软件界面

支持扫描系统的硬件：

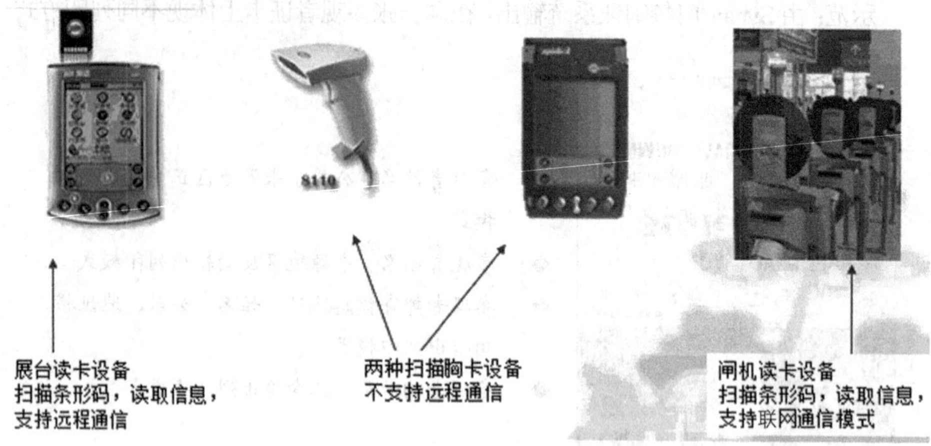

图 9-59 扫描设备

9.9.5 数据分析系统

整个登记系统最后的环节就是数据分析系统。这些来自参观者的数据分析信息可以帮助组展商了解未来发展的趋势，以便做出正确的决策。在数据分析系统中，通常包含来自四个方面的参观者数据分析内容。

第一个方面是参观者的基本信息数据的分析，即参观者来自的区域、行业、公司、部门和职位等信息；第二个方面是参观者填写的问卷调查信息，即参观目的、感兴趣的展品，以及服务满意度等方面的信息；第三个方面则是参观者个人的行为信息，包含该参观者进入/离开展馆的时间、所到访过的展台、滞留时间；第四个方面是展会整体的人流高峰、总量和各区域流量的分析。

另外，在预先登记的参观者数据分析方面，系统需要追踪到来自不同注册源地址和时间段的数据分析，这部分分析数据可作为组展商评估展会各类市场营销活动所取得的实际效果的重要参考指标。

9.9.6 新技术的应用

随着计算机技术的不断发展，展会门禁登陆系统也在进行着大胆的革新，例如目前在很多专业门禁服务商系统中所使用到的在线支付技术、RFID 技术和二维条形码技术等这些新技术的应用，可以帮助参观者有更加良好的参观体验，也能够帮助组展商采集到更加准确的数据信息。

1. 在线支付

电子商务支付系统是电子商务系统的重要组成部分，它指的是消费者、商家和金融机构之间使用安全电子手段交换商品或服务，即把新型支付手段（包括电子现金（E-CASH）、信用卡（CREDIT CARD）、借记卡（DEBIT CARD）、智能卡等）的支付信息通过网络安全传送到银行或相应的处理机构，来实现电子支付。

展会门禁系统和在线支付系统的相互集成服务，使参观者可在注册参观账号的同时，使用在线支付系统购买部分展览会门票，购买会刊，或注册同期会议论坛活动。

2. RFID 技术

射频识别技术（Radio Frequency Identification，缩写 RFID）是 20 世纪 90 年代开始兴起的一种自动识别技术。射频识别技术是一项利用射频信号，通过空间耦合(交变磁场或电磁场)实现无接触信息传递并通过所传递的信息达到识别目的的技术。

RFID 技术的基本工作原理并不复杂：标签进入磁场后，接收解读器发出的射频信号，凭借感应电流所获得的能量发送出存储在芯片中的产品信息（Passive Tag，无源标签或被动标签），或者主动发送某一频率的信号（Active Tag，有源标签或主动标签）；解读器读取信息并解码后，送至中央信息系统进行有关数据处理。一套完整的 RFID 系统，由阅读器(Reader)与电子标签(TAG)也就是所谓的应答器(Transponder)及应用软件系统三个部分所组成，其工作原理是 Reader 发射一特定频率的无线电波能量给 Transponder，用以驱动 Transponder 电路将内部的数据送出，此时 Reader 便依序接收解读数据，送给应用程序做相应的处理。

在相对高端的论坛及会议门禁系统中使用 RFID 技术，可为参会者提供更好的体验，并且也能够收集更加详尽的行为记录数据。

3. 二维码技术

二维码（2-dimensional bar code）是用某种特定的几何图形按一定规律在平面（二维方向上）分布的黑白相间的图形上记录数据符号信息的，在代码编制上巧妙地利用构成计算机内部逻辑基础的“0”、“1”比特流的概念，使用若干个与二进制相对应的几何形体来表示文字数值信息，通过图像输入设备或光电扫描设备自动识读以实现信息自动处理：二维条码/二维码能够在横向和纵向两个方位同时表达信息，因此能在很小的面积内表达大量的信息。手机二维码是二维码技术在手机上的应用。二维码是用特定的几何图形按一定规律在平面（二维方向上）分布的黑白相间的矩形方阵上记录数据符号信息的新一代条码技术，由一个二维码矩阵图形和一个二维码号，以及下方的说明文字组成，具有信息量大、纠错能力强、识读速度快、全方位识读等特点。将手机需要访问、使用的信息编码到二维码中，利用手机的摄像头识读，这就是手机二维码。手机二维码可以印刷在报纸、杂志、广告、图书、包装以及个人名片等多种载体上，用户通过手机摄像头扫描二维码或输入二维码下面的号码、关键字即可实现快速手机上网，快速便捷地浏览网页，下载图文、音乐、视频，获取优惠券，参与抽奖，了解企业产品信息，而省去了在手机上输入 URL 的繁琐过程，实现了一键上网。同时，还可以方便地用手机识别和存储名片、自动输入短信、获取公共服务（如天气预报）、实现电子地图查询定位和手机阅读等多种功能。随着 3G 的到来，二维码可以为网络浏览、下载、在线视频、网上购物、网上支付等提供方便的入口。

纸上印刷的二维码和手机屏幕上的二维码均可识别，因此广泛应用于电子票务、电子优惠券、会员系统、手机二维码登机等领域。

9.10 案例

9.10.1 未来之展，2020 年展览会

背景介绍：

2020 年 CBME 展会工作启动之前，Miranda 小姐就从香港总部向联展软件公司申请开通了最新版本的 Synair Vn 会展管理系统。

史密斯先生每年夏季都要到中国参观 CBME 上海国际儿童婴儿孕妇产品博览会，寻找一些新产品来填充他商店的货架，并希望能够与亚洲地区的优秀供应商建立良好的合作联系。这一次，他在来参观之前，登陆了 CBME 展会官方网站并进行了在线注册，建立了自己的观众账户。

陈志强先生代表 B 公司每年都会准时参观 CBME 展会，B 公司希望能在 2020 年预订到一个满意的展位，进行实体参展。

岩渊崇先生是 CBME 的忠实观众，这次却因为时间关系，未能抵达 2020

CBME 展会现场参观。

人物：

约翰·史密斯	A 公司执行董事，A 公司是加拿大的一家大型童装连锁零售商
陈志强	B 公司市场销售经理，B 公司是台湾的一家童装生产企业，也是 2020 CBME 展会参展商
岩渊崇	C 公司采购部主管，C 公司是日本最大的儿童玩具销售商
汪小雯	CBME 展会中国区的项目经理，负责招展及执行工作
Miranda	CBME 展会香港总部的高级统筹经理

经历：

陈志强　先生

2019 年的某天早晨，陈志强先生收到了一份来自 CBME 展会的电子邮件。陈先生之前多次参观过 CBME 展会，并留下过意向参展的信息。这份电子邮件是来自 CBME 组委会的数字宣传手册，通知陈先生 2020 年 CBME 展会招展工作已经开始了，期待 B 公司及陈先生的参展。

在这份数字宣传手册中包含着一个超级链接，陈先生通过这个链接直接登陆到 CBME 组委会的官方网站上，并从互动展位图上找到了几处还未被预订的展位提交了预订信息；展会门户系统立刻将这一预订信息及相关 B 公司的企业产品信息（包括信用额度）转移到 CBME 展会中国区的项目经理汪小雯小姐的手中；汪小姐随即向陈先生发起了一个视频通话申请，通过视频向陈先生做了一次简短的展会介绍和参展建议；最终，陈先生接受了建议，取消了自己最初预订的展位；这时，汪小姐通过门户系统向陈先生发送了一个确认参展的 E-mail，E-mail 里面包括了参展合同和参展流程提醒，以及推荐了一些必要的服务商企业；陈先生通过互动展厅的展位图，布置自己的展位、服务分类，并发布了展品，首先构建了一个 B 公司在线展台，然后又通过图形化拖放式菜单，从系统的推荐服务商那里订购了一些服务，包括现场的展台搭建、展品运输、酒店预订、接待翻译等；系统依据选择自动生成了订单，等待那些专业或综合服务提供商的确认；同时，这些订单跟踪和流程确认信息也已被发送到服务器上进行自动处理，进入 CBME 组委会的客户订单管理系统中等待审核；很快，

B 公司的参展信息被通过审核，并自动更新到最新的参展商列表和网上展厅中，这些最新的展商展品信息将被那些在线访问者第一时间浏览到。

约翰 · 史密斯　先生

其间，史密斯先生多次访问 CBME 官方网站，物色提供合适产品和服务的参展商，了解展览会进展信息；组委会也将最新的展览会资讯定期地发送到他的邮箱里。

这天，史密斯再次访问 www.cbme.com，成功登陆后，他选择由组委会提供的贸易配对服务，并提交关注产品为“童装”，以寻找产品设计生产商作为请求条件。基于他的这些选择作为标准，几秒钟后，一个相关的展商及展品清单就出现在他面前。

为了充分利用参观时间并确保能够见到相关人员，史密斯常常使用预约系统与那些经过筛选后的参展商做预约拜访。不久，他收到了来自 B 公司的电子邮件回复，陈志强先生确认了和他的具体见面时间、展台。

在开展前的一段时间里，史密斯经常登陆他的账户，查询展商和展品的信息并管理他的预约安排计划。当然，史密斯也通过预约系统回复了几个来自展商的约会请求，和他们其中几家约定了洽谈的时间和展台位置。

开展前一周，史密斯收到来自系统发出的 E-mail，提醒他注意安排出发日程，并提前预订酒店。出发来上海前，史密斯用自己的 Iphone 手机同步获取了来自展会门户系统的相关资讯，下载了电子参观券、约会日程和电子互动展位图。

抵达上海后，史密斯入住了上海锦江酒店。锦江酒店是 CBME 组委会的合作酒店之一，他们提供展会的电子会刊、参观指南、城市交通的下载服务。史密斯用 Iphone 手机蓝牙传输获取了这些重要的最新资料。第二天抵达展览馆后，他通过手机门禁二维扫描系统，顺利地进入了展会现场参观。

利用电子展位图导航系统，史密斯很快找到了 B 公司的展台。同样，陈志强先生也早从系统中获得史密斯进入展馆的信息，已经准备好资料等待他的到来。史密斯和陈志强进行了非常愉快的交谈，并达成了一些初步的合作协议。

在此之后，史密斯又去拜访了几位和他有过预约的展商。

展会结束后，史密斯回到了加拿大，CBME 组委会向他发送了热情的感谢函，并期望史密斯先生能够继续关注 CBME 的网上展览会。

陈志强先生将另几款产品放到了 CBME 网上展厅，并给史密斯发送了电子邮件，提醒他关注这些最新的产品。

岩渊崇　先生

岩渊崇先生最近 10 年来，每次都会准时去 CBME 上海展会的现场与一些老的供应商见面，同时也会寻找联络一些新的合作伙伴。但这次由于同期 C 公司在美国举办了一场更为重要的推荐活动，所以不能到达 CBME 展会现场。

但岩渊崇先生还是和往常一样，提前 2 个月在展会官方网站注册了访问账号，通过展会门户系统，岩渊崇先生获得了最大程度的贸易配对支持，预约了近 10 家参展企业届时进行视频拜访。

因为时差的关系，展会开始后，岩渊崇先生对网上三维互动展厅进行了访问。和现实展览会一样，岩渊崇先生在网上展厅入口处接受了门禁扫描身份识别，输入识别码之后，进入展区参观，利用互动电子展位图，顺利抵达了那些有预约的展台，与这些展台的接待人员进行了互动视频交流。

在处理完这些预约之后，岩渊崇先生浏览了展厅内一些其他公司的展品。经过 B 公司展台时，他对 B 公司展台上的一件道具童装产生了浓厚的兴趣，但是 B 公司展台并未在晚上设置接待服务人员，岩渊崇先生只能与展台值班机器人进行了一些初步的沟通。机器人解答了岩渊崇先生绝大部分问题，一些无法解决的问题，机器人做了认真的语音记录并发送 E-mail 给陈志强先生，等待陈先生在次日工作时间给予回复。

Miranda 与 汪小雯

在香港总部工作的 Miranda 每周都在关心展会的整体销售情况，以及展会各项详细的招展招商指标数据变化情况。因此，汪小雯需要每周和 Miranda 进行一次电话视频会议。在视频会议中，汪小雯和 Miranda 同步打开了来自展会门户系统、展位图形系统以及 BPM 系统的销售数据。

汪小雯向 Miranda 详细介绍了最近一周的招展招商宣传等数据变化情况。这些数据显示，公司上周在日本东京推出的一个市场宣传活动正在产生良好的效果，网站中来自东京地区的访问者人数明显上升。同时，Miranda 给予汪小雯一些市场宣传方面的建议，通过展会广告追踪系统发现，部分互联网媒体的广告位存在着恶意点击的现象，需要进一步与该部分媒体进行沟通，找出问题所在。

Miranda 同时打开了集团数据库中对 CBME 展会历年招展招商指标的环比和对比分析，给予汪小雯在服务定价、回款周期以及选择综合承包服务商方面的建议。

在会议的最后，通过展会门户的贸易配对和预约系统后台，Miranda 发现已经有超过 70%的展商和观众、媒体进行了对接和约会日程安排，她预感到本届展会一定会比之前的更加成功。Miranda 充分肯定了汪小雯最近的工作表现，希望她能够再接再厉，保持良好的工作状态。

案例思考：

请为以上场景设计会展信息系统的概念流程图。

9.10.2 中国国际自行车博览会

背景介绍：

中国国际自行车博览会，是由中国自行车协会主办、上海协升展览公司承办的典型大型展览会，至今已经成功举办了二十届。最近这届展览会吸引了来自意大利、荷兰、瑞士、法国、德国、美国、印度、日本、韩国、巴基斯坦、孟加拉国、中国及香港特别行政区和台湾省等 14 个国家和地区的 1117 家知名厂商，预订了 4778 个展位，分布于自行车及零配件、电动自行车及零配件、摩托车及零配件、童车及零配件、机械设备、自行车旅游休闲用品及海外展团等十余个专业展区，展出面积达 10 万平方米，观众 102022 人次。

在实施 V9 系统之前，上海协升展览公司已经有了很多信息化方面的基础，使用 ACCESS 数据库管理客户信息，使用 CAD 软件管理展位图，而且拥有自己的展览会官方网站，可以通过互联网宣传、发布展览会的相关信息。但是在个人计算机和互联网普及的今天，它还是处在一种单兵作战的信息化招展模式之下，各部门之间的协同工作以及参展商、观众、主办方之间的沟通联系，成了发展的瓶颈所在。

让我们看看他们在使用信息化系统之前是如何工作的：

首先在策划完成展览会本届主题以及相关准备工作之后，开始邮寄、派发招展书。参展商拿到招展书后，剪切下报名表，填写完整无误后，通过邮寄、传真的方式将报名表发送给主办方进行报名参展。招展营运人员收到报名表之后，按照报名表上的内容将信息录入到 ACCESS 客户管理信息系统中，然后通过电话、QQ 等方式进行沟通，最后确认参展后邮寄参展确认通知书（即合同）给参展商，此时开始进行收款；然后再沟通展位之外的其他服务项目，如会刊、广告、会务、特装图等详细事务，并通过邮寄、传真的方式提交订单，招展营运人员将这些一一录入到 ACCESS 客户管理系统中，直至所有工作确认完成，邮寄展商报到通知书，招展工作基本完成。CAD 管理展位图信息、数据不能在招展销售人员之间共享，展位分配工作由一个人执行，招展过程中如果想要了解进度如何，需察看不同的数据报表。

有哪些烦恼：

参展商通过邮寄、传真报名表报名参展，手写字迹模糊不清，有些很难辨认，需要二次确认，增加了工作量，然后需要手动输入到 ACCESS 管理系统中，录入工作繁重。ACCESS 客户管理信息系统，无法在多人之间共享，展位分配工作集中在个人身上，工作强度很大，风险也高。CAD 管理展位数据不能共享，增加了沟通的工作量。察看不同的报表，工作繁琐，需要谨慎地分析和统计，不够直观。

使用 V9 之后如何工作：

首先在策划完成展览会本届主题以及相关准备工作之后，开始邮寄、派发招展书，同时提供网上下载，并且通过 BPM 系统向历届参展商群发电子邮件、手机短信，告知招展开始，这些信息增加了网上报名参展的途径。

参展商得到通知后，可以不必剪切下报名表，而是通过个人计算机登陆互联网进行网上报名，报名数据直接进入 BPM，不需要任何人工干预，主办方可以及时清楚地看到参展商提交的各种资料以及展位订单。参展商如想修改自己预定的服务，可以离线更改或追加订单，招展专员可以通过审批动作，使更改和追加的订单自动进入 BPM。BPM 管理的客户信息可以在可控范围内让不同的招展专员看到，招展专员发出通知以及和参展相关的重要提醒可以及时地更新到网上 WSS 展商中心。使用 BMM 展位图管理系统管理展位，以共享数字图形的方式管理展位，通过设置展位状态或者在 BPM 中将展位分配给参展商的操作，来改变展位图的显示方式，同时这种改变自动更新到网上 WSS 的展位图显示模块。

解决了哪些问题：

通过互联网进行网上报名、更改和追加订单，通过电脑输入，不存在字迹模糊问题，而且不用传真，简单方便。数据自动更新到 BPM 中，不用手动录入，减轻了工作量，也降低了出现错误的可能性。参展商的参展信息可以在可控范围内共享，可以有效地分解招展工作，使多名招展人员一同分配展位，提高了响应速度、服务质量，同时也降低了风险。BMM 提供了可视化的参展商、主办方、观众三方直观的沟通方式，同时可以清晰地反映招展进度、工作进展。WSS 提供了统一的交流平台，改变了三方的交流方式。

思考题

1. 阐述订单在 Synair BPM 系统中的作用。
2. 假定你是一名展会项目的项目经理，根据 Synair BPM 各模块的应用和操作，详细描述作为一名展会项目的项目经理所需关注的工作。
3. 了解海外展参展、国内展参展、会议参会的相同点和不同点。
4. 简单描述海外展代理管理系统中一个参展商参展的操作流程。
5. 组成展会门禁登陆系统的必要要素有哪些？
6. 模拟为展会组展商提供一份门禁系统的服务方案。

参考文献

[1] 张文焕、刘光霞、苏连义．控制论·信息论·系统论与现代管理[M]．北京出版社．1990

[2] 俞华．会展信息交流研究[M]．中国商务出版社. 2006.9

[3] 戈登·B．戴维斯主编，姚家奕译．管理信息系统百科辞典[M]．对外经济贸易大学出版社．2001

[4] 解圣庆、刘永华．管理信息系统[M]．清华大学出版社．2007.9

[5] 韩小芸、梁培当等．会展客户关系管理[M]．中国商务出版社．2008.10

[6] 刘松萍、郭牧等．参展商实务[M]．机械工业出版社．2005.1

[7] 梅姝娥、陈伟达．管理信息系统[M]．石油工业出版社．2003.2

[8] Adrian Specker 著，黄官伟、霍佳震、魏嶷译．信息系统建模[M]．清华大学出版社．2007.1

[9] 谭浩．通信与信息系统建模技术研究[D]．2005.6

[10] 桑德拉·L.莫罗．展会管理实务[M]．上海远东出版社．2008.9

[11] 孔淑红．MBA 管理信息系统[M]．安徽人民出版社．2002.12

[12] 倪庆萍、蒋琦．会展企业信息系统的功能架构与实施策略[J]．中国管理信息化．2008.7

[13] 刘松萍、郭彦娜．广东会展业技术创新的路径和策略研究[J]．科技向导．2010.2

[14] 王悦．网上世博催生商业新模式——虚拟会展[J]．企业管理．2010.5

[15] 滕佳东．管理信息系统（第三版）[M]．东北财经大学出版社．2008.8

[16] 应丽君、唐少清等．会展运营管理[M]．机械工业出版社．2007.5

[17] 倪庆萍．管理信息系统原理[M]．清华大学出版社，北京交通大学出版社．2008.2

[18] Ruth P. Stevens．展会的组织管理与营销[M]．辽宁科学技术出版社．2007.9

[19] 郭东强．现代管理信息系统[M]．清华大学出版社．2006.2

[20] 吴小梅．管理信息系统教程[M]．浙江人民出版社．2005.8

[21] 许传宏．会展服务与现场管理[M]．中国人民大学出版社．2008.2

[22] 杨顺勇、曹扬．会展手册[M]．化学工业出版社．2007.4

[23] 张亚东．管理信息系统[M]．河南人民出版社．2006.8

[24] 过聚荣．会展导论[M]．上海交通大学出版社．2006.2
[25] 李一军、卢涛、叶强．管理信息系统[M]．清华大学出版社．2007.9
[26] 陈来生．会展经济[M]．复旦大学出版社．2005.11
[27] 高洪深．决策支持系统（DSS）[M]．清华大学出版社．2000.9
[28] 黄崎．宾馆决策支持系统[D]．硕士毕业论文，东华大学．2003.10
[29] 程淑丽、赵贵廷．会展公司规范化管理操作范本[M]．人民邮电出版社．2007.12

参考网页

[1] www.synair.cn/

[2] http://huangongdi.blog.hexun.com/15602645_d.html

[3] www.sceia.com.cn

[4] www.amt.com.cn

[5] www.landray.com.cn

[6] www.mycrm.com.cn